避暑山庄与辛酉政变

刘玮 刘玉文 著

故宫出版社

目录

引言

发生于19世纪60年代初的辛酉政变，是中国封建时代终结前夕一次著名的宫廷政变。政变发动者慈禧、奕䜣、慈安三人有备而行。而其对手，即载垣、端华、景寿、肃顺、穆荫、匡源、杜翰、焦佑瀛八人，却仅凭已逝皇帝的一纸遗诏便想安享辅政大臣之位，对自己和对手不作清醒的估量，对政治时局、朝臣人心缺乏缜密的分析，对一旦发生的不测没有应急机制，当然大祸临头的时候毫无还击之力，只能束手就擒，任由发动政变者愚弄与宰割，自然可悲可叹。今天我们回顾、推敲这段历史，想来这场悲剧的发生也并不奇怪。天道焉能无端慷慨，政治的前途、命运岂能靠侥幸赢得？

今天人们已经习惯于以史为鉴来读史，不屑于单纯地涉猎历史故事。于是近代历史晚期的辛酉政变，不失为后人茶余饭后回味、品评的历史旧闻，或许能从中悟出一些道理来。因此，中华民国初年关于辛酉政变的零星记述屡见报端，不过都缺乏系统、完整、翔实、科学的记述，仅限于清末的笔记、日记和坊间的传说。其主要原因是清代的档案尚未解密。

辛酉政变首先策划于塞外承德。那里有一座宏大的皇家园林避暑山庄，其外围东侧、东北侧、北侧和西北侧环绕着12座皇家寺庙，其西北100公里的塞罕坝草原、山地是著名的皇家猎场。这些遗迹、建筑都是当年康熙、乾隆、嘉庆为了夏天避暑，秋天打猎，平日处理政务，同时与以蒙古族各部首领为主的边疆各民族上层修好，在塞外修建的功能性设施，是一个庞大的、占地广阔的集合式建筑群。在清代康熙、乾隆、嘉庆三朝长达一个多世纪的时间里，避暑山庄是清帝在北京以外的另一个政务中心。道光以后，随着清王朝的衰落、皇帝终止了盛极一时的北巡以后，避暑山庄便日渐淡出人们的视野，日渐失去其第二个政务中心的历史作用。但是，咸丰十年（1860）第二次鸦片战争，英法侵略军从海上攻陷塘沽、天津，进逼北京，咸丰皇帝逃跑到承德，避暑山庄迎来它最后一次皇帝驻跸。转年七月，咸丰皇帝病逝于避暑山庄的烟波致爽殿。

咸丰皇帝病逝以后，他的遗孀之一懿贵妃叶赫那拉氏（就是人们习惯称呼的慈禧）利用皇后钮祜禄氏（即人们习惯称呼的慈安）拥有的传统地位和恭亲王奕䜣的才能、影响，凭自己嗣皇帝生母的潜在威慑力量，在避暑山庄阴谋策划了一场政变，废除了咸丰皇帝临终遗诏中任命以载垣、端华、肃顺为首八位王大臣“赞襄一切政务”的决定，夺取了国家最高统治权力。

“慈禧”是她生前的徽号，全称是“慈禧端佑康颐昭豫庄诚寿恭钦献崇熙”皇太后，16个字。史书称“孝钦显皇后”，她死后的谥号为“孝钦慈禧端佑康颐昭豫庄诚寿恭钦献崇熙配天兴圣显”皇后，比同时垂帘执政的慈安多几个字，借以显示她尤为尊贵的地位，因为是以她为主掌权，且比慈安多执掌政权27年。史书称慈安为“孝贞显皇太后”。慈安谥号全称是“孝贞慈安裕庆和敬诚靖仪天祚圣显”皇后，15个字。

懿贵妃叶赫那拉氏策划、发动政变的成功，开始了皇太后垂帘执政的政权形式，当时虽然有皇帝名号、年号，却由皇太后掌握大清最高统治权力，从而改写了中国封建制度晚期长达48年的历史。这次政变发生在公元1861年，干支纪年是辛酉年，历史上称之为“辛酉政变”。政变的策划是在承德避暑山庄，而将咸丰皇帝临终授命赞襄政务的八位大臣拘捕处治，却是在北京和回銮北京的途中，故清史中又称这次政变为“北京政变”。嗣皇帝载淳初即帝位是在避暑山庄，年号“祺祥”是由八位赞襄政务王大臣确定，故这场政变也被称为“祺祥政变”。

策划、发动一场政变谈何容易，那是一种充满风险的阴谋行为。在违背封建礼制、祖宗家法、先皇遗诏的情况下，推翻一个合法的权力形式，确立一个新的名不正言不顺的权力形式，其艰难程度是可想而知的。何况政变的主要策划者慈禧和奕䜣，分别处在承德与北京两地，相距200公里，如何面商机宜？而只有经过面商，才能确定关键事项。政变理由与新政格局，舆论营造的内容、人选、程序，政变实施步骤，政变发动时间，可用人员的邀集延揽，麻痹策略与武装保障，人员责任的落实，等等，无疑都需要策划者事先交流商定，而后在承德、北京两地分别准备。所以策划一场政变绝非单纯靠信函和往来“捎话”就能完成。当然信函与“捎话”也必不可缺，但只能是秘示各自准备情况与对手的动态消息而已。在以往的清史研究中，对辛酉政变虽有涉及，但尚无全面专述，更无政变在承德避暑山庄的相关内容，此书不揣窳陋，试作记述、分析。

辛酉政变之后，年方 27 岁的叶赫那拉氏一跃成为大清朝最高统治者，为有功者加官晋爵，使其获得相应的富贵和尊荣。除慈禧以外的新贵们，为自己官阶升擢和顶戴花翎增加而欣喜，是情理中的事情，但他们尚须谨慎，切忌居功，骄纵张扬，亦不可忘记应该时时省敛。清史中第一代的怡亲王允祥是康熙皇帝的十三子，是雍正皇帝的忠实追随者、拥护者，雍正继皇帝位以后曾感激涕零地“固辞叠受恩赏”，一生谨言慎行，勤于任事，勇于任事，不露半点拥戴功臣行迹，被认为是历史上“有功不居功”者，诚属“修性致到”的韬略。百余年后，辛酉政变的首功之臣奕䜣，先后四次被慈禧斥责或贬黜，晚年才终于懂得了如何低调生活，言行自敛，免遭更大的祸殃。这次政变中重要的功臣胜保却没有得到自省机会，其可悲结局便是居功骄纵者的下场。胜保原系内阁学士出身，按道理应该知道雍正皇帝继位时有功之臣年羹尧、隆科多的历史教训，也应该知道十三阿哥允祥的历史经验。

那位在道光、咸丰两朝为官的老臣陈孚恩，原本一介书生，正色立朝，且能廉洁自律，被道光皇帝称作“清正良臣”。为维护大清朝统治、镇压太平军屡立奇功，可谓忠悃可鉴。道光朝他因为得到大学士穆彰阿赏识而官运亨通，咸丰朝却因与权臣载垣不睦而遭贬斥。吸取教训是人之本能，陈孚恩转而攀附肃顺、载垣，结果大出所料。因为咸丰死，肃顺、载垣获罪，陈孚恩受株连。陈孚恩是时运不佳，还是未审时度势，或是二者兼而有之？抑或做人还应以老实为本，不钻营取巧，但求安宁为上？种种历史陈迹足以留待后人品味遐想，或许不失为饶有兴味的文化咀嚼。

任何时代有关国家的政治风云，如中枢权力发生变故，特别是非正常的变故，都属于国家的最高机密，相关的知情人员不许相互议论和对外界传讲，往往数十百年皆如此。于是时人不得其详，而后世更难揭秘，便被习称为“宫廷秘史”。发生于清代晚期的辛酉政变何尝不是如此，或许本书会因此而能增加一点阅读的趣味。

避暑山庄最后一次迎来皇帝驻跸

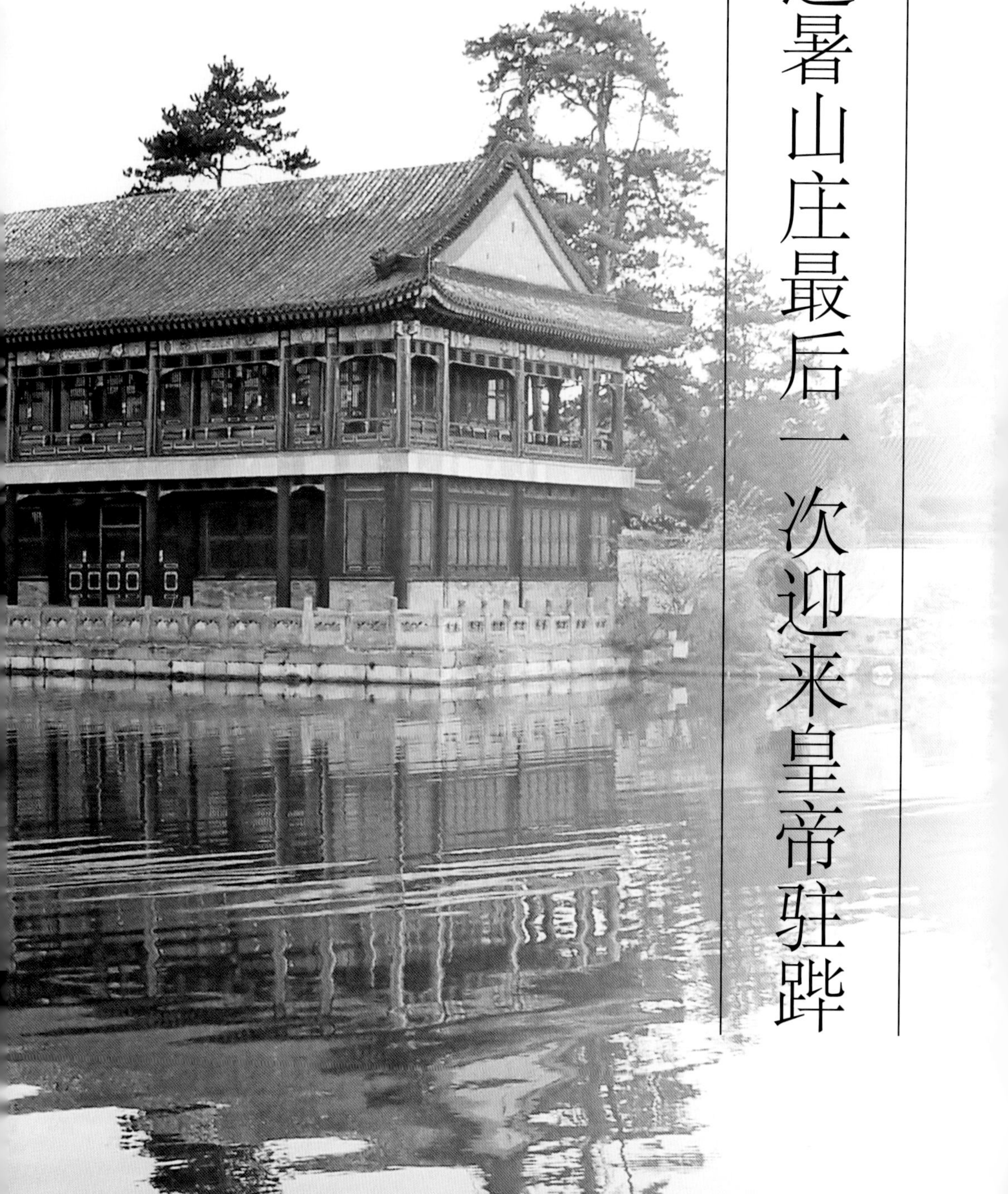

咸丰皇帝，名字叫奕詝，是大清政权入关并统一中原以后的第七代皇帝。虚20岁当皇帝，虚31岁病死，执政11年，确切时间是11年零5个月12天。“咸丰”二字是他当政时的年号。历史上称“文宗”，是他死后的庙号。中国自古有民谚说，皇帝无福民遭难。在咸丰当政的11年期间，国家内忧外患丛生，太平天国起义军势力从广西迅速扩展到长江以南广大地区，并建都南京，与大清政权相对峙。西北有回民起义，西南又有苗民起义。与此同时，外国资本主义列强不断寻求在华更大、更多的政治、经济利益。自咸丰六年（1856）开始，英、法、俄、美等国对大清朝再度发动武装侵略，或以武力相威胁。英、法两国从海上侵犯，美国以舰船帮助英、法运送侵略军，并提出愿为清政府与英法联军“斡旋”。沙皇俄国从陆上相威胁，也表示愿意居中“调停”，战争却逐步升级。

咸丰六年（1856），英国驻广州领事巴夏礼借口“亚罗号事件”事件，以兵舰炮击广州，揭开第二次鸦片战争的序幕。亚罗号船（Arrow）不过是一艘经过油饰、彩绘的小艇，伪装成私家游艇，为的是逃避清朝海关缉查。船在香港注册登记，往来于香港、澳门、广州之间，从事海盗、走私、贩卖人口等违法勾当。亚罗号船从澳门运大米到广州，广东水师接到澳门葡萄牙籍水手罗萨里奥的密告，说亚罗号船与海盗关系密切。于是水师千总梁国定率水兵拦截该船，在缉查中发现船只登记时限已过，且船桅无国籍标旗，遂将12名船员、水手扣押。经初步审讯，12人中的梁明太、梁建富确系海盗，船员中一名叫吴亚的人可以证实他们所犯的海盗罪行。巴夏礼闻讯后立即以《虎门条约》有关英国享有“领事裁判权”的内容，要求将全部扣押人员交给英国当局。巴夏礼的态度傲慢而蛮横，据说争执中有水军打了巴夏礼一记耳光。

其实，早在亚罗号船在澳门启程前，澳门海关即欲登船检查。此船仓皇逃离，故有葡萄牙籍水手向广州水师告密之事。广州水师衙门毫不让步。于是巴夏礼向两广总督叶名琛抗议，并要求立即放人和道歉。叶名琛据理力争，表示两名海盗扣押，证人吴亚留待取证，其余人员可以释放。但是，英国驻清朝公使包令和巴夏礼仍然坚持原要求，并向叶名琛发出最后通牒，限24小时内释放全部人员并公开道歉。叶名琛屈服于压力决定让步，派遣广东省南海县丞许文释放全部在押人员。但是英国侵略者本意在于找借口发动战争，所以满足他们的要求也于事无补。英国侵略者遂悍然炮击广州城，但其侵略行径遭到广州水师的坚决抵抗，英国因战舰受到重创而撤退。

咸丰七年（1857）英军对去年的失利不甘心，遂联合法国军舰再度攻击广州。这次不仅占领了广州，而且将地方最高军政长官、两广总督叶名琛俘获，押送到印度加尔各答拘禁。叶名琛两年后死于囚禁所。据历史记载，叶名琛囚禁所名“镇海楼”，在那里“犹时作书画，自署曰‘海上苏武’，赋诗见志，日诵吕祖经不辍”[1]。广东士农工商各界憾其误国，曾评价他在广东期间“不战、不和、不守、不死、不降、不走，相臣度量，疆臣抱负，古之所无，今之罕有”[2]。其实，胜骄败馁、刚愎自用是叶名琛的性格缺陷。叶名琛处理“亚罗号事件”，原本有理，却屈服于武装侵略的巨大压力而让步。这一侵略事件，早在一个半世纪前，远在欧洲的马克思就曾作出公正的评论：“在全部事件过程中，错误在英国人方面，贪婪与侵略总是要寻找借口的。”[3]详细指出侵略者的残暴和大清朝的屈辱让步——“叶总督有礼貌地、心平气和地答复了激动了的年轻英国领事的蛮横要求，他说明捕人的理由，并对因此而引起的误会表示遗憾，同时他断然否认有任何侮辱英国国旗的意图”[4]。因为这场战争是英国最先挑起，然后法国等列强参加，目的在于扩大在华利益，有与道光二十年（1840）爆发的鸦片战争一样的性质、目的和结局，故中国近代史上称之为第二次鸦片战争。

咸丰八年（1858）三月，英、法两国战舰陈兵天津外海，以武力相威胁，英、法、俄、美四国公使提出修改第一次鸦片战争后与大清朝签订的条约，扩大在华利益。对外事缺乏研究的咸丰皇帝提出“以夷制夷”策略：结好俄国，限制美国，和谈法国，拒绝英国，甚至抓捕英国领事兼翻译官巴夏礼。咸丰皇帝以为如此处理可以分化四国的联合行动，结果全不奏效。咸丰八年四月的天津一战，清兵大败，在天津与英、法、俄、美四国签订了《天津条约》，在上海又与英、法两国签订了新的《通商章程》，在黑龙江与俄国签订

[1]《清史稿》，《列传》一八一《叶名琛传》，总第11766页。

[2]《清史稿》，《列传》一八一《叶名琛传》，总第11766页。

[3]《马克思论中国》，“英中冲突”，1857年1月23日，第43页，人民出版社。

[4]《马克思论中国》，“英人在华的残暴行动”，1857年1月25日，第49页，人民出版社。

了《瑷珲条约》。咸丰九年五月，英、法两国要求进北京“换约”，遭到清政府拒绝后，借口“互换条约文本”不成，兵舰炮击大沽炮台。清军提督史荣椿下令还击，英法联军失败，战舰被击沉、击伤10艘，英军死伤460余人，法军死亡14人，两国联军司令也双双受伤。咸丰皇帝见清军取得胜利，在欣喜若狂之下宣布取消此前与英、法、俄、美四国签订的所有条约。

此一战清朝取得暂时的胜利说明什么？在咸丰和一些阿谀之臣看来，当然是“皇上圣明”、“剿抚兼施”的结果。其实，只要积极防备，认真组织抗击，是可以打败来犯之敌的。在距今150年的历史条件下，即使没有坚船利炮，也可以战胜疲惫的入侵军队。据时人记载，“天津之战，洋夷吃败，民人欢呼雀跃”[1]，可见人民群众对反侵略的保家卫国战争是由衷支持的。

九个月后的第二次天津之战便暴露出清政府的腐败无能，侵略者看到咸丰皇帝与他的父亲道光皇帝一样，是一位昏聩的皇帝。当年道光皇帝禁止英国在华走私鸦片，并不是皇帝的真知灼见。道光皇帝看到林则徐奏稿中称，鸦片在中国肆虐，势必造成几十年后“中国无可以御敌之兵，亦无可以充饷之银”，才想起重用林则徐，禁止鸦片进入中国。当取得虎门销烟首战告捷的时候，道光喜形于色地赞赏林则徐：“卿之忠君爱国，皎然于域中化外矣……所办（禁烟）可嘉之至。”[2]“朕不虑卿等孟浪，但诫卿等畏葸。”[3]但是，由于朝廷的腐败、皇帝的无知和以首席军机大臣穆彰阿、直隶总督琦善等为首的“纵烟派”的掣肘，当时的海防仅限于林则徐所辖的广东、福建沿海，向北则或无筹防，或有筹措亦十分薄弱。英国兵舰遂沿海岸线向北伺机攻击，首先攻陷浙江定海，继续向北兵临天津。道光惶恐不安，听信了琦善等人奏称：“英夷船坚而炮利，将无以为敌。”“原勿庸筹防，英夷视我无防断无炮击之理。”[4]“广东筹防致启衅端，尤不应借乌合之力（按：指民众抗英），御夷不成竟致其累。”诬指林则徐“实属措置失当，应重治其罪”[5]。道光胸无定见，翻脸称林则徐“夷务办理不善”。当林则徐上递奏折请求戴罪立功，“誓与此

[1]（清）刘体仁：《异辞录》卷一，“赴津道中”，第27页。

[2]《大清宣宗成皇帝实录》卷四九《筹办夷务始末》（道光朝），第2册，第214页。

[3]《大清宣宗成皇帝实录》卷四九《筹办夷务始末》（道光朝），第2册，第214页。

[4]《鸦片战争史料丛编》第1辑，第44页。

[5]《鸦片战争史料丛编》第1辑，第46页。

事（禁烟抗英）相始终”时，道光竟朱批“无理、可恶，全是一派胡言”，将林则徐撤职查办，发遣新疆。[1]改派琦善为钦差大臣，接替林则徐赴广东与侵华英军议和。琦善到任之后，为取悦英军，“遣散水勇，拆除海防”，并擅自签订《穿鼻草约》，私许割让香港，开放广州，赔偿英国鸦片损失 600 万银元。当广东巡抚怡良上奏弹劾琦善“曲意迎合英夷”，赔银、失地，“有辱天朝皇威”之后，道光又变脸痛斥琦善“辜恩误国”。“朕断不似汝之受夷欺侮戏弄，迷而不返。汝被人恐吓，甘为此遗臭万年之举，朕不惧焉。”[2]然而 20 年后的咸丰皇帝与道光一样又是一个胸无定见的昏聩皇帝。

咸丰十年（1860）二月，英法联合舰队再次从海上入侵，自南向北，先占舟山，再炮轰烟台，四月末即开始攻打天津。英、法战舰及补给舰 200 余艘，水兵及陆战队员 25000 余人，侵略军士兵携带欧洲最新式的“来复枪”，六月十五日攻占北塘，七月初五日攻陷大沽，七月初七日攻占天津。清军大部分兵力都在苏、皖、豫与太平军和捻军作战，北方胜保所部骑兵、步兵血战不胜而溃败，拱卫京师的僧格林沁所部精锐也退守通州。史称“夷众自天津进发，窃伺帝乡，迢迢三百里，毫无阻碍，故无恐怖”[3]，侵略军如入无人之境，一路劫掠，窥视京师，逼近通州。

僧格林沁退守通州以后，布防于八里桥，加上胜保的部队，作决战八里桥的准备。咸丰十年八月初七日（1860 年 9 月 21 日）英法联军与清军激战半天，清军死伤惨重，主帅胜保“左颊右腿受炮子伤二处”[4]，侵略军攻占八里桥，逼近距北京城 30 里的皇木厂（今北京市通州区张家湾镇皇木厂村）。

咸丰皇帝得到兵败战报，慌忙决定按原计划逃跑热河。许多有识朝臣反对这一决定，只有怡亲王载垣、郑亲王端华和肃顺等人支持。八月初八日（9 月 22 日）巳时（上午 9 时 -11 时），咸丰皇帝仓皇离开圆明园，其状况可想而知。皇帝出行前导不见卤簿仪仗，车驾也不规整。连皇上也没坐金辂（金漆包厢瓔珞大车），沿途仅是亲兵护卫而已。随皇帝而行的是 13 位后妃女眷、

[1]《鸦片战争史料丛编》第 1 辑，第 54 页。

[2]《鸦片战争史料丛编》第 1 辑，第 59 页。

[3]《第二次鸦片战争》第 2 辑，第 9 页。

[4]《筹办夷务始末》卷七《咸丰朝》，第 235 页。

五岁的独生皇子载淳，随行太监、宫女百余人，有的挤坐在车上，大多是踉跄步行，道路两侧和断后的是亲兵2000名，随行大臣主要是惠亲王绵愉、醇郡王奕譞、怡亲王载垣、郑亲王端华、协办大学士肃顺、御前大臣景寿、军机大臣穆荫、匡源、杜翰、焦祐瀛等人。

据咸丰朝《内起居注》记录和时人的笔记作品记载，咸丰逃难十分狼狈。初八日路上大半天皇帝只吃了两个煮鸡蛋，皇子载淳也只吃了两个鸡蛋，其余人挨饿。行进路线是沿潮白河奔东坝庄、顺义、牛栏山、密云，直行古北口。初九日大臣们沿途收购小米，也只有帝后及官员们每人喝了几碗小米粥。

饥饿难耐，人马行动缓慢，初九日晚才走到密云地界。当年盛世皇帝北巡时使用的南石槽行宫，仍在京畿地区，不过距北京紫禁城80里。士兵们已经两天没吃饭，只是以水充饥，后妃们哭泣不止，随行大臣有银钱却无从筹措米粮。最后还是肃顺决定派30人连夜骑马返回北京，收购粮食、水果、果脯和熟食，一切可以填饱肚子的东西。熟食是猪、牛、驴、马肉和煮熟的内脏、干豆腐等，驮回石槽行宫，大家分食，才使队伍尚能继续北逃出长城。沿途地方官有的已经撤逃，因消息不明，谣言四起，皇帝都逃跑了，自己带印信也隐遁起来。有的虽然未逃，听说皇帝逃跑颇以为耻，则避而不见。密云知县张祥河因“接驾延迟”，古北口总兵董醇因“备车辆不及”，“均着摘去顶戴，以示薄惩”[1]。因此只得让随行官员、将校以银钱高价收集杂粮煮粥充饥。伙房煮粥还没有煮熟便被士兵抢吃净光，厨师只得一锅一锅地煮下去。

咸丰皇帝一行风餐露宿，历经七天颠沛，总算看见塞外辽代胜迹双塔山。那里距离避暑山庄还有40里路程，那里有清代最早的皇帝行宫喀喇河屯，人烟也颇为稠密，住下后总算上下人等能吃上一顿苞米豆干饭。第二天巳初时刻（9时）启程，翻过郁郁葱葱的广仁岭，未正时刻（下午2时）抵达避暑山庄丽正门。〔图1-2〕

咸丰此次出逃以“北狩热河”的名义，有的史书记作“秋狝木兰”，其实都是一个意思。兵临城下，皇帝逃跑，说来实在难听，“北狩热河”是一个好听的词语。因为承德不仅有避暑山庄这样的大型皇家园林，还有木兰围场这样的大型皇家围猎场，当年康熙、乾隆、嘉庆皇帝在那里讲武习兵，会见

[1]《清宫热河档案》第16辑，第416页，中国档案出版社，2003年。

[图1-1] 避暑山庄前宫内午门

蒙、藏等边疆民族首领和宗教领袖。历史岂能混淆，咸丰此行既非避暑，也没有打猎，是躲避战争。

咸丰十年农历八月十六日（1860 年 9 月 30 日），距北京 212 公里的避暑山庄迎来了它有史以来最后一位皇帝的驻跸。咸丰皇帝以他盛世祖先的理政视事、避暑休憩胜地，作为自己颇为耻辱的避难所，也只能勉为其难了。为什么呢？因为避暑山庄已经停止巡幸 40 余年，园内建筑不仅被风蚀，失去往日的风采，有些殿堂甚至残破不堪。河湖淤塞不畅，植物疏于修剪维护，满目蓬蒿林莽，但见狐走狼奔。为了让帝后生活于园内安全惬意，热河都统及兵备道派上三旗（正黄、镶黄、正白）驻防官兵在园内分三路搜寻三天，击毙狼、狐等肉食野牲 27 只。咸丰又下令户部拨帑（tǎng）银（国库存银）20 万两，维修避暑山庄宫殿区和湖泊区的主要建筑。凡建筑“尚周正者，则油饰见新，倾圮者拨正修缮，以昭敬慎”。“河湖淤塞处尚需疏浚畅通，桥垛维修新换铺板，沿湖可见庙宇一体维修。”[1] 此外，特意传旨将福寿园清音阁及如意洲一片云看戏楼、戏台“修复一仍旧观”，并着总管内务府、升平署调内学（会唱戏的太监）、外学（戏班）及戏衣、切末（道具）到热河。[2] 还要修

[1] 中国第一历史档案馆藏：《热河园庭现行则例》，续纂八。

[2] 辽宁省档案馆藏：《热河散档》，热（字）188 号档卷。

[图1-2] 咸丰皇帝奕詝朝服画像

复、新造湖船。史称修复“岚镜舫一只、仙源大船一只、扑拉船四只、牛舌头船十只、随用托床六座，新添造两卷蓬四棹船一只、一卷蓬小船一只、扑拉船四只、小快船六只”，就耗银3800余两。[1]为了吃野味，饮鹿茸血，恢复被道光裁撤的鹿圈。皇帝的上述指令遭到总管内务府大臣、兼署户部三库事务大臣宝鋆的反对，理由是“国用方亟，军饷拮据，园庭当暂缓缮修”，“夷人不靖，城守吃紧，留备兵饷”[2]等。宝鋆的意见无疑是正确的，却遭到皇帝申斥并被“免官留任”。于是让兼署户部尚书的肃顺去处理这件事。肃顺自然是看皇帝眼色行事，先拨国库存银20万两来维修避暑山庄。

宝鋆（1806-1891），字佩蘅，索绰络氏，隶满洲镶白旗，吉林人。道光十八年（1838）进士，初任礼部主事，升内阁中允，再迁翰林院侍读学士。素与奕䜣友善，是后来辛酉政变的主要支持者。咸丰五年（1855）任礼部侍郎，兼正红旗蒙古副都统。咸丰十年任总管内务府大臣，兼署户部三库事务，因避暑山庄拨库银维修忤旨，被免官留任。不足一年，因奉命巡防战事有功劳，给予复官并兼护军统领，兼正红旗汉军都统及左翼前锋统领。咸丰十一年七月文宗崩逝，辛酉政变发生。因违大行皇帝拨银旨意与肃顺不睦，宝鋆因祸得福，被慈禧和恭亲王重用，入军机处为大臣，兼领总理各国事务大臣、户部尚书。参与镇压捻军起义，因战功受褒奖。宝鋆学识通达，中西兼备，开同文馆，倡西学，习外文，是恭亲王奕䜣的得力助手。同治十一年（1872）调任吏部尚书、协办大学士，翰林院掌院学士，加太子太保荣誉称号。十二年兼任兵部尚书，拜体仁阁大学士。

光绪十年（1884）三月，慈禧为打击恭亲王势力，罢斥恭亲王以下全部军机处大臣，宝鋆亦在其列。但因“宝鋆入直最久，姑念年老，特录前劳，全其末路，以原品休致”[3]。让他以原有级别退休，另给予薪俸加半的待遇，其子孙亦得到朝廷的格外提举。有趣的是，宝鋆因奕䜣而遭斥退，与奕䜣的友谊却愈老弥笃，尝相携小住北京西山，赋诗唱和。光绪十七年无病而终。

[1] 中国第一历史档案馆藏：《热河园庭现行则例》，续纂九。

[2]（清）继昌：《行素斋杂记》卷上，第27页。

[3]《清史稿》，《列传》一七三，总第11698页。

圆明园遭焚掠，咸丰羞于回銮北京

咸丰皇帝逃跑到避暑山庄后五天，也就是咸丰十年八月二十一日（1860年10月5日），惊魂稍定，英法联军却进入北京西郊海淀，第二天攻占了圆明园。入侵北京海淀仅受到来自民间的小股武装的抵抗。北京的内城和皇城守卫森严，僧格林沁和胜保的部分守军誓与京城共存亡。这一点大约英法联军统帅也是知道的，未敢纵兵攻内城。

英法联军抢掠北京西山皇家园林陈设器物及纵火焚烧圆明园的时间，历来传说不一，史书也缺乏记述。现依据当时奉命留守北京，被“免官留任”的总管内务府大臣宝鋆，在咸丰十年八月二十三日（1860年10月7日）和八月二十五日从北京加急驿递到承德避暑山庄的两份奏报和当时法军统帅部书记官的日记，可以看到当时的真实情况。

宝鋆的第一份奏报：

> 奏为夷匪闯入园庭（圆明园）恭折奏闻，仰圣鉴事。八月初八日皇上銮舆启行后（按：指咸丰皇帝仓皇逃离圆明园去热河），总管内务府大臣文丰、明善遵旨照料圆明园。奴才当即进城，筹划拨解行在饷银，办理防守等事。八月二十一日（公历10月5日）夷匪逼进（近）京城，九门戒严。奴才随同总统巡守大臣等昼夜在城防护。二十二日夜间，遥见西北火光烛天，奴才等不胜惊骇。惟时当深夜，恐其乘势攻城，不敢开门往探。至二十三日，惊闻二十二日酉刻夷匪闯入圆明园。奴才等闻信之下，曷胜愤恨。旋于二十五日夷匪由园返回，当即委派司员前往探听。随据秉称“园内殿座焚毁数处，常嫔业经因惊溘逝，总管内务府大臣文丰投入福海（圆明园的内湖）殉难”等语。[1]

奏报中“旋于二十五日夷匪由园返回”，是指英法侵略军由圆明园返回海淀。另据1933年国立北平图书馆出版物《馆刊》第七卷第三、四期合刊中，有当时法军统帅部书记官日记记载，“10月5日联军占领海淀，6日占

[1]《圆明园资料集》，第28页，书目文献出版社，1984年。

领圆明园。7 日烧毁了若干宫殿”[1]。《馆刊》记录与宝鋆“奏报”内容相一致。而二十二日夜间大火是英法联军纵火烧毁了海淀街市[2],所以宝鋆于内城能看到“火光烛天”。二十三日“烧毁了若干宫殿”，则是在圆明园纵火。可见烧毁圆明园不是一次纵火。当时尚有完好的建筑。据王闿运和徐叔鸿的记载，圆明园“双鹤斋（廓然大公）、蓬岛瑶台尚好，其中之泉水叠石，丘林山壑依然”[3]。另，同治十二年（1873）青年皇帝载淳曾派人调查圆明园，发现西北侧尚存建筑 13 处：庄严法界、双鹤斋、紫碧山房、鸢飞鱼跃、耕云堂、慎修思永、知过堂、课农轩、顺木天、春雨轩、杏花村、文昌（源）阁、魁星楼。[4]

宝鋆的第二份奏报：

> 二十三日，夷人二百余名，并土匪不计其数，闯入清漪园东宫门，将各殿陈设抢掠。大件多有损伤，小件尽行抢去，并本处印信，一并遗失。二十四日夷人陆续闯入静明园宫门，将各殿陈设抢掠，大件损伤，小件多经抢去。[5]

据法国学者布鲁代尔研究，当年抢掠圆明园时，英国与法国士兵发生冲突，后来法军撤出圆明园，则焚烧圆明园是英国侵略军所为。[6]那么，从宝鋆第二份奏报内容，可以推断抢掠清漪园的 200 余人应是法军士兵，而且还有北京西山土匪乘机洗劫。他们不仅抢掠了圆明园、清漪园，也洗劫了北京西郊的静明园、静宜园，甚至也闯进了寺庙。奏报中所说的“本处印信”，是指乾隆朝在各处御园的主要殿堂内设置的，或青玉雕或碧玉雕制的殿堂玺印。印文是殿堂名下加“宝”字，如延薰山馆宝（在避暑山庄）、乐寿堂宝（在清

[1] 单士元：《最先报告英法联军毁劫圆明园的文献》，第 391 页，载王道成编《圆明园》，北京出版社，1999 年。

[2] 王闿运：《湘绮楼日记》卷三，“庚申记事”八月二十三日。

[3] 徐叔鸿：《圆明园词序》，载《圆明园资料集》，第 64 页。

[4] 刘敦桢：《同治重修圆明园史料》，北京图书馆藏《中国营造学社汇刊》第 4 卷，第二期。

[5]《圆明园资料集》，第 28-29 页，书目文献出版社，1984 年。

[6] [法] 布鲁代尔：《19 世纪的文明与侵略》，第 49 页，巴黎 Armand Colin 出版社，1976 年。

漪园）、方壶胜境宝（在圆明园）。可见殿堂印玺亦被抢掠。近数年来香港及英、法等国佳士德、苏富比拍卖行，曾多次出现乾隆时期玉玺拍卖现象，也证实了列强侵略的这一历史罪行。

北京圆明园被焚掠是清末重大的历史事件。在世界性殖民主义扩张的历史环境中，英法联军炮击广州、天津，武装侵略的恶劣影响，也没有他们焚毁圆明园的影响巨大。为此世界多家媒体予以报道评论，认为是“对东方文明的野蛮践踏”[1]。圆明园是清代自康熙之后，经雍正、乾隆、嘉庆、道光、咸丰五朝130余年精心构建、经营的皇帝安乐窝。英法两国侵略军抢掠之后，连续纵火，大火延烧三日不熄，一是为掩盖抢掠罪行，二在向清朝皇帝施加压力，从而逼迫清朝特命钦差大臣奕䜣先与英、法两国签订了《北京条约》，再与俄国签订中俄《北京条约》。其中有关内容等于皇帝签准了两年前在黑龙江签订的中俄《瑷珲条约》，在割让黑龙江以北60余万平方公里土地之后，又将乌苏里江以东40多万平方公里的所谓“中俄共管”土地，正式划归了沙皇俄国。

英、法侵略军获得了极大满足，连隔岸观火的美国也乘机获得了中美《天津条约》和《上海通商章程》的实际利益。俄国侵略者获得150万平方公里土地的巨大利益，更是心满意足。举兵发动侵略战争的英、法两国军队，于九月十一、十二、十三日这三天退出北京，回到天津海上的兵舰上。为清理后事，收复民心，安抚京、津两地及沿途士农工商各业，九月三十日（11月14日），身在北京的恭亲王奕䜣等大臣以日行300里的加急驿递，向身在承德避暑山庄的咸丰皇帝发出奏请，请求皇帝回銮北京，而且明确告诉皇上，“洋兵已全数退至天津”，“京城安谧如常”。[2]但是咸丰皇帝诚恐洋人复从天津杀回北京，而且也不想急着离开偏安的避暑山庄，遂于十月初一日作出回复：

谕军机大臣等，本日据恭亲王奕䜣等合词吁请回銮一折。此次洋人称兵犯顺（按：“顺”指顺天府，京畿之地。这里为回避京城吃紧而顾全面

[1] [法]布鲁代尔：《19世纪的文明与侵略》，第49页，巴黎Armand Colin出版社，1976年。

[2] 中国第一历史档案馆藏：《恭亲王奕䜣等合词吁请回銮折》，胶片216。

子），恭亲王等与之议抚。虽已换约，此系万不得已允其所请。然退兵后各国洋员尚有驻京者，且亲递国书一节，既未与该使言明，难保不因朕回銮再来饶舌。诸事既未妥协，设使朕率尔回銮，洋人又来挟制，朕必将去而复返。频数往来，于事体殊多不协，且恐京师人心震动，更有甚于八月初八日之举（按：指从北京圆明园逃跑）。该王大臣等奏请回銮，因系为镇定人心起见，然反复筹思，只顾目前之虚名，而留无穷之后患。且木兰巡幸系循祖宗旧典，其地距京师尚不甚远，与在京无异，足资控制。朕意本年暂缓回銮，俟洋务大定后，再将回銮一切事宜办理。[1]

咸丰皇帝拒绝回銮北京的诏谕是说，这次洋人进犯京津，派恭亲王奕䜣等人全权出面议和。现在签了条约并且互换了条约文本，这是不得已答应的。洋兵虽然退了，可是仍有洋人驻在北京，他们可以向洋兵传递消息。列强要求各国在北京设使馆，这是让我反感和恐惧的。洋人曾经要求向我本人亲递国书，我没答应。此番我若回銮北京，难保洋人不再提出此项要求。假若我轻率回北京，洋兵再回来，我还得返回避暑山庄。这样来来往往，实在不妥。到那时人心动荡，要比我第一次出逃热河更厉害。你们让我回銮，是为了安定人心，我反复思考，还是稳妥免留后患为好。而且木兰秋狝在热河，这是遵循祖宗旧典（按：康熙皇帝当年说过，热河道近神京，章奏朝发夕至，往还无过两日，与宫中无异），所以我在承德避暑山庄也足以控制局面。我意已决，本年暂不回銮北京，待你们把洋人的事务处理完毕后再考虑回銮的事情。

从这道诏谕可以看出，咸丰皇帝既害怕与洋人见面，又要维持大清朝和皇帝的面子。本来是腐败无能，投降洋人，还要说是"议抚"洋人；本来是屈辱签约，还要说"允其所请"；本来是不敢回銮，还说是为办事"妥协"；本来是逃跑到避暑山庄，还要说是"循祖宗旧典"，举行木兰秋狝。这样畏洋人如虎的无能皇帝，怎么能维护国家的领土主权和尊严呢！

其实，咸丰拒绝回銮北京还有两个不便说出的原因：一是圆明园已经被焚毁，回銮北京以后便没有恣意享乐的憩养所，于是能在避暑山庄享乐一天

[1]《清宫热河档案》第15辑，咸丰十年十月初一日"上谕"。

是一天，不愿为北京劫后之乱再多操心，待诸事由奕䜣等留守大臣处理妥当后再回銮北京不迟。二是一个更羞于说出口的原因。可以先看看皇上在宝鋆两份奏报上的朱批。

第一份奏报上的朱批：

汝系内务（府）大臣，非他人可比，即使不能在园（圆明园）料理，出城一往有何不可？乃竟置之不顾，尚有人心耶！[1]

第二份奏报上的朱批：

明文着革职留任（按：宝鋆因谏阻皇上拨银20万两维修避暑山庄遭“免官留任”处分），宝鋆只知顾一己之命。前于御园（圆明园）被毁，既不前往，今于专营之三山亦被抢掠，又不前往，不知具何肺肠，实我满洲中之废物也。[2]

当时总管内务府大臣有四员，是肃顺、宝鋆、文丰、明善。肃顺是兼署，适在热河，负责热河园庭事务。文丰负责圆明园事务，已因园庭遭焚掠投湖自尽谢罪。明善在内城、皇城，负责内廷事务。宝鋆“专管三山”事务，即万寿山清漪园、玉泉山静明园和香山静宜园。宝鋆又是明文着革职留任的内务府大臣，后面的潜词皇上没说，恰是你宝鋆戴罪立功的时候。但是，宝鋆却是“三山”出事时不在现场，事后又不亲临现场，无疑有失职之责，难辞其咎。唯一可辩白的一点是他在第一份奏报中说的“奴才当即进城，筹划拨解行在饷银”，筹集银两用于维修避暑山庄和行宫兵丁饷银，不是擅离职守，那要看具体核实情况。这正是宝鋆自知罪责，事后舍命支持奕䜣发动辛酉政变，借以避祸自赎的心理。他深知不推倒肃顺、载垣等人，等待他的命运是不堪设想的。

咸丰对他的申斥是合情、合理、和缓的。皇上骂内务府当差的“奴才”是

[1]《圆明园资料集》，第28-29页，书目文献出版社，1984年。

[2]《圆明园资料集》，第28-29页。

经常现象，却没有威胁和重惩的语言，更没有痛杀的意思。这是为什么呢？须知宝鋆“只知顾一己之命”，而置“三山”安危于不顾，恐惧战事、洋人和劫匪，可以认定他借守城和筹银之名擅离职守。但是如果把皇上申斥宝鋆的第一份朱批对象换成皇帝自己，也同样恰如其分：汝系一国之君主，非他人可比，战事临近，即使你不直接迎敌，在京城坐镇以稳定军心有何不可？乃竟不顾国家颜面，不顾数万将士，不顾亿万百姓，自己远避塞外。而且不以军事主力迎敌，不组织民众抗敌，结果是增加战争赔银，增加列强在华更多政治、经济、传教利益，损失150余万平方公里的国土。四座皇家园林陈设物品被劫掠，建筑景观被损毁。如此看来，皇上欲罪宝鋆也应先罪自己，咸丰的愧悔是无法说出的。

奕䜣奏请皇上回銮的时候，正是咸丰满怀羞愤、恼怒、无奈多种复杂情绪的时节。国祸刚刚发生，圆明园余烬未冷，朝野正在窃议“谁之过”时节，洋兵前脚离京，皇上后脚回京，贪生怕死竟至如此地步，如何表率朝野？咸丰怎么可能立即回銮北京，陷自己于议论的漩涡！

光阴倏忽，转瞬阳春三月，恭亲王奕䜣再次向咸丰皇帝递条陈表达思念之情，欲到避暑山庄请安，并恭请皇帝回銮北京。恭亲王奕䜣接到的皇帝亲笔手诏说：

> 别经半载，时思握手而谈。惟近日咳嗽不止，时有红痰，尚须静摄，未宜多言。且俟秋间再为面话。[1]

皇帝拒绝恭亲王奕䜣请安面奏，且托病咳嗽，仍不想回銮北京。岂料，这竟是最后一次通信。咸丰皇帝在避暑山庄声色犬马的生活，终于耗尽了他的生命。

[1]《清史稿》，《本纪》四，总第765页。

虽逢乱世，依旧歌舞升平庆万寿

咸丰皇帝尽管在逃难路上心惊肉跳，塞外风雨有所不避，沿途饮食难以周全，尝到了皇帝在人世间从未经历过的苦难，可是初到热河的咸丰皇帝心境还不算太坏。为什么这样说呢？咸丰日夕徜徉于避暑山庄园林山水之中，那湖中的荷花尚开得姹紫嫣红，见识到了当年盛极一时的皇帝北巡中心行宫的胜概，凭吊一番他祖先在这里怀柔边疆、纵横捭阖的雄才大略，感慨他自己生不逢时，也颇有一番不胜唏嘘的今昔之叹。平日养尊处优，住惯了金碧辉煌的圆明园，新到一处以文人诗画传统意境取胜的避暑山庄，未尝不是耳目一新，别有一番情趣。不知是为了祈求佛祖保佑，还是为了观赏，皇帝是先在避暑山庄内寺庙"拈香"祭拜，然后到著名的"承德外八庙"中一一"拈香"礼拜，走遍各个神佛境地。

"承德外八庙"实际是12座寺庙，分别是溥仁寺（建于康熙五十二年，1713）、溥善寺（建于雍正三年，1725）、普宁寺（建于乾隆二十年，1755）、普佑寺（建于乾隆二十五年）、安远庙（建于乾隆二十九年）、普乐寺（建于乾隆三十一年）、普陀宗乘之庙（建于乾隆三十五年）、广安寺（建于乾隆三十七年）、殊像寺（建于乾隆三十九年）、罗汉堂（建于乾隆三十九年）、须弥福寿之庙（建于乾隆四十五年）和广缘寺（建于乾隆四十五年）。这12座寺庙中的溥仁寺、溥善寺、普宁寺、安远庙、普乐寺、普陀宗乘之庙、须弥福寿之庙、广缘寺8座，均安设蒙古族或藏族喇嘛，归清政府理藩院（处理边疆民族和宗教事务衙门）管理，接待边疆蒙藏等民族首领、宗教领袖驻锡、礼佛，意在怀柔边疆民族，显示国家"统摄划一"，遂统称之为"外八庙"。寺庙均营建于避暑山庄周围地域，庙貌或意境构设均有所仿拟，或如西藏布达拉宫，或像日喀则的扎什伦布寺，或如五台山殊像寺，或像西藏山南的桑鸢寺，或如浙江海宁的安国寺，或像新疆伊犁的固尔扎庙，等等，气势宏大，金碧辉煌。那普陀宗乘之庙中的"万法归一"殿重檐攒尖顶鎏金鱼鳞瓦一项，鎏金工艺使用"纯金达二万二千一百四十二两六钱七分四厘"。那须弥福寿之庙"都罡殿住宿楼（按：六世班禅寝殿）的鎏金瓦顶，两次工艺鎏金共用上等黄金叶一万五千四百二十九两八钱五分六厘"。[1]

[1] 中国第一历史档案馆藏：《总管内务府奏销档》，"广储司档册"，乾隆三十七年四月十三日、乾隆四十六年七月二十八日。

[图3-1] **烟波致爽殿东间屏门上的“戒急用忍”匾。原匾系康熙皇帝题写**

当年承德府寺庙多，除了外八庙以外，还有文庙、武庙、城隍庙、升仁寺、海云寺、酒仙庙、娘娘庙、忠义庙、药王庙、火神庙、三官庙，以及东、西清真寺等 20 余座著名寺庙。由于心情颇佳，对于殿堂悬挂的盛世题匾，凡有残损、虫蛀者，皆重新御题更换，如前宫后门“岫云门”匾，如意洲“水芳岩秀”、后门“乐寿堂”匾，皇帝寝宫东起坐间的“戒急用忍”匾，等等。可见咸丰皇帝也颇能附庸风雅，心情还是愉悦的。〔图 3-1〕

皇帝在山庄、寺庙游览之余，由肃顺等人出主意，先通知各部蒙古族首领到避暑山庄觐见皇帝。于是各部蒙古纷纷朝觐。皇帝在澹泊敬诚殿接受朝贺。各部蒙古在勤政殿听皇帝圣训。皇帝在四知书屋单独会见蒙古亲王、郡王、额驸，他们随后在继德堂瞻仰、叩拜自顺治以下至道光六代皇帝的御容画像。然后给大小官员、兵丁颁赏，少的是赏大小银锞、银牌，多的是赏陈设瓷器、袍褂、朝珠、鼻烟、荷包。这些赏赐品都是乾隆、嘉庆两朝存储在

[图3-2] 避暑山庄继德堂（原名绥成殿），建于乾隆十四年，乾隆五十七年改建[1]

山庄芳园居的“备赏器物”。又给予官员晋升，赏戴花翎。对宗室到热河拜见者一律颁赏、赐戏，在卷阿胜境赐宴。又颁诏给直隶省大赦减刑。赏诸王、贝勒、贝子、大臣在福寿园清音阁看大戏，“赐小食”（边看戏边吃点心、羹汤、水果、干果）。特别是要仿乾隆、嘉庆两朝规矩，对各部蒙古朝觐者，分班次在避暑山庄万树园幄次（大型蒙古包）举行觐见盛典，赐蒙古包宴，夜间燃放“盒子”（大型礼花，燃放时能幻化出文字图案）。咸丰皇帝虽然身体欠安，仍能强打精神，尝试到清盛世祖先的豪迈情怀。[2]一切安排让皇帝十分开心，无怪肃顺、载垣、端华能得到咸丰皇帝赏识。〔图 3-2〕

就是这些花样翻新的安排与生活，让咸丰皇帝有些乐不思蜀。北京方面以恭亲王奕䜣为首的诸王大臣一再奏请皇帝回銮，咸丰则一拖再拖，或说“偶感风寒咳嗽”，或说“待秋令回銮”，迟迟不归。为此，时人曾评论说：“文

(1) 道光二十八年，避暑山庄原供奉大清历代皇帝画像的御容楼残破失修，遂将先帝画像迁至继德堂。此处遂成为皇朝塞外祭拜祖先的“太庙”。

(2)《木兰起居注》，载《清宫热河档案》第 16 辑，第 415-435 页。

宗在南方沦于粤寇（按：指太平军活动），京津沦于英夷，内忧外患，宵旰不宁，驾幸热河之日，尚以'乐道人'自号，盖有得过且过之意。"[1]

可是，随着时光的流逝，皇帝的好心情越来越少了。以秋狝木兰的名义逃跑到避暑山庄以后，对咸丰打击最大的事情莫过于英法联军劫掠并纵火烧毁了圆明园。为此，皇帝曾有两次在寝宫烟波致爽殿大口吐血。[2]后妃们因担心而私下垂泪，近臣们因焦虑而惴惴不安。只有怡亲王载垣和协办大学士肃顺还算冷静，一再向皇帝进言："民谚说，'留得青山在，不怕没柴烧'，奴才们万望皇上珍摄圣躬，有圣驾统御乃国之大福，御园（圆明园）总可修复。奴才们跪求皇上凡事看开些。"[3]

咸丰心想，不看开些又能如何呢！

雨雪风霜，转瞬冬去春来。在避暑山庄过年绝对没有在北京过年那么惬意，不过却使承德地方百姓见识到了皇家过年的盛况，因为自从修建了避暑山庄，不论是最早的康熙，还是后来的乾隆、嘉庆两位皇帝，还从来没有在承德过年。咸丰十一年（1861）春节，不光山庄内外张灯结彩，还给当地百姓中 60 岁以上的老人恩赏了"年份"。原来皇家过年也燃放爆竹，皇上燃放的双响不叫"二踢脚"，叫"高升炮"。[4]

照例是内外喧嚣了一个月，皇帝接受小皇子、后妃们跪贺新岁，但其身边及北京的部分臣僚拜年，都不过是强颜欢笑。在肃顺的安排下，就近的喀喇沁、翁牛特、敖汉和克什克腾诸旗王、贝勒、额驸，还有盛京、吉林将军，分班叩贺，都是为了让皇帝高兴一下。而且连朝鲜也派遣使团向大清朝皇帝贺年，表达"当此艰危之时，其在事大之道，岂可无一番问安之礼乎！"使团正使赵徽林、副使朴珪寿、书状官申辙求从热河避暑山庄返回时，朝鲜李朝国君哲宗还十分细致地询问了清朝对太平军、英法侵略军作战的情况以及皇帝北狩热河"是否安宁"[5]。常言道："新年纳余庆，嘉节号长春。"皇帝期盼，随着新春的脚步应该有令人高兴的事到来，却总是失望。唯有焦祐瀛

[1] 徐珂：《清稗类钞》第 4 册，第 112 页，中华书局，1981 年。

[2]（清）皂保：《星酬集》卷五。

[3]《木兰起居注》，载《清宫热河档案》第 16 辑，第 429 页。

[4]（清）皂保：《星酬集》卷五。

[5] 吴晗辑：《朝鲜李朝实录》下编第 12 册，总第 5167 页，中华书局，1980 年。

代内阁起草的咸丰十一年（1861）《热河行在万寿庆典从简》诏谕算是自己导演的一件喜事。

农历六月初九日，是咸丰皇帝奕訢的诞辰。清朝每年的元旦（春节）、冬至和皇帝生日，是国家的三大节日。一年之中，只有春节和皇帝生日是普天同庆的大节日，皇帝的生日被称作“万寿圣节”。每年“万象更新”的春节过后，朝廷的礼部和理藩院便分别向全国13个行省，边疆漠南蒙古（内蒙古）、漠北蒙古（喀尔喀蒙古）、西北蒙古（厄鲁特蒙古）、察哈尔蒙古（河套蒙古，或称鄂尔多斯蒙古）、西藏、新疆，以及朝鲜、越南等藩属国发出有关万寿节的庆典通告，交代万寿节庆典的规模与要求，即所谓“布告中外”，届时庆贺。

各行省、边疆地区和藩属国，要在例行“方物”（地方特产）方面应时进献、“孝敬”以外，另行专项准备万寿节进献礼品。所以各地、各国方物进献，如福建的荔枝，为了保鲜，要连同果树一起运到京城。如广西的芋头，山东的阿胶、海米，广东的燕窝、鱼翅，吉林的人参、鹿茸、鹿鞭，黑龙江的海东青、貂皮、鳜鱼，陕西的蓝田玉、狗头大枣，新疆的和田玉、哈密瓜、库尔勒梨、伊犁苹果，青海的冬虫草，甘肃的百合、枸杞，西藏的红花、藏香、绿松石，缅甸的翡翠，朝鲜盖马高原的山参，越南的木材、香料等，都不在万寿节礼品之列。万寿节的礼品要另外准备，尤其是各地方驻防八旗将军、都统，驻新疆、西藏大臣，各地方总督、巡抚、布政使、按察使，各统兵提督、总兵等文武高级官吏，更是要揣测皇帝心性、爱好，挖空心思地为皇帝备办礼品，以取悦皇上。

万寿圣节“逢旬整寿”（十年称一旬，谓之“整寿”），更是要举国大庆，甚至在“整寿”前两三年即开始筹划准备。届时，庆典活动时间冗长，内容众多，规模宏大，仪式繁缛。朝廷在北京要举行太和殿筵宴，赐满朝文武大臣酒宴；还要举行乾清宫家宴，赐后宫女眷酒宴；还要在御园之中举行千叟宴，设宴款待已退休的老臣和60岁以上未退休臣僚，同时邀请年逾七旬的社会贤达和地方耆老参加盛宴。就是清帝举行北巡期间，也同样要欢庆万寿节。

清帝北巡的时间一般在农历四五月至八九月，驻跸塞外四月余。清代皇帝只有康熙、乾隆、嘉庆三朝连年北巡。康熙皇帝生日是农历三月十八日，大多是在北京度过万寿节之后北巡塞外。嘉庆皇帝生日是农历十月初六日，万寿节大多是在北京圆明园度过。唯独乾隆皇帝的生日是农历八月十三日，适逢北巡期间。乾隆一生 49 次北巡，其中有 47 次在塞外度过万寿节，所以在避暑山庄特建福寿园，设清音阁三层大戏楼。届时在福寿园中举行两次卷阿胜境殿大宴：一次是赐宴满朝文武大臣及来山庄祝寿的地方将军、督抚、提镇；另一次是为来承德祝寿的蒙、藏、新疆回部、台湾高山族等的边远地区民族上层人物、宗教领袖及藩属国贡使、陪臣等朝觐祝寿者，举行送别宴，在山庄万树园观看火戏、灯戏，赐果品、茶点、小食。还要在山庄千尺雪举行千叟宴，款待老臣与地方耆宿。在万寿庆典主要仪式、宴赏完毕后，有时还要特殊赏赐随扈臣僚入避暑山庄赏花、游湖或登山。乾隆朝赏赐入园活动结束后，再赐入芳园居宫廷买卖街，自费购物、沽酒，臣僚们可以“放浪形骸，猜拳行酒令”。另外乾隆皇帝还曾多次邀集擅长诗酒唱和的文臣，在避暑山庄香远溢清的含澄景或文津阁前的曲水荷香两处，作曲水流觞的诗酒游戏。

光阴荏苒，岁月沧桑，康乾盛世倏忽已过百年，清盛世皇帝万寿节的流光溢彩已成往事。道光、咸丰以来国朝忧患迭生，再无往日盛况，但是万寿节庆典却并未因大清朝的“王气黯收”而停止，照样歌舞升平、寿礼进京，只是规模、气氛不及盛世时而已。不过，光绪二十年（1894）慈禧皇太后的 60 整寿，老佛爷的铺张靡费程度不比当年乾隆皇帝过万寿节差多少。虽然国难连连，其庆寿活动自春节便已开始。

咸丰十一年（1861）六月初九日，逃难热河的咸丰皇帝在避暑山庄迎来他 31 岁生日。虽然不是“逢旬整寿”，但咸丰去年在圆明园恭庆 30 岁整寿的生诞被英法联军的入侵所搅扰，尚未尽兴便仓皇逃跑到热河，抚今追昔，心情颇为凄楚感伤。按照奕詝的本意，这个生日庆典不想张扬，因为内忧外患不断，特别是北京圆明园被焚毁，财宝被劫掠，心绪实在不佳。而且自己身居逃难的尴尬处境，也没有忘记去年在圆明园过万寿节时被闹腾得半死的经历，以宿疾缠绵的弱躯如何应付得了今年万寿节的劳碌！但是，因为有一大批官员要凭借万寿节向皇帝表忠心，长居深宫的后妃们还期盼于灾祸之余获得一点热闹玩耍机会，咸丰皇帝经不住肃顺、载垣等人的怂恿，折中发出一纸上谕：

> 时下南方贼扰未竟，而京畿洋夷议抚初定，且朕犹于塞外行狝，宵旰忧劳，故万寿节勿当奢靡。着各督抚、学政，各城将军、参赞大臣、都统、副都统、办事大臣、帮办大臣、提督、总兵等，勿庸备办万寿节庆，亦勿庸来热河拜觐。至塞外热河、盛京、吉林、黑龙江官民及诸蒙古地方，俱照从前简约之年例，恭祝万寿圣节可也。勿得稍有加增，致滋糜费。[1]

咸丰的诏谕说得明白，皇上身处塞外，虽然可以把逃跑说成是举行木兰秋狝，却不能否认内外交困的事实，处境毕竟尴尬。所以对负有绥靖地方职责的官员，特别是那些领兵打仗的将帅，甚至包括督学地方的教育官员，还是嘱咐不要准备庆典，也不要远道来热河参加万寿庆典。至于长城以北的驻防八旗及地方和蒙古诸部，还是要恭祝万寿圣节的，但是也不必亲赴热河拜觐，更不可靡费。载垣、肃顺等近臣深知咸丰皇帝是一个不甘寂寞、喜欢热闹、须臾离不开声色刺激的人，在避暑山庄偏安一隅，过上一次虽然不是举国欢庆，但是也算说得过去的万寿圣节是臣下必须努力的。为了让皇上心中高兴，又能彰显皇帝审时崇俭之德，肃顺、载垣等人便装模作样地上了一份奏折，情词恳切地吁求为咸丰过万寿节，似乎没有众臣僚的吁请，咸丰皇帝就会停止节庆或者草率地度过这个生日。肃顺等人的奏折最后说：

> 去岁万寿圣节适逢皇上万寿整寿，众臣下输诚祝僖之怀尚未及尽，皇上便行狝木兰。今岁若因战事未竟，而致万寿圣节过于草率，卑职等绝不敢赞一词，亦无从申臣下胪欢祝嘏之愿，转似近于矫情。臣等惟是谨遵圣谕，不事铺张糜费而已。[2]

封建时代，皇帝身边的起居注官为皇帝生活作日常记事，或者撰写官书，甚至政权更迭后为前朝修正史，都恪守一个潜性规则，那就是为尊者讳。皇帝是最高的尊者，历来对皇帝的言行记述，皆要“避嫌耽乐”。《清史稿》“本纪”中记载咸丰十年（1860）奕詝30岁整寿的万寿节，只用了九个字：“辛

[1] 中国第一历史档案馆藏：《咸丰木兰档》，咸丰十一年二月初一日“上谕内阁”。

[2] 北京故宫博物院藏：《万寿庆典成案》，咸丰十一年二月初七日。

未，万寿节，御殿受贺。”咸丰十一年的万寿节，《清史稿》中一字未记，而在《木兰起居注》中，起居注官桂清、文奎、张之万、孙翼谋记录称："咸丰十一年岁次辛酉，六月初八日乙丑，上御福寿园，赐王公大臣、贝勒、贝子、公小食。”“初九日丙寅，万寿圣节，诣绥成殿行礼毕，御澹泊敬诚殿，受皇子、王公大臣、贝勒、贝子、公、文武大小官员等行庆贺礼，礼成御福寿园，赐皇子、王公大臣、贝勒、贝子、公等小食。”不过98个字，记述主要活动文字74个字，记录不仅简略，而且不记附加内容与活动。其实，“御福寿园”即是赐宴和看戏，“御绥成殿”是祭祖。在避暑山庄以绥成殿代替在北京的太庙，供奉着清朝咸丰以前历代皇帝画像。历代清帝的朝服画像，原在避暑山庄内永佑寺的御容楼内，有供案灵位可作祭祀。道光朝停止北巡以后，更兼内忧外患接踵而至，割地赔银，国家财政窘迫，无力修缮，行宫建筑日渐倾颓断漏，遂将“御容楼内历代先圣画像、灵位、供案，恭移至尚属完整的松鹤斋内绥成殿，以昭敬慎”[1]。其实，十一年的万寿圣节虽然从简，在避暑山庄的活动仍然很多，甚至没过万寿节时也是笙歌鼎沸，晨昏钟鸣，一派祥和气氛，更何况万寿节前夕各地恭送礼品车骑带来的巨大喜悦！

咸丰十一年（1861）初春，塞外承德的树木刚刚透出绿意，各蒙古王公、额驸，盛京、吉林、黑龙江将军，驻防八旗都统、副都统，各地方官员进呈万寿节礼品的车骑，便从多伦诺尔、赤峰、围场、张家口、息烽口、古北口、丰宁、滦平等各条官道纷至沓来。进献礼品的官员虽然未到，可是官员的手本（送礼品的信件、颂词、礼品单）及礼品已到。手本中所言内容基本相似，在赞颂皇帝万寿无疆之外，言明“奉内阁上谕，不敢违旨恭赴行宫展觐亲拜，而恭祝万寿之礼自当孝敬我皇上”[2]。礼品交进是在避暑山庄城关门前广场，广场上搭设临时遮挡棚，总管内务府的广储司、会计司和奉宸院负责接待。礼品皆封于漆面铜包角箱笼内，箱笼形状与大小不一，点交验看完毕后由苑工或抬，或扛，或抱送进避暑山庄钱粮处。对于远道送礼品的人员、车辆，由总管内务府司、院的笔帖式（办事员）引领，在热河驿馆、关帝庙、酒仙庙、竹林寺、开仁寺、城隍庙和承德府学等处僧房、学斋、道士

[1] 中国第一历史档案馆藏：《热河园庭现行则例》卷四。

[2] 中国第一历史档案馆藏：《咸丰木兰档》，咸丰十一年三月二十八日，吉林将军赓福“礼折”。

修所、空闲房间内歇息。道路最远的是朝鲜李朝哲宗的“贺寿使团”一行23人。由于远道而来，又兼“难得其悃诚”，款待七日后才让其离开热河返国。六月二十八日“哲宗召见回还热河使”。继贺年使团之后，再次对“东国”（清朝）镇压太平军、捻军及英法“洋夷之扰”表示关心。[1]万寿节特简钦差大臣肃顺、景寿、杜翰传下话来，因为皇帝传旨，“万寿节庆典从简，各路进献礼品人等，交进后二日离开承德”[2]。

据清宫《总管内务府奏事档》记录，咸丰十一年（1861）万寿圣节庆典“自六月初一日为始，二十一日止”。这一时间段只是万寿节主要仪式性活动的时间。仪式之前、之后的娱乐活动远不止一两个月，而且活动不只是皇帝所在的承德，各地方治所，各道、府、州、县皆有仪式、活动安排。据称，“承德府并所辖州、县延及盛京、吉林、黑龙江与蒙古地方，圣寿正日，凡有品级大小官员皆着朝服向承德方向跪拜，三呼万寿无疆。且各地多设祝僖之坛，名曰‘皇坛’，喇嘛、僧、道皆作分班诵经祈福。富户有于寺庙办经堂者，商家铺户沿街设香案、节灯，遍插龙旗，以为节庆，观者如织，是为官庶同乐”[3]。

自从咸丰皇帝逃难到避暑山庄之后，塞外山城承德便褪去了它往日的荒凉与萧条。咸丰十一年（1861）春节过后，避暑山庄各门及三道过街牌坊均油饰一新。避暑山庄外围有宫门九座，“自六月初一日，行宫丽正、德汇、城关、仓门、坦坦荡荡、碧峰、流杯亭（门）、惠迪吉、西北各门皆悬灯结彩，为多年未有之盛”[4]。而且在丽正、德汇两门，各于东、西两侧搭设“鼓吹亭”，各亭皆悬彩匾。丽正门二亭，东曰“恭则寿”，西曰“敬之福”；德汇门二亭，东曰“宣豫”，西曰“导和”。以为恭庆，供“乐班”奏乐。[5]五月二十八日，应到承德觐见的宗室贵戚，古北口以外的地方官员，盛京、吉林、黑龙江将军，驻防八旗主要官员，就近的蒙古王公诸如喀喇沁、翁牛特、敖汉、克什克腾等旗的代表，相继到达承德。特别需要指出的是，部分在北京的官员，

[1] 吴晗辑：《朝鲜李朝实录中的中国史料》下编，第12册，总第5167-5168页，中华书局，1980年。

[2] 中国第一历史档案馆藏：《总管内务府奏事档》，“咸丰木兰档册”。

[3]（清）皂保：《星酬集》卷五。

[4]（清）平步青：《霞外攟屑》上，第21页。

[5]（清）平步青：《霞外攟屑》上，第23页。

如陈孚恩、黄宗汉、成琦、刘昆等人，是载垣、肃顺“素所器重者”，也应召到避暑山庄参加万寿庆典。[1]

六月初一日，避暑山庄开始“张乐演戏”。民间的欢庆是在各个关帝庙、娘娘庙露天戏台演戏，皆是喜庆或精忠报国内容。避暑山庄内演戏是在福寿园，据《升平署日记档》记录，戏出是历史题材大戏《昭代萧韶》，内容是杨家将满门忠烈保大宋王朝的故事。大戏演出，有时需要挑灯唱夜戏，一出戏便连演七天。终日无事的后宫女眷们看得乐不可支，津津有味。相反，年老的宗室、大臣和病弱的皇上却难于坚持。皇上的看戏楼内有坐床和靠枕，尚可适当活动或休息，而其他人看戏却是前有矮桌，席地毡而坐，无法活动腰身，“许多老臣一天下来，已难于动履”[2]。据《升平署日记档》和《清宫热河档案》“热河日记”记录，咸丰皇帝逃来热河后 21 天，即传旨调运、采买新戏衣、盔头、切末（道具）到承德，并令升平署内学（会唱戏的太监）在避暑山庄内演戏。当时咸丰皇帝看大戏是在福寿园，有清音阁三层大戏楼；看“花戏”（即化妆戏）在如意洲一片云楼浮片玉戏台；听“清唱”在前宫云山胜地楼下文明福地室内小戏台。咸丰也颇懂戏曲，有时导演“念”、“作”，有时纠正唱腔。演戏一直持续到七月十六日——他死亡的前一天。〔图 3-3 至图 3-6〕

史载，六月初七日，咸丰皇帝准五月十六日礼部太常寺奏请万寿节祭各陵寝折，传旨遣随扈在避暑山庄的礼部右侍郎载龄赴遵化“恭代（皇上）祭孝陵（顺治陵墓）、景陵（康熙陵墓）、裕陵（乾隆陵墓）等事项”，遣新任总管内务府大臣全庆赴易县“恭代（皇上）祭泰陵（雍正陵墓）、昌陵（嘉庆陵墓）、慕陵（道光陵墓）等事项”，遣太常寺卿庆惠回北京“恭代（皇上）祭谒太庙”。[3]

史载，六月初七日，内阁奉五月二十一日上谕，“恭亲王奕䜣之第二子（按：应是第三子），着名载滢”[4]。清代皇室规矩，近支宗室生子，由皇帝赐名，简支（远支）宗室生子，名字由宗人府呈报皇帝阅准。这里是咸丰皇帝

[1]《清史稿》，《列传》二一〇，《尹耕云传》，总第 12202 页。

[2] 陈义杰整理：《翁同龢日记》之三，第 943 页。

[3]《木兰起居注》，《清宫热河档案》第 16 辑，第 434 页。

[4]《木兰起居注》，《清宫热河档案》第 16 辑，第 435 页。

[图3-3] 避暑山庄一片云看戏楼，建于康熙四十二年，地处湖心如意洲岛

为恭亲王奕䜣的三儿子起名“载滢”。

史载，自五月二十一日至六月初七日，皇上阅批军机处奏请与奏报皖、浙、苏、豫、鲁五省军情11份，京津洋夷奏报三份。[1]

史载，六月初八日，咸丰皇帝上午八时入福寿园，在热河的王公大臣、宗室贵戚，从北京及各地来承德祝寿文武大小官员在德汇门前跪迎。“升平署承应大戏《庆祝移銮》伺候。”“庆祝移銮”是歌舞承应大戏，创编于乾隆朝，以祝颂皇帝木兰秋狝为内容。看完开场承应大戏后，赐卷阿胜境殿宴筵。宴毕，继续在福寿园清音阁看大戏，戏目是以《西游记》故事改编的昆曲《升平宝筏》。演戏期间在各看戏席赐羹汤、点心、果品等小食。福寿园点长明灯，戌时演戏方毕。[2]

史载，六月初九日，万寿圣节正日，咸丰皇帝由司礼官礼部尚书麟魁赞礼，署礼部右侍郎杜翰襄赞，在绥成殿向列祖列宗行礼。绥成殿前乐班先奏

(1)《木兰起居注》,《清宫热河档案》第16辑，第436页。

(2) 北京故宫博物院藏 :《昇平署日记档》之三，咸丰十一年“万寿节戏出”。

[图3-4] 浮片玉小戏台，在一片云看戏楼天井中

[图3-5] 避暑庄福寿园清音阁大戏楼，建于乾隆十九年

丹陛大乐，御前王大臣、内阁军机大臣载垣、端华、景寿、肃顺、仁寿、奕誴、奕谡等扈从行礼。巳正（上午10时）祭拜礼成，乐班再奏中和韶乐。皇帝御澹泊敬诚殿。升座，殿前左、右乐亭高奏丹陛大乐。咸丰受皇子载淳叩拜礼。王公大臣着朝服行“三跪九叩贺礼，乐亭再奏中和韶乐”。“礼成皇上御福寿园”，在福寿园卷阿胜境殿赐酒宴，所有参与庆贺礼官员人等全部入席。皇帝先入座，众官跪叩谢恩，升平署乐班高奏《朝天子》、《水龙吟》。向皇帝三祝寿酒后，传果茶。未初（下午1时）开始在清音阁三层大戏楼看戏。开场承应戏《九九大庆》为弋阳高腔、舞蹈类大型祝寿性、颂扬性节目，三层戏台同时演出，彩衣飘摇，令人目不暇接。祝寿承应戏演毕，继续昨天《升平宝筏》大戏演唱。中间赐果品、茶点类小食。十日之后，《升平宝筏》演毕，再演《封神天榜》。这个戏目是依据古代神话故事《封神演义》创编的大戏，又是十日后方演毕。此后停演大戏，改日常演戏，在如意洲一片云看戏，戏目是故事性很强的《三娘教子》、《三岔口》、《玉堂春》一类民俗皮黄戏曲。[1]〔图3-7〕

史载，六月初九日，酉初（下午5时）“上御万壑松风”，赐后宫眷属家

[1] 北京故宫博物院藏：《昇平署日记档》之三，咸丰十一年“万寿节戏出”。

[图3-6] 避暑山庄前宫云山胜地，楼下有文明福地小戏台。

[图3-7] 避暑山庄福寿园卷阿胜境殿，是乾隆、嘉庆北巡期间宴见内外之处。

宴。平日后宫眷属各自在自己宫内进食，吃“份饭”，一般二凉四热一汤，几品小菜，另有米、面、粘食。赐家宴“主桌”（头等宴桌）仍是一人一桌，并非一桌共餐。家宴举行前，帝、后、妃、嫔皆改穿吉服。皇帝升座，乐班奏中和韶乐，后、妃、嫔分班行礼时乐班再奏丹陛大乐。传进馔膳、果品、酒茶时，皆分别起乐，改奏丹陛清乐、中和清乐。万壑松风大殿七开间槅扇全部摘下，与宴者面对天井。天井有升平署伺候承应宴戏《平安如意》演出。[1]

宴桌摆式如下。

居中设紫桤雕龙宝座，座前摆金漆云龙大宴桌，是皇帝宴桌。桌上摆群膳、冷膳、热膳 40 品，另有各种糕点、鲜果、小菜、青酱。皇帝使用金匙、象牙箸。桌心摆花瓶插工艺花。

左侧第一桌，靠近皇帝桌，是皇后钮祜禄氏宴桌，称“头桌宴”，桌上摆群膳、冷膳、热膳 32 品，另有糕点、鲜果、小菜、青酱。皇后使用金匙、银箸。桌心摆放花瓶插工艺花。

右侧第一桌，靠近皇帝桌，是懿贵妃叶赫那拉氏宴桌，亦称“头桌宴”。宴桌摆放与使用匙、箸同皇后宴桌。

左侧第二桌，靠近皇后宴桌，称“二桌宴”，是丽妃他他拉氏宴桌，桌上摆群膳、冷膳、热膳 24 品，另有糕点、鲜果、小菜、青酱，使用银匙、银箸，桌心摆放花瓶插花。

右侧第二桌，靠近懿贵妃宴桌，亦称“二桌宴”，是玫妃徐佳氏宴桌。宴桌摆放与使用匙、箸同丽妃宴桌。

左侧第三桌，靠近丽妃宴桌，称“三桌宴”，一桌坐两人，是祺嫔佟佳氏和婉嫔索绰络氏宴桌，桌上摆放与使用匙、箸同“二桌宴”。不同于“二桌宴”的是，一桌坐两人。

右侧第三桌，靠近玫妃徐佳氏宴桌，亦称“三桌宴”，一桌坐两人，是璷嫔富察氏和吉嫔石佳氏宴桌，桌上摆放与使用匙、箸同“二桌宴”。

左侧和右侧第四桌，皆为一桌三人，称“四桌宴”，馔膳、点心、果品摆放和匙、箸使用皆与“二桌宴”相同，只是桌边人数增加。按宫廷礼仪规定，“四桌宴”应是一桌四人，但因咸丰皇帝逃至避暑山庄，后宫长辈女子未

[1]《木兰起居注》，《清宫热河档案》第 16 辑，第 438 页。

[图3-8] 万壑松风，建于康熙四十二年，咸丰皇帝避难热河期间改作嫔、贵人等排位靠后女眷的居所

随行，自己的后妃只随行 13 人，所以两侧“四桌宴”均设三人座，由云嫔武佳氏、英嫔伊尔根觉罗氏、禧贵人、庆贵人、容贵人落座。

左、右两侧的“二桌宴”、“三桌宴”、“四桌宴”使用的宴桌是四腿高脚桌，人坐于高背椅上。而左、右两侧“头桌宴”则是大漆描金桌案，人坐于有靠背、迎手的宝座上。万寿节设家宴，一般都是晚宴，酉时开宴，无时间限制。进膳程序是，先进上热膳、点心；次进汤饭；再进奶茶；转酒宴，进酒膳；最后进果品、香茶，叙话。[1]〔图 3-8 至图 3-10〕

咸丰皇帝最后的生日过的还算愉快，虽然不像往年在北京那样隆重，可是北方数省及蒙古就近各旗仍然给承德带来了前所未有的喜庆气氛，而且万寿节各项仪注均予安排，不失庄重。这与肃顺、载垣、端华三人恭谨尽心的筹划操持分不开。皇上心里想，不枉朕对三人，特别是肃顺的恩宠。

清代宫廷的主要娱乐是看戏，而宫中过节，特别是万寿节，就更是连日看大戏。但是，在国难当头的特殊时期，咸丰皇帝远离战事，偏安一隅，疏

[1] 中国第一历史档案馆藏：清宫《节次照常膳底档》，咸丰十一年万寿圣节“宴单”。

[图3-9] 皇帝家宴，后妃头桌宴桌陈设的宝座

[图3-10] 皇帝家宴宴桌中间摆放的工艺花

于朝政，军国大事皆推诿他人，终日沉湎于鸦片烟、美酒、声色之中，在清代 268 年的统治中还是第一人。

咸丰英年早逝于避暑山庄

咸丰皇帝的生日虽然“从简”，但仅内务府奏销就花掉白银18万余两，还不算礼部、工部及各地方的花销。得不偿失的是，于耗费民脂民膏之外，也差不多耗尽了皇帝本人的精气神。万寿圣节的喜庆气氛尚未消退，咸丰皇帝的宿疾却日益沉重，精神越来越不济。圆明园的财宝被洋人掠走，“万园之园”被焚毁，不去想了；与英、法、俄、美列强签订的《天津条约》、《北京条约》，与沙皇俄国签订的《瑷珲条约》，赔银、失地、丧权、辱国，也不去想了；江南及中原数省与太平军、捻军的战事，也不去想了，然而自称“乐道人”的咸丰皇帝也仍然乐不起来。孱弱不堪的身体已陷入大病之中，症状时轻时重，给避暑山庄带来一片凝重的氛围。

封建时代，任何人都讳言皇帝的疾病。自咸丰十一年（1861）春节过后，皇帝基本不过问政事，北京有奕䜣、贾桢、文祥等人办理，承德有肃顺、载垣、端华等人操持。因为“圣躬违和”已非一日，太医院的太医们已经知道回天乏术，皇帝身边的王大臣和后妃们似乎也明白，皇上的宿疾是无法治愈的，只能“将养维持”，以待时日。于是任由皇帝兴之所至，无非是以吸食福寿如意膏支撑精神，白天看戏不止，入夜照常召幸妃嫔。

清代宫廷里的政余消遣主要是看戏，因为戏曲是集歌唱、道白、舞蹈于一体的综合性艺术，历来被宫内人喜欢。清代继承明代旧制，看戏是以昆腔和弋阳高腔为主。到咸丰朝以后，市井民众欣赏的乱弹、皮黄逐渐传入清宫。由于乱弹、皮黄的故事性明显，情节紧凑，更被帝后所喜爱。入关后的清代皇帝除了雍正以外，几乎全是戏迷。对逃难到避暑山庄的咸丰来说，解忧除了杜康以外，还有看戏。据《升平署日记档》记录，咸丰皇帝几乎天天在行宫看戏，病重时候也没有停止。

下面摘抄《升平署日记档》、《懋勤殿档案》及“御膳房膳单”部分内容，以见咸丰临终前的一段生活。

（咸丰十一年）五月二十三日戏毕。传旨：“二十四早晨，着升平署总管领内学武生、武旦、武丑，至如意洲一片云演戏。”如意洲一片云有康熙时期修建的看戏二层楼，天井内有室外戏台。当年康熙皇帝在楼外檐题匾“一片云”，乾隆皇帝为戏台题匾“浮片玉”。此后几乎每天都在看戏。特别六月是皇帝的生诞月份，全月在福寿园清音阁看戏。福寿园是避暑山庄内唱大戏的三层大戏楼所在地，规模与辉煌程度和今天北京颐和园的德和园大戏楼、紫禁城中的畅音阁大戏楼一样。到七月份，皇帝看戏又改在如意洲一片云戏台。看戏地址改变的原因有二：一是皇帝病情转重，看戏人数减少；二是如意洲处在湖心如意洲岛上，夏天凉快。

历史档案显示如下内容。

七月十三日（8 月 18 日）“皇上不豫，改清唱，改文明福地”。皇上病体不支，看戏改在寝宫后楼楼下室内小戏台。戏台有康熙皇帝当年题写的绢匾“文明福地”。清唱是演员不化妆演出。可见病重也要看戏。改在寝宫后楼，皇帝不用远距离移动。

七月十四日（8 月 19 日）传谕：“如意洲花唱照旧。”如意洲指一片云室外戏台，花唱即演员化妆演出。到如意洲看戏，说明皇帝病体稍有好转。

七月十五日（8 月 20 日）“上不豫，如意洲照常看戏”。皇上病情虽然越来越沉重，但是坚持照旧在一片云看戏。这天是咸丰皇帝死亡的前一天。

七月十六日（8 月 21 日），早晨皇上在寝宫烟波致爽殿早膳，吃鸭丁粳米粥，小菜四碟，卤菜四盘。午膳上用羊肉片炒白菜、脍伞单、炒豆腐、羊肉丝炒豆芽、肘片、鸭块、藕片、素丝，四凉四热，主食白米饭、绿豆卷。进食状况未见记载，但是身体不能支撑是可以肯定的。为什么呢？因为《升平署日记档》记载：“传旨：如意洲承应戏不必了。”皇上天天看戏，而把看戏叫停了，便是身体不能支撑、病情转重的证明。

另据《热河密札》记录，七月十六日（8 月 21 日）未正（下午 2 时），皇上午膳后“晕厥”，“嘱内中缓散，至晚苏转，始定大计。子初三刻见时，传谕清楚，王大臣请丹毫，谕已不能执笔，着写来述旨。故有承写字样”。[1]《热河密札》是随咸丰皇帝到热河的军机章京们，私下记录承德避暑山庄秘闻及亲听、亲见机密事项，不能公示于人的文字，比较可信。只是行文过于简略，涉及关键人物与事项多用隐语，后人查阅需要分析、辨识。

这段记录的内容是，十六日午饭后未正皇上昏迷了，告诉当值的诸王大臣暂缓告退。天黑时苏醒过来，开始考虑皇上身后事。等到夜间 11 时 30 分与皇帝见面时，下遗嘱说话仍很清楚。让诸王大臣取来笔、纸、砚、朱墨，皇帝的手已经不能执笔了，只能口授，让别人来记录。所以临终遗诏不是皇

[1] 史文简：《热河密札订补》，载《近代史资料丛编》总第 40 号，第 236 页。

上的笔迹，有大臣承写字样。

七月十七日（8 月 22 日），“寅初传冰糖煨燕窝，卯时龙驭上宾”。[1] 从《热河密札》记录看来，七月十七日凌晨 3 点咸丰皇帝还吃了一点“冰糖煨燕窝”，延至 6 时便驾崩了。一代皇帝大驾西归的时候与常人死亡没什么不同，因为皇上也是人，他同样是在自己的啼哭中诞生，在别人的哭声中逝去，只是哭他的遗孀比常人要多得多。

咸丰皇帝生于道光十一年六月初九日丑时（1831 年 7 月 17 日凌晨 1-3 时），诞于圆明园湛静斋（咸丰继皇帝位后改称湛静斋为“基福堂”），享年 31 虚岁，在世时间不过 30 年零 33 天。咸丰英年病逝于避暑山庄，原因是多方面的。

其一，先天体弱多病，结核病是主要病症。据太医栾泰、李万清、匡懋忠开出的脉案（病历），咸丰皇帝“过午烦热，夜寐汗湿”、“久有咯红”，说明他患有开放性肺结核，并有“晓前泻秽”，症状即天亮前解脓血大便，时称“鸡鸣泻”，可见由肺结核扩大感染肠结核，应该说已经到了结核病的晚期，随时有可能死亡。此病至死精神尚可，神志清晰，尚能饮食，亦能令后宫女子侍寝。

其二，平日声色过度，耗尽精力。咸丰逃难到避暑山庄，随同有 13 位后妃女眷，尚有数十名宫女可侍寝。然而咸丰还嫌不足，惦记让把留在圆明园的“四春娘娘”——四位江南裹足女子送到避暑山庄。特别嘱咐把山西籍小脚女人曹寡妇送到避暑山庄。原本病躯，怎经得起如此折腾。[2]

咸丰特别喜欢看戏，逃难避暑山庄又有看戏条件，便终日看戏以解烦心。在如意洲一片云看花唱，在文明福地听清唱，还不是那么劳累，而在福寿园看大戏则可一连数十日，常人都难以应付。例如，当时清宫以《西游记》故事编写的神话故事大戏《升平宝筏》，以《三国演义》故事编写的历史大戏《鼎峙春秋》，以《封神演义》神话故事编写的大戏《封神天榜》，以五百罗汉之一的目犍连尊者救渡母亲的故事编写的神话大戏《劝善金科》，以《水浒传》故事编写的历史大戏《忠义璇图》，以宋代杨家将故事编写的历史大

[1] 史文简：《热河密札订补》，载《近代史资料丛编》总第 40 号，第 236 页。

[2]（清）天嘏：《满清外史》下卷，载陆保璿编《满清稗史》上，第 6-7 页，中国书店，1987 年。

戏《昭代萧韶》，以宋太祖下南唐历史故事编写的大戏《铁骑阵》，都是一戏十本，240 出。据赵翼《檐曝杂记》和当时清宫《升平署档案》、《懋勤殿档案》记载，这种大戏被称作“连台本大戏”，故事性极强，每出戏之间情节连贯，专门在三层大戏楼里上演，演员最多时上千名，甚至有真牛、马、骆驼上台。[1] 看戏时，往往早饭后就入席，白天与夜间连看，在戏座上传膳两次。一个大戏演完要一旬（十天），接着演另一本大戏，一般人是经受不了这种劳累的。据晚清皇帝老师翁同龢记录，许多臣僚被皇帝、皇太后“赐观大戏”，是一种荣耀，都需要专门向皇帝、皇太后递折子“谢恩”。有些大臣因为怕疲劳，不得不以种种理由婉谢。有的老臣看完一天戏，竟然在看戏座里动不了身，不得不由人搀扶回行辕住所。[2] 这样看戏对于病恹恹的咸丰皇帝，不啻雪上加霜。

其三，满族沿袭当年女真民族的养生旧俗，统一中原以后仍然有饮鹿茸血滋补弱躯的习惯。据《满清稗史》记载，咸丰避难热河的路上，埋怨忘记把景山鹿圈养的雄鹿或圆明园无逸斋的雄鹿携带到避暑山庄。肃顺为了让皇帝放心，一到承德便立即让避暑山庄苑丞在山庄内扑雄鹿，又让热河都统从木兰围场送 14 头雄鹿到避暑山庄，并且恢复早在道光朝已经裁撤了的避暑山庄鹿圈，为皇帝提供早、晚两次饮用的鹿茸血。[3] 鹿茸血属于阳亢性药物，功力远胜于鹿茸片，对于皇帝既阴虚又阳亢的体魄有百害而无一利，致使肌体愈发失和，势必加速各种内分泌体液的衰竭。

其四，咸丰皇帝于惊惧中仓皇逃难，身心疲惫。外敌逼迫签约赔银，而圆明园又被焚掠，愈加痛心疾首。须知圆明园是经过五代皇帝 130 年经营的安乐窝，在他执政期间毁于一旦，令其痛彻心扉，“病情转重，大口吐血”[4]。

其五，六月初九日是咸丰皇帝万寿节，原本病体难支，但又不能不强打精神接受朝贺，颁发谕旨，参加酒宴，赏戏观灯等，参加种种活动，且须掩饰病态。似乎皇帝不能有病，有病就无法显示“天行健，君子以自强不息”和只有皇帝才有的龙马精神。于是劳累摧垮病躯，似油枯灯灭。

[1]（清）赵翼 :《檐曝杂记》卷七。

[2] 陈义杰整理 :《翁同龢日记》之二，第 214 页。

[3]（清）天嘏 :《满清外史》，载《满清稗史》上，第 26 页。

[4]（清）皂保 :《星酬集》卷五。

弥留之际口授遗诏揭秘

咸丰皇帝不是暴亡。当时民间称肺结核为“痨病”，中医称肠结核病“鸡鸣泻”，时人多避讳，可谓不治之症。六月份万寿节前后几天，皇帝尚能勉强支撑，至七月份除了看戏已经“不视事”（不能处理政务）。所以在咸丰十一年七月十七日卯正时分（1861 年 8 月 22 日晨 6 时）病逝时，在他身边生活和侍候的人都没有感到突然，只有留守北京的大臣们听到报信“一时惊愕”，而恭亲王奕䜣本人和他的亲信也并不吃惊。为什么呢？从《热河密札》中可以看到，避暑山庄内化名“樵客”等的几位军机章京经常有密信到北京。

结核病逝者临终前都表现出“精神清爽”依旧，咸丰亦不例外。病逝前六个半小时，即十六日“子初三刻”到十七日“卯正”（夜 11 时 30 分到翌晨 6 时），仍能清楚地口授遗诏。咸丰皇帝的临终遗诏有三种形式：一是两道口授遗诏，二是以物托付，三是官方依据皇帝遗诏代拟的临终诏书。

首先，关于两道口授遗诏。两道口授遗诏是有关确立皇位继承人和自己身后执政形式、政权格局的安排。由于咸丰皇帝刚满 30 岁，仅有一个儿子，还没有来得及按雍正以来确立的密立储君制度书写密立皇太子的诏书，封于鐍匣内，藏于乾清宫“正大光明”匾后，自己就已经病危，且又已经不能秉笔亲书，只得口授，由王大臣代笔。于是传下两道口授诏谕，算是遗诏，仅限部分中枢阁臣、几位军机处大臣知情。

据《军机处上谕档》记录，第一道诏谕：

> 咸丰十一年七月十六日，奉朱谕，皇长子御名（按：指载淳，为表示尊奉嗣皇帝，代笔者不敢写嗣皇帝载淳的名讳），着立为皇太子。特谕。[1]
>
> 〔图 5-1〕

在这道诏谕后边附有军机处说明：“本日子刻，大人们同内廷王、御前大臣一起寝宫召见，面御并辅政一道，写朱谕述旨后发下，即刻发抄。”[2]

据《军机处上谕档》记录，第二道诏谕：

[1]《清代档案史料丛编》第 1 辑，《辛酉政变》，第 82 页。遗诏原件现藏于中国第一历史档案馆。

[2]《清代档案史料丛编》第 1 辑，《辛酉政变》，第 82 页。

[图5-1] 同治皇帝载淳亲政以后的朝服画像

咸丰十一年七月十六日，奉朱笔，皇长子御名现立为皇太子，着派载垣、端华、景寿、肃顺、穆荫、匡源、杜翰、焦祐瀛，尽心辅弼，赞襄一切政务。特谕。[1]

第二道诏谕亦附有军机处发抄说明："本日子时三刻召见，共一起（有）御前大臣载垣、景寿、肃顺、内廷王端华、军机大臣穆（荫）、匡（源）、杜（翰）、焦（祐瀛）。面奉谕旨，写朱谕递上，发下。当即发抄。"[2]

把《军机处上谕档》附注内容和《随手登记档》内容进行对比，发现两者完全一致，说明遗诏抄录经咸丰过目同意后下发，内容真实，八大臣没有矫诏自谋之嫌。

其次，关于以物托付。在嗣皇帝载淳亲政前，将以两方印玺代朱笔。咸丰弥留之际，从自己床头长枕下取出一个黄绸包，里面是两个织锦敷面小方匣，内中各有一方寿山田黄石印章，都是咸丰皇帝欣赏书画的闲章。一颗有"御赏"篆书字样，一颗有"同道堂"篆书字样。咸丰表示：在嗣皇帝16岁亲理大政之前，以两颗印玺的钤盖作为发布诏谕的符信，即发布凭据。以"御赏"章书起，也称"迎首"，即开头；以"同道堂"章书讫，也称"压脚"，即结尾。[3]"御赏"印章赐给皇后钮祜禄氏掌握，"同道堂"印章赐给嗣皇帝载淳掌握。因为载淳年幼不能理事，印章本应由皇后代掌，但是皇后心软，事后将"同道堂"印章交由懿贵妃叶赫那拉氏掌管。口授诏谕时将两颗印章一并交给皇后钮祜禄氏，因为懿贵妃没有资格在现场聆听遗诏。[4]〔图5-2〕

最后，关于由官方代拟综合性质的临终诏书（相当于告全国官吏百姓书）。即使大行皇帝突然死亡，未及作出书谕（以文字书写）或面谕（当面遗言），这种诏谕也要由内阁拟定一份。雍正七年（1729）组建设立军机处以后由军机处拟定。要求根据皇帝生前的圣训（皇帝著述或说过的话），拟写一份综合性的诏书，昭告天下臣民，包括有邦交关系的外国政府。

[1]《清代档案史料丛编》第1辑，《辛酉政变》，第83页。

[2]《清代档案史料丛编》第1辑，《辛酉政变》，第82页。

[3] 中国第一历史档案馆藏：《军机处上谕档》，咸丰十一年七月十七日，胶片209。

[4] 汪诗侬：《所闻录》，载《满清稗史》下卷，第14页，中国书店，1987年。

[图5-2] 御赏、同道堂印玺。御赏印阳文篆刻，同道堂

据《军机处上谕档》记载，咸丰十一年七月十七日（1861年8月22日）颁发的皇帝临终诏书如下：

朕蒙皇考宣宗成皇帝，帱育仁慈，恩勤付托，临御之初，仰承圣谕谆谆，以敬天法祖，勤政爱民，奉三无私，保泰持盈为本，因命中外臣僚，荐举人才，并广开言路，俾大小臣工各抒所见，以期博采周知，下情罔隐。自御极至今，日理万几，凡批览章奏，引对臣工，十一年未尝一日稍懈。各直省水旱偏灾，经各该督抚奏请，蠲缓钱粮，靡不体恤民艰，恩施立沛。惟自军兴以来，已阅十载，其窜踞连镇、冯官屯及楚、闽、粤、黔巨股各匪，虽经叠次削平，而江苏、安徽、浙江等省被扰各区，迄今尚未戡定。每念我黎民迭遭兵燹，宵旰焦劳，难安寝馈，遂致思虑伤神，渐形气弱。

上年八月间举行秋狝，驻跸热河，旋经恭亲王奕䜣等将各国通商事宜妥为经理，都城内外安谧如常。本年正月曾经降旨，于春仲回銮，适因旧疾复作，不得已降旨停止。本拟俟秋间气体复元，启跸回京，与诸王大臣讲求庶政，次第举行。孰意入夏以来，暑泻日久，元气愈亏，以致弥留不起，岂非天乎？顾念神器至重，允宜传付元良。十六日子刻，召见宗人府宗令、右宗正、军机大臣，令其承写朱谕，立皇长子御名为皇太子，并命该王大臣等尽心辅弼，赞襄政务。

皇太子仁孝聪明，必能钦承付托，其即皇帝位，以嗣大统。书曰："在知人，在安民。"方今东南诸省军务未平，百姓荡析离居，惨罹锋镝。振文教，修武备，登进贤良，荡平群丑，实为当务之急，可不勉哉！随扈王大臣及在京王大臣等，其各精白乃心，和衷共济，以期克臻上理。各路统兵大臣及各该省将军、督、抚，受朕厚恩，尤宜力图扫荡，早靖逆氛，俾寰宇奠安，黎民绥辑，克终朕未竟之志。在天之灵，庶几稍慰焉。

丧服仍二十七日而除。

布告天下，咸使闻之。[1]

这道临终诏书的通俗内容是说：承蒙父亲道光皇帝仁慈养育，并将国家托付与我。在我继承皇位同时，也继承了父皇的谆谆嘱咐，以敬天命，恪守传统，勤于政务，体恤百姓，执天地人三才之道，摒弃私心，以求国泰民安为根本。因此令内外朝臣举荐人才，广开言路，使大小臣僚知无不言，怀忠进谏。我则从谏如流，以致下情无所隐瞒（按：这是历朝皇帝临终诏书的套话，为大行皇帝脸上贴金）。我自继位始至今，终日勤于国事，或批阅奏章，或接见臣僚，在位 11 年间从未懈怠。各省遇到灾害，经地方奏报，或免除赋税，或减缓缴纳，无不体恤，亦无不惠及百姓。唯独太平军起义以来，已经十年，起义军流动城乡，波及湖南、湖北、江西、福建、广东、云南诸省。各股势力虽然屡被镇压，而江苏、安徽、浙江等省又被占据，至今尚未平定。我每想到百姓因战乱而遭殃，日夜不宁，食不甘味，寝不安枕。这些使我思虑过度而劳神，体魄日渐难以支撑（按：国家内外交困是真，皇帝为此劳神亦不假，但是皇帝也没有忘记声色享乐，缺乏真正的自省自重）。

去年八月到木兰围场行猎演兵（按：实际是面对外敌入侵，皇帝率先逃

[1]《清代档案史料丛编》第 1 辑，《辛酉政变》，第 84-85 页。

跑，而且不听忠言劝阻，到热河既未行猎，更没演兵，只是天天看戏，真正是文过饰非），国家大事统由在北京的恭亲王处理，都城内外还算安稳（按：这些棘手的大事，统由奕䜣经理，后来赞襄政务怎么不考虑奕䜣？如果让他参与辅佐朝政，辛酉政变大约不会发生）。今年春天我曾传旨欲回銮北京，结果老病复发，不得已而停止。本想到秋天身体好些再起驾回京，与诸王大臣商量各项国事。想不到入夏以来腹泻不止，身体大亏，以致想到将来不测，来日无多，这岂不是老天要夺我命寿（按：早点回銮北京，慈禧也难于策划政变）。念及国家大权之重，应该传于信得过的人。十六日半夜，召见宗人府宗令（皇室族长，当时是载垣）、左宗正（皇室副族长，当时是端华）、军机大臣（载垣、端华、景寿、肃顺、穆荫、匡源、杜翰、焦祐瀛八人，在避暑山庄。文祥在北京，缺席），令他们承写遗诏，立皇长子载淳为皇太子，并令王大臣尽心辅佐嗣皇帝，处理政务。

皇太子载淳生性仁义、孝敬、聪明（五岁小孩可塑性很大，谈何仁孝？不过官话、套话而已），由他继皇帝位，绵延大清王朝统绪，必不负我的嘱托。对于嗣皇帝，我最后郑重地告诫一句话：若要国基巩固，在于知人善任和治国安民。可是东南沿海诸省起义未平，百姓流离失所，尚遭兵燹之苦，只有振奋朝野精神以教谕，修炼武备以士卒，选拔贤臣良将，以镇压丑类（按：泛指起义军为丑逆），才是当务之急，要时时以此自勉。随侍我身边的王大臣和在北京的王大臣，都要把我的嘱咐切记在心，和衷共济，完美地落实我的嘱咐。各路领兵的元帅和各有关省份的驻防将军、总督、巡抚（按：这些人都有军权），你们素受皇恩，尤应力图早日平定地方，扫除叛逆，使国家安定、百姓安居，最终实现我的未竟之志，并以此告慰我，让我在天之灵稍得安心。

治丧孝期仍按传统规矩，二十七日期满。

此诏书告知朝野，举国共闻。

咸丰皇帝的临终遗诏尽管有三种内容形式，实际主要内容只有两点，其余文字都不过是官话而已。这两点主要内容如下。

其一，皇太子“继朕即皇帝位”。其二，要求随扈热河的王大臣和在京的王大臣能“和衷共济”，遵遗诏治理国家；要求各路统兵大臣、各省将军和地方总督、巡抚尽快平定太平军和捻军起义。昭告天下的第三种综合内容诏书，洋洋洒洒564个字，除粉饰之词外，便是改朝嘱托和嗣皇帝如何优异，因此必膺托付。历朝诏书都是说类似的话。

有关在嗣皇帝载淳16岁亲理大政之前，以咸丰皇帝生前的“御赏”、“同道堂”两颗印章代替朱笔，分别赐给皇后钮祜禄氏和小皇帝的内容，诏书中并未提及。原因是不便明说。两印章的使用目的，一在控制八大臣的权力；二在防止懿贵妃干预朝政、母以子贵，而压制皇后。明说会引起朝野猜疑，而且会贬损八大臣的锋芒，冷了懿贵妃的心。

咸丰遗诏中懿贵妃没有被提及，远不如慈安皇后还有一颗“御赏”印玺握在手中。那么懿贵妃在皇帝心中的地位怎样的呢？

清人笔记作品中大多称她因为“聪慧”、“慧黠”等，被咸丰宠幸。说她因为姿容美丽而被宠幸的记载不多，仅见三处。细品记述，也不足以证其美丽。

第一处是清人许指严在《十叶野闻》中，记述咸丰皇帝初得兰贵人而沉迷的史事。文中称“当文宗初幸慈禧之日，颇有惑溺之象，《长恨歌》中所谓‘春宵苦短日高起，从此君王不早朝’者，仿佛似之。”[1] 文中对懿贵妃容貌未记一字，却以玄宗宠杨玉环比喻，似在挖苦咸丰皇帝胸无大志，沉迷美色，而非称美懿贵妃。

第二处是《满清外史》中说她“嬛艳无匹侪”[2]。是说懿贵妃艳而无人能比。“艳”是指女人化妆后的形象气质，说明懿贵妃气质佳、会打扮。

第三处是光绪二十五年（1903）美国女画家卡尔入颐和园为慈禧画像后的一番描述。文中称：“太后全体各部极为相称，面貌之佳适与其柔荑之手，苗条之体，黑漆之发，相得而益彰。盖太后广额丰颐，明眸隆准，眉目如画，樱口又适称其鼻。下颔虽极广阔，而又不带有一丝顽强态度。耳官平整，齿洁白如编贝。嫣然一笑，姿态横生，令人自然欣悦。予若不知其已臻六十九岁之大寿者，平心揣之当为一四十许之美妇人。太后精神焕发，神采照人，可知其平日居气养体之安适，决非寻常人所及。加以明珰满身，珠翠盈头，其一副纤丽庄严之态度，真有非笔墨所能形容者。”[3] 从行文可见作者的溢美

[1] 许指严：《十叶野闻》，《清代稗海》第11辑，第87页。

[2] 天嘏：《满清外史》，载《满清稗史》下卷，第5页。

[3] [美]卡尔著，陈霆锐译：《慈禧写照记》，第16页，世界知识出版社，1983年。

之意，这是历史上所有外国人记录中国大人物的习惯现象，而又有翻译过程中润色的成分。卡尔是晚清为慈禧画像的外国女画家之一。据说慈禧对包括卡尔在内的多位画家都不甚满意，原因是太欧化、写实。当看过外国画家为李鸿章、袁世凯等人作的画像，特别是仔细看过为庆亲王奕劻作的画像以后，才决定不避嫌疑，邀请外国男画家为自己画像。这个人便是荷兰肖像画家华士·胡博。他为慈禧所作的画像，现收藏在北京颐和园，是慈禧本人十分满意的一幅。胡博还有一幅慈禧油画像，绘于1905年，收藏在美国哈佛大学的福格美术博物馆内，容颜更为写实逼真。画中的慈禧时年69岁，广额直鼻，细眉垂目，嘴角略下弯，薄唇生威，眼露狡黠鹰视之光。颐和园这幅虽然出自同一人之手，却是胡博依从清宫要求，对初稿小样作出修改之后的作品。因此藏于颐和园的这幅中，慈禧略显温婉一些。〔图5-3〕

但是，不论哪一幅油画，其形象都不能说是美丽的妇人形象。历史上宫内为帝后妃画像的标准是：一要像本人，二要略微美化。诚如人们想象顺治皇帝的生母孝庄文皇太后博尔济吉特氏，曾令多尔衮为之销魂，那一定是美女，而且总会以为皇帝、皇子海选妻妾，怎么可能选的不是美人呢！其实清代选秀女有许多局限，特别是要限制汉女入宫，多限于在满族和蒙古族女子中选择，而且有门第要求。蓬门小户即使深藏碧玉，皇帝也难得一见，当然与今天的选美比赛不可同日而语。

清代贵族妇女皆化妆，习惯点染朱唇于鼻下，呈圆点状，以创造所谓樱桃小口和唇红齿白的艺术效果。画眉也很常见，而且满头珠翠装饰，遍身罗绮明珰。这些在清宫克罗版贵族妇女照片上屡见不鲜。而且，慈禧的养颜护肤和固发、黑发，都有人工生理保健做法与中药养护。据晚清宫廷《太医院脉案》、《储秀宫陈设档案》和《宫女谈往录》、《燕郊录》等记载，慈禧虽然不是天生丽质，却十分重视自我保养、美容与化妆，特别是垂帘执政之后，地位至尊至贵，更有养护自己的最佳条件。主要有五点。

一是在紫禁城、颐和园、中南海仪鸾殿、小汤山行宫都有专门为她构设的高档洗浴设施，具有矿泉浴、药浴多重保健功能。专有四名侍浴的宫女，为慈禧天天做睡前洗、冲、淋、敷、熨（按摩）性质的骨骼、经络、皮肤保健护理。同时配有传统的食补、药补。所以慈禧一直到晚年仍能肌体柔韧而显年轻，皮肤滑腻而富有弹性。

［图5-3］荷兰画家华士·胡博为慈禧皇太后画常服像

二是御医针对性地为她进献补益方剂，以求强身抗衰。御医李德立为她配制“木耳韭子散”口服，长期保持耳聪目明。配制“丁香饴”（药物口香糖）、“松仁首乌糖”，以除痞、开胃、清口、固齿、黑发。慈禧体态不肥，血压不高。御医庄守和进方，慈禧日常口中含嚼“冰糖渍参”，以强身躯、益精神。

三是经常使用养颜、美容、嫩肤保健品，以葆青春长驻。御医庄守和、李德立曾根据明代药物学著述《必用全书》中的“八白散”，专为慈禧配制嫩肤膏。方剂的配伍组合有白菊、白芷、白丁香、白牵牛、雀条白（麻雀粪）、鹰条白（海东青粪）、鸽条白（白鸽粪）等17味中草药及药引，共研粉末，搅制为膏。洗浴时用其涂于手、脚、臂、腿、面颈及躯干部，然后由宫女作周身抚熨，待滋润后冲洗掉，达到肌肤白嫩的效果。

另外御医张仲元依据《冯氏锦囊》记载，为慈禧进献“丹砂冬仁桃花液”制成的面膜。面膜制法是先将鸡蛋钻一小孔，磕出蛋黄，只留蛋清，然后把朱砂、冬瓜籽仁粉、桃花粉剂装入蛋内，以白蜡封口，摇匀，三日后于睡前以蛋内混合液敷面。据说可使面孔白嫩泛红，艳若桃花。

四是沿用明宫和满族传统美容化妆验方，制作化妆品。如以北京西山玫瑰花制作的胭脂敷面，以凤仙花汁制口红绵纸，以凤仙花汁与蒜汁涂染红指甲等。

五是接受西洋传来的香水，保持躯体馥郁芳香，代替传统佩带的香囊。满族称香囊为“香荷包”，以散发香气的惠草填充。〔图5-4〕

慈禧以活泼健康的形象，苗条的身材，匀称的体态，洁白细腻的皮肤，高雅的气质，让咸丰皇帝颇有好感，于是咸丰二年（1852）在八旗秀女中脱颖而出。没有经过答应、常在两个等级，直接被册封兰贵人。而且入宫后五年，即从初封的贵人（后宫女子第六等级）经嫔、妃，迅速晋升到懿贵妃（后宫女子第三等级。第二等级是皇贵妃）。在咸丰没有册封皇贵妃的情况下，慈禧在后宫的地位仅次于皇后。

那么她凭借什么条件取得繁花似锦的前程？慈禧既然不是凭借美丽，总会存在一定的得宠原因。历史有记载，懿贵妃“以己之聪明智慧，遂蒙帝宠”[1]，以她“少而慧黠一度获宠”[2]，以她“生性机智，遇事先意承旨，深嬖之”[3]。当年初入宫没有经过答应、常在而封兰贵人，与她以银钱收买太监、引领皇上到其住地（圆明园桐荫深处）而得到皇帝临幸分不开。史称叶赫那拉氏“嗓

[1] ［英］濮兰德、白克好司著，陈冷汰译：《慈禧外纪》，第7页。

[2] 天嘏：《满清外史》，载《满清稗史》下卷，第5页。

[3] 徐珂：《清稗类钞》第1辑，第282页。

［图5-4］慈禧佩戴过的荷包

音尚好，善唱南曲”，咸丰出自好奇心“得见，复听曲。奕䜣唤茶，侍从均散他舍，(叶赫）那拉氏乃以茶进，此即得幸之始也”[1]。转年遂得封懿嫔，系后宫女子第五等级，入住紫禁城西六宫之储秀宫。

咸丰五年（1855）夏末，“懿嫔遇喜”。皇上高兴，传旨“嗣后凡内廷等位遇喜，于御医上夜月份为始，将每日食用照顾加半。并着总管太监史进忠备办‘吗哪哈’（婴儿沐浴及产房等用物）一份，大小棉夹袄、小被褥等共一百五十三件，各种绸料一百五十六尺四寸，各色布料一匹”。得旨后敬事房总管太监韩来玉、太监徐二格，率小太监将一应用物备办，捧至储秀宫让懿嫔过目。[2] 当年十二月二十六日，懿嫔怀孕六个月，咸丰即传旨“准懿嫔之母进苍震门至储秀宫居住，其家下两名妇人陪同，随时照料懿嫔”[3]。三月初六日，传旨“即日始（为懿嫔）守夜，收生两名嬷嬷，住储秀宫；两名太医在御药房当值”。三月初八日再传旨，“太医增至六名，分二班，每班三名，轮流值

[1] 天嘏：《满清外史》，载《满清稗史》下卷，第7页。

[2]《懿嫔遇喜》，载《紫禁城》1982年第4期。

[3] 中国第一历史档案馆藏：《钦定宫中现行则例》续纂。

守”。可见咸丰多么重视后宫女子怀孕。

咸丰六年（1856）三月二十三日，懿嫔生子，太医奏报“懿嫔母子脉息均安”。按《钦定宫中现行则例》规定，“凡嫔遇喜，小满月之日（12天）恩赐银二百两，表里四十匹”。四月五日，懿嫔小满月，敬事房总管太监韩来玉请旨颁赏，咸丰传旨“照妃例赏给”，提高一个等次。这样就变为赏银300两，表里70匹。同时太监平顺传皇上朱谕，“懿嫔着封为懿妃”[1]。

从上述征引的档案资料来看，叶赫那拉氏得宠，更主要的原因是在咸丰六年（1856）三月二十三日为皇帝生了一个传递龙脉的男孩。这一年，她刚刚21岁。入宫五年便被晋为后宫第四等级的懿妃，而当玫嫔徐佳氏生子夭折，丽嫔他他拉氏怀孕生女之后，叶赫那拉氏及其生子益显宝贵，遂再被晋封懿贵妃，系后宫女子第三等级。

但是，在咸丰朝11年中，后宫妻妾的第二等级皇贵妃，却始终空悬其位，已晋到第三等级的懿贵妃是最有资格晋升第二等级的人选，甚至同时可被晋封皇后。五年时间的等待，懿贵妃为什么没有得到册封呢？

[1] 中国第一历史档案馆藏：《钦定宫中现行则例》续纂。

懿贵妃怀野心偷听皇帝临终遗诏

咸丰皇帝临终留下的遗诏，主要内容应该说是符合当时的客观情况，既没有悬念也没有太大的反常。如果皇帝身边的人因身份、地位和预先期望值的不同，对遗诏有什么不愉快的话，那首先是赞襄一切政务的八位王大臣。为什么呢？那就是两颗印章钳制了赞襄政务的手脚。这十分明显是对八位大臣不太放心，唯恐他们专权擅政，置小皇帝于玩偶地位。另外对遗诏感兴趣的人应该是奕䜣，不知道咸丰对自己有何安排，充满希望。但是，他在北京，在承德200公里以外，还不知道比自己年长一岁多的皇兄行将宾天。当从化名“樵客”等军机章京传来的密信中知道遗诏内容后，自然是愤怒，但也是意料中的事情。

国事从来都是风云多变的，按道理这时最应该志得意满的人是懿贵妃，自己的宝贝儿子毫无悬念地成为嗣皇帝，自己也上升到至尊至贵的皇太后地位。懿贵妃姿色平平却能如此荣耀，就是皇后钮祜禄氏也得有几分羡慕，暗恨自己肚子不争气。可是懿贵妃对此既不满足也没有沉默，而是要凭借自己是嗣皇帝生母的有利条件兴风作浪。大约正是如此，野史传说叶赫那拉氏冒险偷听咸丰临终遗诏。但是，清史学者由于不了解咸丰皇帝在避暑山庄的生活环境，更多的人以为叶赫那拉氏是无法偷听皇帝临终遗诏的。

那么，她在避暑山庄到底有没有条件偷听遗诏呢？如果偷听的话，能不能听得到呢？

让我们先了解一点清代皇帝的后寝制度。清朝皇帝在避暑山庄的后寝制度，与在北京皇宫、圆明园等住所的后寝制度一样。皇帝向来是在自己的寝宫就寝，女子侍寝要从自己的住所，由太监用便舆（一种二人抬或四人抬的小轿）抬到皇帝寝宫。第二天皇帝起床后，侍寝的女子再由太监送回自己的住所。清代的这种后宫侍寝制度与以前历朝历代的侍寝制度都不同。以往历朝历代的后寝制度，是皇帝坐轿舆到后妃的住所过夜。每到黄昏，各宫的妃嫔们都沐浴更衣、洗漱化妆，准备迎接皇帝。最典型的是西晋武帝司马炎，史称“西晋武帝后宫并宠者众，帝不知所适，遂乘羊车趋之”[1]。什么意思呢？司马炎对后宫女人喜欢的多，一到黄昏也不知道自己去哪个后妃那里合适。怎么办呢？他让人准备一辆羊车，羊拉他到哪个宫，他便在哪个宫过夜。时

[1]《晋书·列传·胡贵嫔传》，总第12491页，中华书局，1977年。

间一长后妃们发现了吸引羊的办法，“以盐汁洒地，以竹叶插户”。羊舔食地上盐汁，贪吃门上插的竹叶。算起来还是清代的后寝制度花费较少，为什么呢？清朝皇帝晚饭时，内务府敬事房的太监就把写有后妃名号的牌子端到皇帝面前。皇帝把哪一位女子的名号牌翻过来，就是要让那位女子侍寝。太监传旨下去，只有那位女子沐浴、更衣、化妆。这样不用人人准备，每天可以省去许多后宫女子的化妆、洗浴费用。

[图6-1] 烟波致爽殿，皇帝寝宫，建于康熙五十年

如果按照清代正常的后寝制度，懿贵妃想要到皇帝寝宫烟波致爽殿偷听遗诏，那是绝对不可能的，除非懿贵妃有飞檐走壁的功夫。可是前面内容谈过，咸丰到避暑山庄是逃难。他所到的避暑山庄已经不是清盛世的行宫，停止巡幸 40 多年，因为建筑失修，有些虽可住人，又恐有狼、狐窜入，女眷不敢住。因此，后妃的居所不够用，修复又来不及，只得改变原有的后寝规矩。据咸丰十年（1860）与十一年避暑山庄《陈设清册》记录：

> 前宫烟波致爽仍为皇帝寝宫，天井东、西两所共四个小跨院，原系太监、宫女备差房和存放皇帝日用什物房。经过清理规整，作为主要后妃居所，开角门四个。角门开在东、西两侧半封闭围廊上，角门开向寝宫天井。东后进院皇后居住，西后进院懿贵妃居住，东前进院丽妃（他他拉氏）居住，西前进院玫妃（徐佳氏）居住。其余祺嫔、婉嫔、吉嫔、璷嫔、禧贵人、庆贵人、云贵人、容贵人等皆分住万壑松风、松鹤斋，距离皇帝寝宫虽然很近，毕竟不在一个院，而且有门禁阻隔。〔图 6-1 至图 6-5〕

懿贵妃住西所（西跨院）后进院，即是西一院，与皇帝寝宫同处一条建筑横线上，隔角门相距不足五米。特别是皇帝寝宫西暖阁后侧有地灶间，西

[图6-2] 寝宫中间陈设

向开门，斜对西一院角门。地灶间与寝宫暖阁之间隔一道木制槅扇，槅扇里侧便是皇帝下榻的床罩。床罩因垂挂帷帐遮挡槅扇，等于有一道暗门。这是皇帝寝宫如有险情，撩开帷帐从槅扇进入地灶间逃遁的通道。〔图 6-6 至图 6-11〕

根据皇帝寝宫烟波致爽的构建特点和当年懿贵妃的居住位置，了解建筑格局的人很容易潜入地灶间，隔着一道木制槅扇清楚地偷听到暖阁内的谈话。再有安德海一类太监照应，懿贵妃无疑具有偷听遗诏的条件。那么，懿贵妃是否偷听了呢?

我们还是先看看历史上真实的懿贵妃是一位什么样的人。叶赫那拉氏入宫前的少女时代，便能阅读《水浒传》、《西游记》等小说和杨家将、下南唐一类的唱本。入宫以后一边认字一边读书，十分要强，颇有见识，甚至“夏日单衣，热汗淋漓，尚读书卷”，刻苦自学。[1] 她“居圆明园，因日习书画以

[1] 黄濬：《花随人圣庵摭忆》，第 43 页。

[图6-3] **烟波致爽殿西暖阁，嘉庆、咸丰两位皇帝病逝在这里**

自娱，故后能草书，又能画兰竹”[1]。但是，后来同治四年三月初七日（1865 年 4 月 2 日），慈禧在盛怒下罢免恭亲王奕䜣议政王、首席军机大臣职务，亲撰一份 224 字的手谕[2]，其中尚有 11 个白字，而且行文中有多处语句不通顺，可见她的文化素养仍然不高。就是这样的人统

[图6-4] **寝宫西暖阁屏门，门上原挂有竹簾**

[1] 许指严：《十叶野闻》，《近代稗海》第 11 辑，第 23 页。

[2] 这是目前仅见的几件慈禧真实笔迹遗物之一。手谕现收藏于中国第一历史档案馆。

[图6-5] **寝宫东间，是皇帝日常起坐间**

治中国长达 48 年之久，真乃国家之悲哀，诚为“大清天下无人了”。[1]

懿贵妃外柔而内刚，工于心计而有手段。前面讲过，叶赫那拉氏入宫后五年，即从初封的兰贵人晋升到懿贵妃。在咸丰朝没有册封第二等级皇贵妃的情况下，她在后宫的地位仅次于皇后，靠的并不是美丽，而是智慧和幸运。智慧让她把握机遇赢得皇帝亲近，幸运使她为病弱的皇帝生下唯一的皇子。

她是一位十分有心计并不乏权术的女子。她曾有一次对宫女说：“入宫后，宫人（按：指后宫众女子）以我美，咸妒我，但皆为我所制。”[2] 她说“宫人以我美”，表面看是自我欣赏，实际是遮掩自己的心计、权术。全句话的逻辑是矛盾的。别人说她美，因美而羡，因羡而妒，正是她的骄傲资本，又何必要制别人呢！这句话的合理说法应是：后宫女人因其不美，却得宠皇上，故与之斗，结果却被她斗败。

她有野心，正面、好听的说法就是充满理想和奋斗精神。她从不安分。

[1] 金梁：《四朝轶闻》，“慈禧微时”，第 219 页。

[2] 徐珂：《清稗类钞》第一册，第 379 页。

[图6-6] **咸丰皇帝寝宫烟波致爽殿天井围廊开向西所1号院（后进院）的角门内外**

一个芳龄女子的不安分，在以玩弄、征服女性为乐趣的咸丰那里，更富新鲜感和挑逗性质。因为，皇上惯常遇到的皆是任凭摆布、唯命是从、毫无生气的女性。这正是叶赫那拉氏很快被晋升懿贵妃的原因之一，但也是皇帝日久知其心术不正而生厌，虽然生子传龙脉却不能晋升她为皇贵妃的原因。

她的权术还表现在善于利用他人，又不至于给自己带来风险。她深知言多必失，言多致祸。史称咸丰“以江南不靖，宵旰焦劳，恒以此（按：指鸦片，时称‘益寿如意膏’或‘紫霞膏’）自遣”，待避难热河之后，“令人频送福寿膏到行宫，更沉溺于是”。[1]咸丰也嗜酒如命，每饮必醉，醉必打人，史称“文宗嗜饮，每醉必盛怒，每怒必有一二内侍或宫女遭殃。其甚则虽所宠爱者，亦遭戮辱，幸免于死。及醒而悔，必宠爱有加，多所赏赐，以偿其苦痛。然未几而醉，则故态复萌矣”[2]。许指严的这段记载是说咸丰皇帝好饮酒，每饮必醉，每醉必有几个后宫女子被打，甚至平日被他宠爱的也难幸免，只

[1] 金梁：《清帝外纪·清后外传》，第 383 页。

[2] 许指严：《十叶野闻》，《近代稗海》第 11 辑，第 40 页。

[图6-7] 西所1号院（后进院）懿贵妃叶赫那拉氏驻跸所

是没被打死。酒醒后又后悔，怎么办？只得多给赏赐以补偿皮肉之苦。然而过两天再饮酒，又是老样子。正所谓曾因酒醉鞭良马，也由情多累美人。看着原本体弱多病的咸丰一味纵欲无度，不仅贪恋女色、连日看戏，而且自咸丰五年（1855）始又吸食鸦片，懿贵妃自己不作规劝，却一再怂恿皇后去劝说。“欲激其（皇后）怒令助己，然后独从容闲雅，劝（叶赫）那拉氏勿悻悻。”[1] 想激怒皇后，让帝、后之间发生抵牾达到自己的目的。然而，皇后偏偏不生气，反倒劝慈禧别生气。从此事可见懿贵妃的心术与手段了。

懿贵妃对政治十分敏感，对权力很热衷，对政务感兴趣，对时政有主见，对史事乐于评论。用今天的话讲，此人颇具政治见识，且不甘寂寞，小有权谋。据费行简《慈禧传信录》介绍，懿贵妃对西汉吕后控制朝政期间，封外戚吕氏子孙多人为王颇为不屑，以为非明智之举。她说，各路统兵大将军都是刘邦的旧部，封吕氏子孙为王不仅没有实权，反倒无谓地增加别人反感。可见她以史为鉴，颇有见地。

[1] 许指严：《十叶野闻》，《近代稗海》第11辑，第27页。

咸丰厌政，疏于国事，许多章奏推给懿贵妃打理，她正乐此不疲。这在费正清著《剑桥中国晚清史》上卷第459页中有详细记录。有的史书说她“时时披览各省章奏，通晓大事”，尤其在“御园（圆明园）期间”。

[图6-8] 西所1号院懿贵妃起坐间

另外，黄濬曾有记载说，“时洪杨乱炽，军书旁午，帝有宵旰劳瘁，以后书法端腴，常命其代笔批答章奏，然胥帝口授，后仅司朱而已”[1]。记载是真实可信的。太平天国定都南京以后，赖文光北伐，与捻军协力抗击清兵时期，军情紧急，战报奏疏亦多。皇帝身心劳瘁，由于懿贵妃的字写得还算“端腴”（按：实际败笔之处屡见。避暑山庄博物馆收藏她的字多篇，是20世纪90年代溥任、溥杰先生捐赠），便经常让懿贵妃代笔批答奏折。实际上是皇帝口授，由她朱批而已。这锻炼了懿贵妃应付、处理政务的能力。

懿贵妃在当时女子之中算是有胆有识者，由于参与章奏归理、批答日久，对各种文体和官话、套话都了然于心，便有参政、干政的欲望。在晚清历史中，学者们都知道任用曾国藩等汉族地主武装镇压太平军的事实，懿贵妃在此曾发挥了一定作用。她曾劝咸丰皇帝任用曾国藩“节制各师，借予湘军粮饷，无有缺乏”。“曾国藩遂得平定粤匪，慈禧之力也。”[2] 其实，主要还是肃顺的话有影响。但是，任何事物都有个尺度，过犹不及。懿贵妃参政欲望的膨胀，则是对中国封建传统的挑战，因为后宫干政是封建礼法所不容的。据《慈禧传信录》记载，在南方太平军势力急剧发展、北方捻军和西北回民起

[1] 费行简：《慈禧传信录》，载黄濬《花随人圣庵摭忆补篇》，第4页。

[2] 费行简：《慈禧传信录》，载黄濬《花随人圣庵摭忆补篇》，第4页。

[图6-9] 东所1号院（后进院），皇后钮祜禄氏驻跸所

义响应，清政权岌岌可危的时候，“迨武汉再失，回捻交作，帝以焦忧致疾，遂颇倦勤。后（叶赫那拉氏）窥状渐思盗柄，时于上前道政事”。又说，“对后帝浸厌之，尝与孝贞后言妃（叶赫那拉氏）机诈。后（叶赫那拉氏）亦敛迹”。[1]

这段记载是真实可信的。当时长江中游武汉失守之后，捻军、回民起义与太平军合力抗清。咸丰病情加重，进而厌倦处理军政事务，懿贵妃渐生代替皇帝之心，不时地在皇帝面前谈论军政事务。这不禁引起了咸丰的警惕，日久遂对懿贵妃有所厌恶，曾经对慈安皇后说懿贵妃虽然机敏但有点奸诈。听到皇帝如此说，懿贵妃才收敛了自己的嚣张行迹。从此，我们可以找到叶赫那拉氏为什么没能从贵妃升到皇贵妃的原因了。

当然，懿贵妃活泼好动，兴趣广泛。常读书写字，抽水烟，养宠物，玩纸牌，涉猎书法、绘画。垂帘执政之后，好虚荣，很懂得拉结人心，常常以“福”、“寿”大字赐予大臣。凡送人的书法、绘画作品，皆由人代笔。书法

[1] 费行简：《慈禧传信录》，载黄濬《花随人圣庵摭忆补篇》，第4页。

[图6-10] 东所2号院（前进院）丽妃他他拉氏驻跸所

[图6-11] 烟波致爽殿天井西2号院（前进院）角门夹道

由内廷供奉云南昆明才女缪嘉蕙、王韶代笔，绘画则由扬州女画家阮玉芬代笔，借以附庸风雅，像乾隆爷那样。〔图 6-12 至图 6-14〕

懿贵妃爱好虽然广泛，但对时政热衷，而且每有机会发表，必有主见，其间也不是毫无精辟之论。在封建时代，国家大事岂容妇女置喙，但懿贵妃却不避冷眼，不惧致祸，一味喋喋不休，时人多有记载。

《慈禧外纪》曾记述：咸丰六年（1856）“慈禧此时已晋封为（贵）妃，京中人称为‘懿贵妃’（按：其实妃是第四等级，贵妃是第三等级，宫外人不甚知晓）。凡关于外国之事，慈禧进言于帝，多主强硬，吾等亦不异之。盖吾人心中，知其幼年家事，所谓尊贵‘龙种’（此更是宫外人不明内情说的外行话，慈禧怎么是龙种），不知外国虚实，其强硬何疑！”可见对洋人侵略持强硬态度者不光是懿贵妃，而是当时的大多数人。反对议和者也有懿贵妃的声音。

《罔极篇》记载，懿贵妃在避暑山庄“闻恭王与洋人和，深以为耻，劝帝开衅端，会帝病危，不愿离热河，于是（对洋人）报复之议遂寝矣”[1]。引用者的意思是说，懿贵妃因英法联军焚掠圆明园，主张重开战端以报复洋人，后来由于咸丰病危而终止“报复”的争论。总之懿贵妃当时有主战倾向，且已崭露头角。

据《花随人圣庵摭忆》记录及评论：“（叶赫）那拉氏在彼时不但主张帝当留（北京），且当留而力战。一可见其仇外之心理，早伏庚子之祸乱（按：作者黄濬意指 1900 年慈禧用义和团攻打洋人使馆，引出八国联军进北京一事）。二可见其于当时之国力，实不甚了了。徒知报仇，而不肯细察原因，比较力量。”[2] 笔记作者的意见传达出，懿贵妃不仅不主张皇帝逃跑到避暑山庄，而且应该留在北京主持“力战”，举国进行一场反侵略战争。作者认为这是一种仇外心理的表现，是不妥当的。推论正是这种仇外心理为后来 1900 年的庚子之乱，八国联军入侵北京埋下伏笔，也是错误的。笔记作者黄濬正是出自这种投降逻辑，才使他在 20 世纪 30 年代成为投降日本侵略者的汉奸文人。

[1] [英] 濮兰德、白克好司：《慈禧外纪》，引“罔极篇”记录，第 18 页。

[2] 黄濬：《花随人圣庵摭忆》，第 123 页。

[图6-12] **慈禧画松鹰图，画中称“御笔”，俨然大清女皇帝。绘画实际出自扬州女画家阮玉芬之手**

另据《慈禧外纪》记述，“庚申七月（咸丰十年七月），五、六日间，即传夷人已到海口（按：指天津塘沽内海），所有内外一切章奏，概不发抄（按：递给朝廷的奏折和皇帝的朱批，一概不作批示下发），以致讹言四起，人心惶惑。然犹未移徙也（按：咸丰皇帝还没有以‘北狩热河’名义逃跑）。时皇上方病，闻警拟狩北方，懿贵妃与僧王不可（按：懿贵妃与清军京畿部队总指挥僧格林沁认为不可以外逃），且谓洋人必不得入京”[1]。

《罔极篇》和《花随人圣庵摭忆》更有相似记载，“当皇上之将行也

[1] [英]濮兰德、白克好司：《慈禧外纪》，引《罔极篇》日记内容，第9页。

[图6-13] 慈禧常以“福”字赐予年轻后进大臣，以“寿”字赐予年长大臣。此字为才女王韶代笔

[图6-14] 缪嘉蕙为慈禧代笔“福”字

（按：皇帝欲逃往热河），贵妃力阻，言皇上在京，可以震慑一切。圣驾若行，则宗庙无主，恐为夷人践毁。昔周室东迁，天子蒙尘，永为后世之羞。今若遽弃京城而去，辱莫甚焉”[1]。

这一段记述最少传达出三个内容：一是劝阻咸丰逃跑，可见懿贵妃胆量之大；二是看出皇帝留在北京对大清臣民、军兵的稳定与鼓舞作用，从而使其产生抗敌信心，可见懿贵妃确有见识（不过见识与践行并不能等同。慈禧若有此见识，在她垂帘执政 40 年后的 1900 年，面对八国联军攻入北京，为何竟至惊恐西逃？）；三是引用周平王东迁史事讽喻当今，可见懿贵妃有以史为鉴的功底和对时政的关注。

这里讲的主要是懿贵妃的性格、品行、为人和喜好。这样一位对政治敏感且热衷权力，不安分且怀抱野心，机智而有些奸诈，关心时政而又有主见的人，在自己是嗣皇帝生母的有利条件下，深知西汉吕后、唐代武后和明神宗两太后等执政遗事等，在皇帝临终前夕，在攸关国家、朝臣，特别是自己

[1]《第二次鸦片战争》第 2 辑，第 67 页。

和自己儿子命运的时刻，在以载垣、端华、肃顺为首的近臣与懿贵妃间矛盾已露端倪的情况下，怎么会不去偷听大行皇帝逝世前说些什么，听听素有矛盾的几个天子近臣此时此刻有什么样的进言呢！

当然，无论是时人的笔记作品，还是当时留下的《热河密札》，抑或是肃顺等人与懿贵妃斗争较量时双方的争辩之词，都没有透露出一丝一毫偷听的遗诏内容。试想，这是绝顶的机密，偷听遗诏的叶赫那拉氏怎么敢露出半点口风！因此，除了懿贵妃本人，谁又能知道她的秘密呢！如果第二个人知道，还能有后来的慈禧皇太后吗！肃顺如果得知懿贵妃偷听遗诏，不是能师出有名地将其铲除吗！叶赫那拉氏对自己的同盟者皇后钮祜禄氏也得保密，对后来的恭亲王奕䜣更要守口如瓶。说出这个秘密，小则失去尊严、失德失信，大则失掉地位和性命。不过，从当时斗争的激烈程度和最后结局看，也可以隐约明白懿贵妃偷听了遗诏及肃顺等人与大行皇帝的对话。可悲的是，肃顺等人对她的偷听却毫无察觉，而懿贵妃又颇具权谋，不留半点偷听把柄给对方。正因如此，肃顺等人对懿贵妃留有余地，甚至百般愤怒，却不忍对其下手，懿贵妃却欲置肃顺、载垣、端华三人于死地。懿贵妃在辛酉政变胜利后的上谕中写出“至景寿身为国戚，缄默不言”，不是现场偷听，怎么可能知道身为额驸的景寿“缄默不言”？正因为偷听到口授遗诏时八大臣中每个人的言语，才有政变胜利后对八大臣有不同处治的现象发生，甚至有“抄家缉没”与否的不同待遇。同样是胁从者的景寿、穆荫、匡源、杜翰、焦佑瀛五人，却有“发遣”（发配到边疆）与否的不同结局。

清末民初多人记载咸丰另有密诏

咸丰皇帝临终遗诏原件保存在中国第一历史档案馆《军机处上谕档》中，已作为软片文物庋藏。遗诏发抄于咸丰十一年七月十六日（1861 年 8 月 21 日）、十七日两天，至今已经 150 余年。咸丰皇帝弥留之际，头脑颇为清醒，只是“手不能秉朱笔”，由别人代笔，遗诏内容经皇帝过目后才“发抄”（下发）。留下的文字诏书有两项关键内容，即明确皇位继承人和赞襄政务王大臣。口头遗嘱性质的面谕，关键内容是两颗印玺的使用与保管。这三项内容已被当时政变双方共同认可，被后世研究所证实。到政变罗织八大臣罪名时，诬指八大臣“矫诏自封辅政”，是欲加之罪何患无辞的不道德行为。可是就在辛酉政变同时及以后的一段时间内，在民间和一些私人著述中纷纷传出，在已知的咸丰遗诏之外，另有一道密诏存在。甚至在今天仍然有人认为当年咸丰不会不留密诏预防不测。那么这道秘密诏书写的什么内容呢？它的真实程度如何呢？应该怎样认识和解释它呢？据笔者所见，历史上有关咸丰皇帝欲处置懿贵妃的密诏内容有九处。由于这些记述散见于多人著述之中，笔者将其罗列出来，以求给读者一个全面、完整的了解。

其一，据《热河密札疏证补》介绍，肃顺曾向咸丰皇帝递呈密疏，敦请皇上仿西汉武帝钩弋故事，处死懿贵妃以保证皇太子载淳顺利执政，避免日后因皇太后“年富力壮”、权力欲膨胀而废皇太子或干预政务。咸丰虽然没有听信肃顺之言，于健在时处置懿贵妃，却参考、吸收了肃顺的意见，于临终时有密诏留给皇后钮祜禄氏，内容是：

“他日那拉氏如或不法，即可出示此诏以除之。”[1]

其二，上述大义在《清宫秘史》中亦有介绍，并指出“密诏”内容：

“那拉氏贵妃如恃子为帝，娇纵不法，可即按祖制处治。”[2]

其三，在《慈禧外纪》中讲到一段与“密诏”有关的故事：

[1] 章世钊：《热河密札疏证补》，载《文史丛刊》1936 年第 2 期。

[2] 王浩沅：《清宫秘史》下册，总第 534 页。

某年端午，西后（懿贵妃）劝帝乘舟游湖。西后亲操桨，帝甫上而舟忽仄。帝几坠水，乃益疑焉。帝尝对肃顺言，欲仿汉武（帝）诛钩弋故事。肃顺虽不答，帝已知为默然。事为一太监所闻，告之西后。西后聆之亦惧。[1]

其四，《清宫遗闻》记载：

文宗在热河，临危之际，密授朱谕一纸与慈安后，谓某（按：她，指懿贵妃）如恃子为帝，骄纵不法，卿即可按祖宗家法治之。及文宗崩，慈安以之示慈禧，殆警之也。而慈禧栗栗危惧，先意承旨，以示慈安，几于无微不至，如是者数年。慈安以其心无他矣。日者，慈安婴小疾。数日，太医进方不甚效，遂不服药，竟愈。忽见慈禧左臂缠帛。诧之。慈禧曰："前日参汁中曾割臂肉一片同煎，聊尽心耳。"慈安大伤感，泣而言曰："吾不料汝竟如此好人，先皇帝何为尚疑汝哉。"遂取密谕面慈禧焚之。嗣是日渐放肆，语多不逊，事事专权，不与慈安协商。慈安始大悔，然已无及矣。光绪七年春夏间，京师忽传慈禧大病。不数日，闻死者乃慈安，而慈禧愈矣。或曰慈禧命太医院以不对症之药致死之，丧仪甚草草，二十七日后一律除孝。慈禧竟不持服，大臣进御者仍常服。国母之丧如此，诚亘古未有也。[2]

其五，《清稗类钞》记述得更为详尽：

后（懿贵妃）有机智，遇事辄先意承旨，（帝）深嬖（bì，宠幸）之。未几生穆宗（同治帝），进封为妃。迨贵渐怙宠而肆骄，久之不能制。适粤寇难发，文宗忧勤国是，丛脞万端，乃得以弄权宫掖。文宗浸知之，渐恶其为人。肃顺者，才略声华为宗室冠，文宗素倚重之。孝钦（叶赫那拉

[1] [英]濮兰德、白克好司：《慈禧外纪》，第47页。

[2]《清宫遗闻》，"文宗密谕"，第212页。

氏）知文宗且疏己，隐冀得肃以自援。而肃则以谂知后之往事，良轻后。后因是衔肃。一日文宗于宫沼为春日泛舟之戏,后（懿贵妃）自陈寓南方久，习操舟技，乃亲理篙楫以侍。讵文宗立未定，而后篙遽下，舟为之侧。文宗颠堕水，创其足，文宗乃深憾后。会又有间后者，以“那拉将覆满洲”诅咒之说进。文宗乃拟致之死，尝谓肃曰：“朕不日将效汉武帝之于钩弋夫人故事，卿为何如？”肃禁齘（jiè，骨骼关节）不敢置一词。后闻之愈衔肃。[1]

其六，在《崇陵传信录》中记载：

曩时有传咸丰时，（协办）大学士肃顺曾密疏请文宗行钩弋故事，故孝钦听政首除肃顺，而摭拾跋扈罪状，以成其狱。[2]

其七，《十叶野闻》记载：

（咸丰）帝晚年颇不满意于慈禧，以其佻巧奸诈，将来必以母后擅政，破坏祖制。曾与肃顺密议，欲以钩弋夫人例治之。醇王夫妇以身家力争得不死，然慈禧固已微侦肃顺之倾（轧）己矣。[3]

其八，《花随人圣庵摭忆》记述：

偶与惜阴老人谈及端肃遗事。老人曰，吾有所闻，藏之数十年矣。当时李芍农侍郎（李文田）最喜搜拾掌故，钩稽秘闻。一日告予，西后先入宫，夏日单衣，方校书卷。文宗见而幸之，有娠始册封，及晚年厌其专权。文宗最喜肃顺，言无不尽。一日以（叶赫）那拉妃忤旨，又谋于肃顺。肃顺请用钩弋故事。文宗濡濡不忍,亡何又以醉恚漏言？西后闻之

[1] 徐珂：《清稗类钞》第1册，第382页。
[2] 恽毓鼎：《崇陵传信录》，载《清代野史》第4辑，第4页。
[3] 许指严：《十叶野闻》，载《近代稗海》第11辑，第74页。

衔肃刻骨，后遂有大狱。芍农盖闻于内廷旧监，谈此戒勿妄泄，此外间所莫知也。予告以恽薇孙，已略有所记。老人瞿然，谓恽所闻不谬，然此等事断无封奏之理，当以芍农说为是。[1]

这段记载涉及作者黄濬本人、惜阴老人、李芍农和恽薇孙四个人物。黄濬偶然与一位自号“惜阴老人”的人谈起辛酉政变旧事，惜阴老人说，有一段秘闻藏在我心里数十年没说过。当年李芍农最喜欢搜集历史秘闻、掌故，考证真伪。有一天他告诉我，西太后刚入宫的时候，炎热的夏天也不停读书。皇上看见后挺喜欢她，召幸了她。慈禧怀孕后，被册封为妃。咸丰死前几年开始讨厌她耍弄权术。咸丰与宠臣肃顺无话不谈。有一天，懿贵妃惹皇上不高兴，皇上又跟肃顺说起她。肃顺让皇上仿汉武帝除掉钩弋夫人的办法处置懿贵妃，皇上不忍下手。既然你不忍心就别再说出去。可皇上醉酒时又流露出来，让懿贵妃对肃顺恨之入骨，所以后来杀了肃顺。惜阴老人又说，这段旧事是李芍农当年从宫内老太监那里听说的，外面的人是不可能知道的。然后作者黄濬对惜阴老人说，恽薇孙已经知道了，还作了一些记录。惜阴老人听说有人知道，表情立刻严肃起来，又说，他知道的一点不假。这种机密大事，绝没有封存、保留的道理（言外之意是官方文件必然毁掉），所以李芍农所说是确实可信的。

其九，《满清外史》中记载：

时光荏苒，已到咸丰末年，已而（叶赫）那拉氏渐放纵。奕䜣因不喜其为人，每与肃顺言欲废之，而卒未忍。[2]

其中谈到的“欲废之”即欲仿照汉武帝除钩弋夫人之法，废掉懿贵妃。

上述九则记载有共同之处，也有相似、相近的内容，但也有不同之处，值得推敲。我们先来看看这些记载所传递出的五点信息。

其一，懿贵妃与两千年前的钩弋夫人有许多相似情况，如年轻而有智谋，

[1] 黄濬：《花随人圣庵摭忆》，第230页。

[2] 天嘏：《满清外史》下，载《满清稗史》上卷，第6页。

为皇帝生育皇太子而具有母以子贵的条件，关心时政而热衷权力，皇帝病弱、皇太子年幼而母后春秋鼎盛，等等，引起咸丰皇帝与部分中枢大臣的警惕和历史联想。为了维护封建传统，为了彰显封建宗法制度的尊严，咸丰曾经考虑效仿西汉武帝处置钩弋夫人之例处置懿贵妃，看来是确实无疑的。

“钩弋”是钩弋宫，西汉武帝刘徹宠妃赵婕妤居住的宫殿。赵婕妤因所居宫殿而得名“钩弋夫人”。汉武帝晚年病弱，而钩弋夫人正年富力强，精明而有主见，其幼子也被册立为皇太子（即后来的汉昭帝刘弗陵）。武帝为防止汉初皇后吕雉取代汉惠帝刘盈、外戚篡权的历史重演，遂拘禁钩弋夫人于云阳宫。这一汉代遗事在历史上被称作“钩弋故事”。

其二，效仿汉代钩弋故事对待懿贵妃的建议，是由谁提出的。上述举证的九则记载说法不一，大致有三种说法：由肃顺提出，见于《热河密札疏正补》、《崇陵传信录》和《花随人圣庵摭忆》；由咸丰皇帝提出，见于《慈禧外纪》、《满清稗史》和《清稗类钞》；皇帝“与肃顺密议”（没有交代由谁提出），见于《清宫秘史》、《十叶野闻》和《满清外史》。

九则记载有一个共同点：仿钩弋故事的策划只限于咸丰皇帝与肃顺之间，不涉及其他人；不论肃顺是否表态，他是知道实情的。因此，肃顺是懿贵妃施展政治野心的主要障碍，也是她欲置之死地而后快的主要对象。其中《清稗类钞》中关于懿贵妃先拉拢、借助肃顺，不成而后“衔恨”的记载，就是懿贵妃奸诈的体现，是情理中的事情。

笔者的看法是，仿钩弋故事的动议是由咸丰皇帝提出的。由于这个问题是朝廷的最高机密，除了皇帝可以提出并征询个别近臣意见，其他人连想都不敢想。封建时代的君臣关系从来都不是朋友关系，更不是同事关系，是等级森严的人与神的关系。所以当咸丰把这一想法说给肃顺听时，隶顺竟“禁龂不敢置一词”。在封建时代，这类事情属于皇帝家事，臣下不敢插一言。在皇帝面前，国事可以谈，家事切莫开口。

其三，效仿钩弋故事，不论是由何人提出，最终都没有执行。《十叶野闻》一则记载，由于“醇王夫妇以身家力争”，得以保全懿贵妃。醇郡王奕譞虽然与咸丰皇帝是同父异母兄弟关系，更多的是君臣关系，他不可能知道内情，而且凭醇郡王谨小慎微的性格，也不会站出来为懿贵妃说情。而醇郡王嫡福晋小叶赫那拉氏（懿贵妃胞妹），决无面对咸丰皇帝的机会，更不可能当面以身家性命担保力争。

对懿贵妃没有执行钩弋故事的原因，在《花随人圣庵摭忆》和《满清稗史》二则记载中指出，是咸丰皇帝“濡濡不忍”、“卒不忍”而放弃执行，这应该是历史的真实情节。封建社会的主要政治特征之一是一切以皇帝为轴心，皇帝决定行与不行。咸丰之所以不忍心，原因十分明显：他对懿贵妃只是警惕，并没有看透懿贵妃的政治野心。这也是由于当时的政治形势尚不明朗，咸丰不过是30岁的青壮年，尚未真正虑及后事，因而懿贵妃也没有得到充分暴露野心的条件。对于双方来说，咸丰有一个识别对方的过程，懿贵妃也要有一个暴露自己的过程，而识别和暴露都是需要时间和条件的。同时还应该看到，懿贵妃毕竟是给他生育唯一的皇子的母亲，年方27岁。即使在他弥留之际将要抛下孤儿寡母，心境也是何等的凄楚，自然是不忍心对一个弱女子下毒手。仔细推敲，咸丰于情于理都不可能对懿贵妃执行钩弋故事。

其四，虽然没有执行仿钩弋故事，却不等于放弃对懿贵妃的防范。防范措施似乎只有皇帝设置密诏，可以认为是吸取汉武帝经验的产物，是一种折中、缓和、留有余地的措施。咸丰既不像汉武帝刘徹那样寡情、冷酷、决绝，也不像汉武帝那样清醒、冷静、自信，唯恐误伤懿贵妃这个好人。其实咸丰低估了懿贵妃的胆识和勇气。上面说到的九则记载中只有三则提到咸丰具体设置的密诏。

其五，揭示了密诏的具体内容。有三则记载具体谈到密诏，另有三则的记载相似。

《清宫秘史》记载密诏内容20字：“那拉贵妃如恃子为帝，矫纵不法，可即按祖制处治。”《清宫遗闻》记载“密诏”内容亦20字：“某如恃子为帝，矫纵不法，卿即可按祖宗家法治之。”两处记载基本一致。《热河密札疏正补》记载“密诏”内容18字：“他日那拉氏如或不法，即可出示此诏以除之。”与前两处记述比较，少“恃子为帝”四字，少“骄纵”二字，但是仍可以说大意相近。

中华民族历来重视社会人文学科而轻视自然科学，因此各种体裁、形式的文人著述浩如烟海。仅就晚清辛酉政变前后的官私文书和笔记便数不胜数。判定历史，需要一个分析研究的过程。以各种形式存在和表现的历史信息，有的可以反映历史事物的本来面目，有的则只是记述者的臆想，或者人云亦云。就仿钩弋故事的密诏而言，因为历史上传出有这道密诏，那么当懿贵妃策划并发动了辛酉政变，否定了咸丰皇帝临终遗诏中有关赞襄政务八大臣的安排，诛杀包括两位世袭罔替亲王在内的三位宗室高官，岂不是密诏中所说的“不法”？她不仅成为至尊至贵的皇太后，而且三度垂帘执政，没有皇帝名号却握有事实上大清女皇的权力，长达48年之久，这岂不是密诏中所说的“恃子为帝，骄纵不法”吗？然而当时不仅无人出示密诏以除之，就是后来也没有人以密诏制衡慈禧。这是为什么呢？其中只能有两种可能。

第一种可能：慈安皇太后已经成为既得利益者，后来垂帘执政有她一份，所以背叛了她死去的丈夫咸丰皇帝。我以为，慈安皇后老成持重、与世无争的人品是不可能作出背夫求荣、寡廉鲜耻的事情来，于是以《清朝野史大观》和《清宫遗闻》为代表的野史故事，便衍生出慈禧为慈安割肉治病的故事，杜撰出慈安因感动而焚毁密诏的内容。

第二种可能：咸丰皇帝虽然对懿贵妃有警惕，但最终只是赐皇后“御赏”玺印，树立其祖宗家法执行人的形象，托付权力，并设置八大臣辅政，以控制懿贵妃的野心。

同时，就咸丰密诏而言，还有许多事实不符合唯物主义历史观的逻辑。

其一，如果有密诏，必然有某种形式的官方记载。

密诏的构设与存在有两个要点：一在于立即执行或近期执行，立诏人往往刚刚离世。因为密诏具有时效性，为预料中不时之需而设置的密诏，会因为时间推移而逐渐失掉权威性和效用。二要有官方记录。在清代，不论是以“上谕内阁”、“上谕军机处”的形式，还是以口头事先交代的“圣训”、“起居注册”的形式，总之要有权威性记录、记载，有案可查，才具有被广泛认同的可执行的效能。不见记录的密诏是不生效的，平白无故拿出一份前朝密诏是要被质疑的，特别是在清晚期已经开始出现某些现代公文因素的情况下。就是在清代中前期，康熙皇帝临终关于皇位继承人的遗诏都被群起质疑，何况是到了清代晚期。一句话，密诏必须要有存在和执行的依据，否则是废纸一张。只有那些习惯听信民间故事和不熟悉宫禁规制的人，才会把评书和唱本中的“包袱”当成历史。特别是咸丰逃难避暑山庄这段历史，当时有一条秘密地下信息通道，那就是几位化名“樵客”、“翰墨道人”、“守愚道人”等的军机章京暗中记录的避暑山庄宫闱秘闻，有蛛丝马迹也会在《热河密札》

中显露。密诏不见于各种权威性文献，说明密诏是子虚乌有的事情。

其二，从咸丰皇帝的性情推断，密诏也是不存在的。

从咸丰皇帝的情感角度分析，他没有留下针对懿贵妃的密诏是情理之中的事情。叶赫那拉氏是咸丰元年（1851）八旗备选秀女，以皮肤白皙、身材匀称排在备选秀女前几名。她出身于中级官吏家庭，父亲早亡，家境落魄，生活拮据，毫无仰仗，入宫伴驾自然不是什么政治婚姻，全凭自身条件奋斗。咸丰二年入宫即册封为兰贵人，年17，四年后又喜得贵子，无疑是后宫得到皇帝宠爱的女人。随着时光的流逝，虽然圣眷渐衰，但毕竟是皇帝唯一皇子的生身母亲。皇帝因爱子而及母，何至于临终时留下密诏，存着令子失母的心思？

咸丰皇帝是一位感情丰富而内心充满矛盾的人，性格脆弱，容易为环境所动，这是一个政治人物的致命弱点。继皇帝位之初，咸丰雄心勃勃试图成就一番大事业，却又经受不住声色的诱惑；深知奕䜣才智过人，是国家栋梁，却又怕再出现一个多尔衮；原本宠信肃顺、载垣、端华，却又要防他们成为鳌拜，把自己的儿子当傀儡；原本信奉仁爱治国，却因要革弊布新，相信肃顺而屡兴大狱；自己厌政把懿贵妃引向关注时政，却又讨厌她对政务的热衷……。如此内心矛盾、优柔寡断，遇事自我否定的人，在如何对待懿贵妃的问题上，在没有人为其决策的情况下，诚如《花随人圣庵摭忆》所言“濡濡不忍”，决不会留下针对懿贵妃的密诏。因为，他在情感上无法承受杀嗣皇帝生母这一行为。

其三，密诏的内容值得质疑。

前面已经介绍，对于密诏内容的记载，一则出自《热河密札疏正补》，具体内容是：“他日那拉氏如或不法，即可出示此诏以除之。”二则出自《清宫秘史》，具体内容是：“那拉贵妃如恃子为帝，骄纵不法，可即按祖制处治。”三则出自《清宫遗闻》，具体内容是：“某如恃子为帝，骄纵不法，卿即可按祖宗家法治之”。需要质疑之点如下。

一是密诏行文不规范，内容模糊，不易执行。一则所说的“不法”和二、三则所说的“骄纵不法”，何谓“不法”，含糊其辞。二则所说的“处治”和一则所说的“除之”，三则所说的“治之”，内涵是不一样的。“除之”是处死，“处治”和“治之”要灵活得多。行文出现毛病，在于故事编造者追求密诏效应，似乎行文简短才是密诏，却忘记了简短必须以具体、明确、易操作为前提。否则，密诏一出示便纷争、质疑四起，怎么称得上是密诏呢？

二是称呼不确切。密诏把叶赫那拉氏称作“某”、“那拉氏”、“那拉妃”，是为了行文简短。清末民初，外间（市井社会）对慈禧的习惯称呼确实是“那拉氏”，而皇宫大内、皇家及满族宗室都不是这样称呼。因为满族姓氏中另有纳喇氏和乌拉纳拉氏。称呼的不确切和混同，说明所谓的密诏不过是宫外人士的杜撰。他们不谙宫闱规矩，不懂满洲宗室姓氏内理。所以密诏不是咸丰皇帝所为，只是市井故事而已。

其四，慈禧、慈安的行为值得怀疑。

密诏具有时限性和权威性，执行需要听诏人认同，因此皇帝必然有言在先，作出明确交代。皇帝可以不说明密诏的具体内容，但是必须作出交代。这是密诏的机密所在，所谓“天机不可泄露”，以备不时之需。

既然懿贵妃偷听了咸丰临终遗诏，她应该知道皇帝另有一道“密而未宣的诏书”，而且是专门为她而设置，这就等于在她头上高悬一把尚方宝剑。按道理懿贵妃必然是时时、处处小心，按宫规规范自己，特别是与遗诏有关的行为更要谨慎，甚至终日惴惴不安，不敢越雷池一步。

但是，看看懿贵妃在咸丰病逝后一段时间内的表现，不论是在避暑山庄还是在回銮北京以后，都是“舍得一身剐”，敢把钦命八大臣拉下马的势头。这能说明什么问题呢？只能说明在她头上没有什么尚方宝剑，根本没有针对她的密诏。相反，在她头上确有一顶嗣皇帝生母的桂冠，足以令任何人敬畏的硕大光环。

咸丰遗诏原本是要营造一个八大臣与慈安皇太后以嗣皇帝名义联合执政的政治格局，因为咸丰皇帝既钦封赞襄政务八大臣，又让慈安皇太后手中控制两颗印玺。但是懿贵妃并不满意这种联合执政，咸丰死后三天便与慈安商量夺权。两人“俯巨缸而语（按：避暑山庄内有大型青花瓷缸在烟波致爽殿前，养金鱼供观赏，有火险时亦可用其中的水灭火。两宫皇太后密谋在作赏鱼状），计议甚密。于是羁縻肃顺，外示委任，而急召恭亲王至热河，与王密谋”[1]。她让慈安皇太后跟她一起对抗赞襄政务八大臣，而八大臣是受大行皇

[1] 薛福成：《庸庵笔记》卷二。

帝钦封的辅政大臣。难道皇后不知道懿贵妃是在反对咸丰的临终遗诏？难道手握皇帝密诏的皇后，突然间也萌生出巨大的野心，要与懿贵妃一道走向遭密诏处置的险途？这是不可思议的，也没有人会相信。

察院山东道监察御史董元醇上奏请求“皇太后权理朝政，简近支亲王辅政”，否定咸丰遗诏中赞襄政务的内容，八大臣无疑要予以痛斥、兴师问罪，但是两宫皇太后不仅不予支持，反倒倾向董元醇，这不成了两宫皇太后公开地否定大行皇帝遗诏吗！这又作何解释呢！

两宫皇太后及嗣皇帝回銮北京以后，突然以嗣皇帝颁发上谕的名义，逮捕八大臣并将他们打入宗人府空房（管理、拘押宗室人员的监牢），继而将他们分别杀头、赐死、解职、发遣等，确立皇太后垂帘执政和议政王议政的统治新秩序。除了保留嗣皇帝载淳以外，咸丰遗诏其他内容均予废除。所谓的密诏又在哪里，由谁执行，处置的对象是谁？

懿贵妃及皇后的一切行为表现，反证出事实上根本没有什么针对懿贵妃的密诏存在。

其五，失败者不以密诏保命维权，说明当时无密诏可用。

辛酉政变是一场封建统治阶级内部的夺权斗争，是宫廷内部的政治变故，否定了咸丰临终时对政权形式的构想和设计。如果确有密诏设置，以懿贵妃为首的阴谋政变者不提密诏、装聋作哑是必然的选择。那么，被政变夺去权力、地位的赞襄政务八大臣，特别是被送上断头台的所谓“三奸”，为什么在最后时刻不以密诏作为反击武器，为什么不以密诏保命，为什么不以密诏维护自身权益，为什么表现出的是被人愚弄和任人宰割？

据王闿运《祺祥故事》和薛福成《庸庵笔记》记载，逮捕载垣、端华时，二人不过大嚷“因何缚我！吾何罪之有？”“尔等不可违背祖制！”“谁敢背弃大行皇帝遗诏？”“外官不可入内廷！吾等要面见皇太后”等。

当抓捕肃顺押入宗人府牢狱时，肃顺见到载垣、端华，二人隔牢窗互相埋怨，只字不提密诏。当载垣、端华被赐自尽，二人除了对死亡的恐惧外，只与家人洒泪诀别，对遗产进行嘱咐，绝没有以密诏的反抗之举。肃顺被捕和后来临刑，虽然咆哮叫骂，“竟至臣子不敢听闻”，居然也没有以密诏反击的话语。

政变中的失败者也没有提及密诏，这又能说明什么呢？历史上的咸丰密诏是子虚乌有的传说罢了。

李文田（1831–1895），字芍农，广东顺德人，咸丰九年（1859）探花，初授翰林院编修，入直南书房，充日讲起居注官，督江西学政，数迁官至礼部侍郎，充任经筵讲官。为官刚正，以直言不阿为能事。学识渊博，考究西北舆地通志。同治五年（1866）上疏谏止重修圆明园，留下名言："常人之家偶被盗劫，犹必固其门墙，慎其管钥，未闻有挥金夸富于盗前者。"李文田这段话是说，按惯常道理，谁家被盗窃都是想着如何加固门墙，选用精良门锁，没听说在盗贼面前显示自家如何富贵的。其意是讽刺清政府频频被外国列强侵略、掠夺，甚至被盗掠、焚毁了圆明园，你再重修圆明园，不是等于在盗贼面前夸富显贵，想让盗贼进一步抢掠吗？光绪二十年，恭亲王奕䜣被慈禧罢官后十年赋闲，得以复出为官，与翁同龢、李鸿藻和李文田奏请启用分不开。光绪二十一年病逝，系一代良臣，朝廷赐谥"文诚"。

薛福成（1838–1894），字叔耘，号庸庵，江苏无锡人。父薛湘是道光二十七年（1847）进士，却仅以七品县令逝于任所。薛福成多次乡试不中，又受其父一生苦读终无大用的影响，放弃科考，追求"经世致用之学，以备国家一日之用"，"屡求见曾侯（国藩），并上曾侯书递言时政"。[1] 同治初年入曾国藩门下为幕宾，奔走于曾军剿捻战场，因谋划之功荐选为同知、直隶州知州，赏知府衔。同治十一年（1872）曾国藩病故后，一度离任，在苏州书局经营刊刻出版行业，是一位倡洋务、讲实业的维新人物。

光绪初年，朝廷"下诏求言"，薛福成上书"治平六策"、"海防十事"，一时影响颇大。虽然因封建顽固守旧势力作梗，"上书之议"未被全部采纳，却得授"宁绍台（宁波、绍兴、台州）兵备道"。[2] 之后浙江巡抚刘秉璋檄调其"综理营务，协调各路提镇"，于浙江沿海"筑长墙，钉丛椿，

[1] 薛福成：《庸庵文外编》卷三，光绪癸巳刊刻本。
[2]《清史稿》，《列传》二三三，总第12480页。

造电线，清间谍，绝向导”，筹措海防以制法国兵舰骚扰，因劳绩得升擢湖南按察使。[1]光绪二年（1876）被李鸿章延揽帐下，成为北洋大臣衙门的重要幕僚。光绪十五年之后累任光禄寺卿、太常寺卿、大理寺卿、都察院左副督御史。因深谙洋务，钦差“出使英、法、意、比四国大臣”[2]，是清末主张强势外交及抗击英、法、俄、日蚕食政策的践行者。一生著述颇丰，“尤长于论事记载”，“演迤平易，曲尽事理”[3]，其《庸庵文编》、《续编》、《外编》、《筹洋刍议》、《浙东筹防录》、《出使四国日记》、《庸庵笔记》、《别集》等成为传世名作。辛酉政变期间，薛福成羁旅京师，耳闻目睹，遂留下许多有关政变的宝贵记录。

[1] 薛福成：《浙东筹防录》卷一，光绪丙戌版，第4页。

[2] 薛福成：《出使奏疏·序》，光绪甲午年刻本。

[3]（清）王锡振：《龙壁山房文集》卷四，“庸庵文析”，光绪辛巳刊本。

略说临终遗诏的偏任之弊

现在已经知道咸丰临终遗诏的三项关键内容，也已经知道在此三项关键内容以外再没有什么所谓的密诏。对于咸丰皇帝的临终遗诏，学界历来没有评论。《清史稿·文宗本纪》最后以 76 个字做结语，其中暗含对咸丰临终遗诏的评骘。原文是：

> 论曰：文宗遭阳九之运，躬明夷之会。外强要盟，内孽竞作，奄忽一纪，遂无一日之安。而能任贤擢材，洞观肆应。赋民首杜烦苛，治军慎持驭索。辅弼充位，悉出庙算。向使假年御宇，安有后来之伏患哉？[1]

《清史稿》对咸丰皇帝的君德缺少评论，执政稍加溢美，尚不失慎重。《清史稿》编者首先指出，"文宗遭阳九之运"。封建时代崇尚天道轮回说。按汉代杨雄《太玄经注》的说法，人世间每 160 年一次轮回，时运流年分段为"阳九"厄运期和"阳和"中兴起。阳九期间世道艰难，兵连祸结，一待"阳九得和"，即阳和期到来，便消灾弭祸，世道中兴。《清史稿》编者以咸丰朝尚处在阳九厄运期来认识当时国家遭逢的内外祸乱。不过咸丰朝确实没有一天安宁日子，内外交困，朝廷不得不连年用兵。逢此多事之秋，用人至为重要。《清史稿》中说咸丰"任贤擢材"，是指朝廷放手让曾国藩、李鸿章、左宗棠等组建湘军、淮军，编练乡勇，镇压太平军、捻军和西北回民起义。《清史稿》又说"治军慎持驭索"，是针对满族顽固派势力始终不放心汉族武装和要求严密监视汉族军事指挥而言。其实早在康熙朝就有提防汉军八旗现象存在，当南怀仁设计的红衣大炮装备八旗军时，唯有汉军八旗中不作配置。到咸丰、同治时期，风起云涌的起义军搒逼朝廷，而朝廷又一筹莫展，不得不大胆使用汉族武装力量。当然这些朝廷的鹰犬出自封建统治阶级的共同利益，也真为腐败的主子卖力。同治三年六月十六日（1864 年 7 月 19 日），湘军曾国荃所部最先攻入南京，宣告太平天国起义的失败。一时之间，阿谀之臣们大唱同治中兴赞歌，无非是在讨好慈禧皇太后，颂扬垂帘执政之功。

《清史稿·文宗本纪》最后的"论曰"，明确讲到"辅弼充位，悉出庙算"，似乎是在称赞咸丰临终遗诏中对大清朝中枢权力形式的设计。笔者以

[1]《清史稿》卷二〇《文宗本纪》，总第 767 页。

为《清史稿》编撰者不仅不是称赞，反而是质疑和批评。“辅弼充位，悉出庙算”，“庙”是对死后皇帝的称谓，“庙算”即是决断出自咸丰皇帝一人之手。这里只是客观地说明以辅政的形式填充因嗣皇帝年幼不能亲政而在中枢出现的空缺，是咸丰临终前的精心设计。《清史稿》编者接着便指出，假设再让咸丰多活几年，哪里还会出现后来祸患无穷的局面呢？为咸丰作出了公正、精辟的评论。

让我们来看看咸丰遗诏给后世埋下的隐患。分析遗诏的三个出发点，即咸丰皇帝临终遗诏构设的客观依据，可知以下三点内容：

一是吸取清初两次辅政的历史教训：一次是顺治初年，济尔哈朗和多尔衮辅政，多尔衮越俎代庖、专权跋扈形成的恶劣影响；另一次是康熙初年，索尼、鳌拜、遏必隆、苏克萨哈四大臣辅政，鳌拜专擅带来的中枢震荡。咸丰皇帝试图以两颗印玺分别在皇后和嗣皇帝手中，避免八大臣专权，避免孤儿寡母受制于人。

二是以临终遗诏钦封八位王大臣赞襄一切政务，防止自己生前八位亲信臣僚在他逝后遭到贬斥，防止他不信任的人夺权谋位，使遗诏陷入偏任之嫌。

三是素知叶赫那拉氏工于心计，且有权力欲望，试图以钦封辅政防止慈禧皇太后干政。同时，又以“御赏”印玺交予慈安，避免慈禧母以子贵，压制皇后钮祜禄氏。

咸丰遗诏的三个起点，或者说三个设计安排，虽然经过深思熟虑，却并不高明，有些狭隘，表明咸丰皇帝想家事多，想自己亲信的事多。为什么这样说呢？因为他只想到十个人的命运前途，即嗣皇帝、皇后、和八位辅政大臣。咸丰遗诏的本质是设计十个人在嗣皇帝亲政之前联合执政的权力形式，但却忽略了一系列重大而不可改变的事实。

他忽略了这十个人各自的行为能力和能否和衷共济、共渡难关，直到小皇帝亲政。特别是忽略了这十个人之外，而与家事、国事关系十分密切的另外两个人，即叶赫那拉氏和奕䜣。同时，忽略了此二人与载垣、端华、肃顺各自无法改变的思维方式和价值取向。

他忽略了朝廷内阁、军机处、六部、三院主要堂官和地方军政大吏的政治倾向。有皇帝健在以皇帝为核心，皇帝驾崩以后谁为核心？政治倾向决定他们的选择。

他忽略了对麇集自己身边的八大臣资历、能力、威望和影响力的清醒认识与估计。

他忽略了对封建政治传统亲亲尊贤宗法观念的遵循。

他忽略了政柄更迭、政局动荡期间，有关政策、策略特别是掌控军权人物的明智选择。

他忽略了对自己当年如何继承皇位的反思、与六弟奕䜣在才能上的差距，以及这种差距在治国安邦中的重要影响、对主要臣僚的影响。

他忽略了对皇后钮祜禄氏能力的估量。咸丰深知慈安老成持重，恪守传统，不会干预朝政，但是不知她不能秉持家法严于约束慈禧。按规矩她应该掌握两枚印玺，在嗣皇帝成年大婚前统摄后宫众妃嫔，包括慈禧。

鉴于上述情况，应该说咸丰临终遗诏存在重大失策，导致他辗转病榻上苦心设计的政权形式落空了，可见遗诏是不成功的。由于中枢权力设计的不合理，在自己撒手人寰以后，给慈禧和奕䜣提供了推翻一个政治集团取而代之的机会。

咸丰遗诏失策主要有四点。

其一，选人、用人不当。授予软弱无主见的慈安印玺，无法约束慈禧；授权刚愎无众望的八大臣辅政，导致众朝臣背离。这是典型的用人偏任之弊。

朝臣们宁可违背祖制，让皇太后干预朝政，也不情愿受八大臣节制。按规矩，慈安应该掌控两枚印玺，以两印玺监督赞襄政务大臣，所以咸丰临终时特意嘱咐肃顺等要“善待皇后”，肃顺等亦郑重答应。[1]但是，慈安不仅不能约束慈禧，且将赐予嗣皇帝的“同道堂”印交她代管，改变了咸丰的原意，变成慈安、慈禧联合掌印，从而使慈禧策划政变成为可能并确立了取胜的信心。同时，钦命八大臣赞襄政务，代表中枢权力的信任托付。原本对立的双方被同时授予最高权力，并不等于权力的制衡，往往会彼此要挟。在正常情况下，中枢权力以皇帝为核心，朱笔由皇帝秉持，统一于皇帝一身。然而咸丰逝后，嗣皇帝载淳因年幼只是一块招牌，皇太后可以用他的名义，八大臣也可以以他为替身，对立双方都可以拟定上谕，斗争是不可避免的，如同水火，没有调和的余地。这是咸丰万万没有料到的。后来的事实证明，慈禧一

[1] 王闿运：《祺祥故事》，载《第二次鸦片战争》第2辑，第272页。

方消灭了肃顺一方。就肃顺而言，也有待回銮北京之后，“寻机深究处治”董元醇、胜保等人的打算。[1]而董元醇、胜保不过是政变的马前卒，他们的后台奕䜣、慈禧等人焉有不被揪出的可能。

其二，在赞襄政务大臣中没有恭亲王奕䜣的一席之地，缺乏远见卓识。

当年道光皇帝在继承人选择上，曾经犹豫于奕䜣与奕詝之间，这是宗室、中枢、老臣皆知的事实。由于道光深知奕䜣更具才能，故在册立皇太子的密诏中特意为奕䜣书写一笔：“皇六子奕䜣封为亲王。”在册立皇太子的诏书中同时册封其他皇子为亲王，在清史中仅此一例。可见道光皇帝对奕䜣十分看重，对奕䜣未被册立为皇太子颇为不忍，用与皇太子同时册封的形式以示安慰和郑重。道光去世时册立继承人的密诏布告天下后，朝野皆知咸丰侥幸继位，而多为奕䜣抱不平。

奕䜣颇识时务，亦顾全大局，咸丰继皇帝位以后尚尽心辅佐，勇于任事。兄弟间心存芥蒂始于奕䜣生母晋封皇太后事。咸丰的生母是孝全成皇后钮祜禄氏，道光二十年（1840）去世，终年33岁。咸丰时年十岁，后由奕䜣的生母博尔济吉特氏抚育。博尔济吉特在对其关爱有加，养育之恩可谓比天高比海深。如此情谊咸丰继皇帝位后不应该忘记，按惯例应将博尔济吉特氏册封为皇太后。博尔济吉特氏原在后宫即为静康皇贵妃，第二等级。咸丰，稍具胸怀或懂得笼络人心，在道光死后都应册封她为皇太后，而不应保持其原品级，封皇考康慈皇贵太妃。咸丰继位之初对奕䜣还算器重、厚待，试图增进兄弟间情谊，密切君臣关系，让颇具才干的弟弟为己所用。然而对博尔济吉特氏，一直到她咸丰五年（1855）七月病重，经奕䜣再次请求，甚至大臣联名奏请，才给予册封。册封九天后，44岁的博尔济吉特氏便去世了。虽然被封为皇太后，却没有在名号上缀道光皇帝谥号的荣誉，也不按皇太后待遇入太庙（太庙里没牌位），不能与道光皇帝合葬。到同治三年（1864）才被给予入太庙、加道光皇帝谥号的尊荣。这是慈禧给奕䜣的安慰，褒奖其在政变中的功劳。

奕䜣在宗室和朝臣中极有影响，身边吸纳众多有胆有识的官员。因此，奕䜣的政治倾向直接影响朝野人心归向。封建时代，在皇位继承人和辅政大

[1] 王闿运：《祺祥故事》，载《第二次鸦片战争》第2辑，第321页。

臣遴选事务中，历来遵循一个传统的原则，那就是亲亲尊贤。

所谓“亲亲尊贤”，就是选人、用人必须首先考虑两点：一是选择与皇帝血缘最亲近的人；二是在血缘最亲近的人中选择最贤德、有能力而被人敬重的人。

当时，只有道光皇帝的诸位皇子与咸丰、嗣皇帝载淳的血缘最近。在这些血缘亲近者中，以奕䜣最孚众望，言行有度，才识过人，正直刚毅，勇于任事。当年道光皇帝选皇太子时偏重于立嫡长，奕詝又有经杜受田指点后的刻意表演，朝臣尚可理解。但咸丰皇帝临终前为嗣皇帝选择辅政大臣，不仅没有以奕䜣为首席辅政大臣，而且将奕䜣排斥在外，尽以阿谀者充任，朝臣愈加迁怒于被糊涂皇帝钦命的辅政八大臣，给咸丰身后同治朝的中枢斗争留下隐患。这也是偏任之弊。

有人会问，如果咸丰皇帝遗诏让奕䜣参与辅政，奕䜣与肃顺也有矛盾，如何能同为辅政大臣？其实有奕䜣在辅政行列，凭奕䜣的威望与影响，凭奕䜣的为人，足以震慑、安抚矛盾双方而不致使矛盾扩大化。又有人会问，咸丰因何没作此想呢？因为咸丰太害怕奕䜣成为同治朝的多尔衮。其实，咸丰过虑了。同治时代已经不是清朝刚刚入关的粗放时代，深受封建纲常教育的奕䜣也不是蛮憨不羁的多尔衮。从中，可以看到咸丰让人不能恭维的胆识与气度，也可以说当年道光皇帝的继承人选择是不成功的。

其三，辅政大臣中没有拥兵将帅的参与。这是政权更迭、政局动荡期间决策者的根本性失误。

咸丰以为，自己没有直接统兵却可以支配一切统兵将帅，辅政大臣一旦受命于大行皇帝，辅佐嗣皇帝，亦可以支配统兵将帅。他太不知人善任了，丝毫不知麇集他身边的人，特别是载垣、端华、肃顺在朝野的威望。从中可以看到一个平日懒于政务，沉湎声色、鸦片、酒色的皇帝，是多么的误国误民！正是因为八大臣不能控制军事力量，没有指挥军队的实际权力，不仅对统兵的僧格林沁充满敬畏与无奈，就是对胜保公然反对八大臣赞襄政务，也只能温和地批评和申斥而已，竟然不敢降罪处置，恐“激怒生变”。对胜保不经同意便到热河吊唁大行皇帝的行为也只能听之任之。咸丰皇帝死亡后的第 29 天，八月十七日，八大臣联名致函僧格林沁，也包含对他态度的试探。致函的内容充满敬意，函后十分谦逊地分署八位大臣名字：

昨富山（八大臣亲信，户部侍郎）来滦（按：热河有滦阳别墅，是距离避暑山庄20公里的喀喇河屯行宫的别称，故热河也称“滦阳”），询悉王爷闻信之后甚为哀痛。现在捻匪又有出巢之信，王爷仍当以军务为重，未可过于伤感。各路统兵大臣，业经奉有谕旨，无庸奏请来京（按：应是承德，不是京师）。惟王爷受恩至重，非各路统帅可比，似可具折奏请叩谒梓宫（盛殓大行皇帝的棺椁），并请皇上（指嗣皇帝载淳）节哀，当无不邀俞允。谨以布闻，优希斟酌为幸。[1]

信函内容说，昨天户部侍郎富山从北京到热河，听他说王爷得到皇帝驾崩消息后甚为哀痛。当前捻军正在出击之时，王爷还要以军情为重，万望不要过于伤感。朝廷已向下发出谕旨，各路统兵将帅不可离开防地，到承德跪吊大行皇帝。唯独王爷您与其他将帅不同，您受皇恩至重，是皇帝生前最倚重的统帅，非其他将帅可比。因此，您打个招呼便可亲来承德叩拜，同时还可以劝慰嗣皇帝节哀。这一点不会被拒绝的。谨以此奉告王爷，您怎样决定都是我们的荣幸。这种谦恭的语气是对任何人都没有的，就是恭亲王奕䜣都不准到承德吊唁。八大臣这时写信就等于是谕旨，决不轻易在信后署上八个人的名讳，这是对僧格林沁何等的尊敬！

面对如此讨好的一封信，僧格林沁却毫不买账，立即回函表示，自己钦敬两宫皇太后，反对你们赞襄一切政务。面对如此藐视顾命大臣、放肆不尊的回函，肃顺等人仍不敢痛斥，甚至对僧格林沁奏折内有“皇太后、皇上圣鉴”字样，也只能温和劝导“不宜书写皇太后字样”。结果僧格林沁在九月份的信中反而训斥八大臣说，你们说我奏折中有“皇太后、皇上圣鉴”之语不妥，不久前吏部、理藩院发给本王的通知中，不是说朝廷向下发文，请皇太后和皇上钤印盖章吗？皇上年幼，未能理政，不就等于皇太后批览奏章吗！那么我书写“皇太后、皇上圣鉴”，有何不对？不仅这次这样写，下次还要这么写。看看，多么强硬，僧格林沁又尖锐地回了这样一封信给赞襄政务大

[1]《清代档案史料丛编》第1辑，《辛酉政变》，第22页。

臣。[1]八大臣照样无可奈何。

那么，八大臣为何如此小心谨慎，百般讨好僧格林沁呢？就是因为八大臣不掌控军权，而僧格林沁与胜保都是手握重兵的大吏，两军皆系清兵精锐。僧格林沁所部是京畿卫戍主力，胜保所部系收集的各路作战溃军及各省为抗击英法联军入侵京师派出的勤王之师。而且，早在道光、咸丰两朝政权更迭期间，因嗣皇帝咸丰刚刚 20 岁，道光曾钦命僧格林沁为辅政大臣之一，视其为护国栋梁。咸丰钦命的辅政大臣竟然没有统兵将帅，更没有僧格林沁王爷，试想僧格林沁与胜保会作何种反应？何况咸丰末年正是充满内忧外患的时期，焉有不任用统兵大吏为辅政大臣的道理！不敢任用曾国藩一类汉族统兵者是满族权贵的一贯心理，可以理解，焉有不用满、蒙统兵官吏的道理！出自对遗诏的不平和对载垣、肃顺等人的不满，僧格林沁奏折直呈两宫皇太后，对辅政大臣不予承认。胜保不仅奏请“皇太后权理朝政，另简近支亲王辅政”，而且布军于热河与北京之间，沿途保护奕䜣和回銮，保护两宫皇太后，甚至欲对八大臣举行兵谏。[2]

其四，辅政大臣的整体素质不高，个体无孚众望者，难于服众。

八大臣中缺乏真正资历深、有远见、孚众望的治世能臣，载垣、端华、肃顺以阿谀奉承取得咸丰赏识，而其余五人又得“三巨头”赏识。他们或优柔寡断，或庸碌无谋，或刚愎自用，难于应付复杂多变的未来形势。例如，在咸丰避难热河期间他们没有明确意识到以奕䜣为首的另一个政治集团正在形成，也没有想到采取何种补救措施。咸丰去世之后，居然没有料到将有政治风波出现。甚至在回銮北京前夕，还认为“事势大局已定，似不致另生枝节……循此不改，且有蒸蒸日上之势”[3]。可见他们的政治嗅觉多么迟钝，对形势缺乏清醒认识，以为身居辅政大臣便可号令天下。当僧格林沁奏报战况，公然写上“伏乞皇太后、皇上圣鉴”字样，而八大臣回函纠正僧格林沁，令其不可写“皇太后”，只写“伏乞皇上圣鉴”的意见后，僧格林沁居然回函坚持，“嗣后奏报，仍不敢不如此缮写，尚望深思海

[1]《清代档案史料丛编》第 1 辑，《辛酉政变》，第 38 页。

[2]《热河密札》，载《近代史资料》总排第 36 号，第 8 页。

[3]《热河密札》，载《近代史资料》总排第 36 号，第 14 页。

量是荷”。[1] 这是向辅政大臣权力的公开挑战，同时也说明八大臣没有威望。

就兵权而言，他们以为八大臣中有兵部尚书穆荫，便可统辖天下兵马，连仅有的一支“禁军兵柄”都自动放弃。载垣、端华、肃顺表示，“因差务较繁，请将管理处所，恳恩酌量改派”。于是慈禧很自然地解除了他们许多实权：“载垣着开銮仪卫、上虞备用处事务，端华着开步军统领缺，肃顺着开管理理藩院并响导处事务。”[2]

别的职务尚在其次，但步军统领就是人们常说的京城九门提督，相当于首都卫戍司令。其统领的满、蒙、汉军八旗步兵和京师录营的马步兵，是八大臣手中唯一可以支配的武装力量，却被自动放弃了。在他们看来，似乎具体操心的小官职大可不必承担，只要当好决策、发号施令的辅政大臣、太平宰相就可以了。这些都正合慈禧心意，正可改用自己的亲信。

八大臣中虽然有两位亲王，但皆属承袭王爵之人，无功受禄，且缺乏理政经验和资历。八大臣中的佼佼者肃顺，心高气傲，志大才疏，又刚愎自用。据章士钊《热河密札疏证补》中引当时人黄娄生的话说，“肃顺终日无事，经步军统领额恒举荐于皇上驾前，两岁中骤升侍郎，未几入赞密勿，实为官场所未见者”[3]，说明隶顺资望尚浅、靠阿谀而升迁，也难以服众。

综上所述，可见咸丰遗诏确定的赞襄政务王大臣，在朝臣中很难被大多数人拥护。一旦有孚众望者发难，必将横生枝节，难免发生政治变故。这正是用人偏任的必然结果。

僧格林沁，内蒙古科尔沁四等台吉（头人、首领）毕启的儿子，博尔济吉特氏。道光皇帝见其仪表非凡，钦命他给蒙古额驸索特纳木多尔斋郡王作继子。索特纳木多尔斋是道光皇帝的妹丈，娶仁宗（嘉庆皇帝）和裕皇贵妃女为福晋，未生育，遂以僧格林沁为继子。道光五年（1825）僧格林沁袭郡王爵，十四年授御前大臣、领侍卫内大臣、正蓝旗蒙古都统、镶白旗满洲都统，晋封亲王爵。

[1]《清代档案史料丛编》第1辑，《辛酉政变》，第99、105页。

[2]《清代档案史料丛编》第1辑，《辛酉政变》，第38页。

[3]《热河密札》，载《近代史资料》总排第36号，第8页。

自咸丰三年（1853）始，受命“剿寇参赞大臣”，出师征剿太平天国北伐军，先后扑杀北伐军主将林凤祥、李开芳，威名远震。加恩授亲王“世袭罔替”，养心殿召见，与皇帝行抱见礼。

第二次鸦片战争中统兵天津，提督史荣椿、乐善相继战死，遂欲与英法联军决一死战。因为有咸丰皇帝以“天下根本在京师……若不念大局，只了一身之计，有负朕心”[1]的诏谕而撤退通州。会战八里桥再败，被削亲王爵，撤三眼花翎。

咸丰十一年（1861）至同治四年（1865），率瑞麟、舒通额、恒龄、苏克金、全顺、何建鳌，会同胜保征剿山东、江苏、安徽、直隶诸省捻军及白莲教、天理教，捕杀捻军首领张洛行、葛元春、韩四万等。同治四年，僧格林沁所部战将舒通额、恒龄、苏克金相继战死后，军力显著下降。四月二十四日夜，督师进至山东曹州高庄，官军与捻军混战于吴家店，僧格林沁与亲随同战死。史称“昏黑不辨行，至吴家店，从骑半没。僧格林沁抽佩刀当贼，马蹶遇害”[2]。

僧格林沁阵亡，两宫皇太后称他“忠勇性成，视国事如家事”。传谕山东巡抚在曹州战场上遍寻其尸体。后迎灵柩入京，两宫皇太后亲自祭奠，赐金300两治丧，建专祠，配享太庙，赐谥“忠”，画像入紫光阁。现在北京安定门内的显忠祠即是僧格林沁的祭祀祠堂。

僧格林沁素与载垣、端华不睦，三人同为道光临终授命“辅政”，同朝为官，互不服气。在辛酉政变中，说僧格林沁是在力挺两宫皇太后，不如说是在为恭亲王奕䜣鸣不平。因为僧格林沁是奕䜣生母的娘家王爷，与奕䜣生母同姓博尔济吉特氏，在恭亲王的血管里也有科尔沁蒙古人的热血流淌。

[1]《清史稿》，《列传》一九一，总第11891页。

[2]《清史稿》，《列传》一九一，总第11888页。

同道堂、御赏印

奕訢平庸，因何被道光密立为皇太子

咸丰临终遗诏中关于赞襄政务王大臣的选择和安排，存在重大失策，尤其以未能钦命奕䜣为赞襄政务首席王大臣最为失误。从中再一次看到咸丰政治上的平庸，同样也证明了麇集其身边的载垣、端华、肃顺等人是缺乏应有见识的庸碌之辈。这样，人们不禁要想，咸丰既然平庸，当年怎么能被道光皇帝密立为皇太子？奕䜣有才干，却因何在储位竞争中没有胜出？

这要从咸丰在世时重用一位仕途后进者说起。这个人就是杜翰。杜翰是道光二十四年（1844）进士，曾因召对失仪被道光贬黜。咸丰继位之后，"因念受田旧劳"[1]，"数月间迭擢侍郎，命在军机大臣上行走，办理京城巡防事宜"。"受田"即是杜翰的父亲杜受田。道光十六年杜受田被从上书房选为皇四子奕詝的师傅。封建时代有母以子贵、妻以夫荣，同样也存在师以弟子尊现象。特别是各位皇子的老师，自己的学生能成为皇太子，自己进而成为帝师，不仅有成就感，也会为自己带来丰厚的回报，光宗耀祖。所以不论自己的学生多么愚蠢无能，都会千方百计、不遗余力地为其出谋划策，赢得皇上的好感、器重，甚至册立为皇太子。

杜受田对奕詝可谓呕心沥血。他曾很郑重地向奕詝表示："据臣数年观察，四阿哥（即奕詝，后来的咸丰皇帝）不谓不聪慧，然不论文韬武略，或书画诗词恐都不及六阿哥（即奕䜣，后来的恭亲王）。"[2]

杜受田此话不假。六阿哥不仅文才出众，而且武功高强，骑射娴熟，悟性极佳，自创刀法十八式、枪法二十八式。道光皇帝为其刀法赐名"宝锷宣威"，枪法赐名"棣华协力"，并将自己御用的白虹宝刀赐给六阿哥佩带。[3]

这把白虹宝刀，曾被传说是清初豫亲王多铎诛杀抗清名臣史可法的一把名刀。其实并非如此。白虹宝刀现收藏于故宫博物院，早在中华民国初年编辑刊刻的《咸丰同治朝清史图典》中，就对此刀有具体记录。书中称："道光二十九年，道光帝赐予皇四子奕詝'锐捷宝刀'，同时赐予皇六子奕䜣'白虹宝刀'。两刀均配用金桃皮鞘，为特赏之物。说明道光皇帝心中对二人的喜爱难分伯仲。咸丰帝继位后，仍恩准奕䜣佩带'特赏'的金桃皮鞘白虹刀，预

[1]《清史稿》，总第 11675 页。

[2] 天嘏：《满清外史》，《满清稗史》上卷，第 79 页。

[3]《清史稿》，总第 9105 页。

示着咸丰皇帝将委以重任。果然不到一个月，咸丰帝打破祖制，发布上谕：‘命恭亲王奕䜣在军机大臣上行走。’这一年，奕䜣刚刚 20 岁。”[1] 这一条资料，也可以证明咸丰初继位时颇重视奕䜣。

兄弟间后来有些疏远，恐怕有两点原因：一是咸丰逐渐接受载垣、肃顺等人的离间之言，疏远奕䜣，重用这些阿谀之臣；二是奕䜣母亲迟迟未被封皇太后，后来被封赏时亦未兑现皇太后待遇，对咸丰心存芥蒂。

白虹宝刀为腰刀，直刃背，通长 97.5 厘米，宽 3.2 厘米，护手两边镌刻隶书，里手刻“白虹”两字，外手刻“道光年制”四字。[2] 可见并非当年豫亲王多铎配刀。金桃皮鞘，是在刀鞘上以鳔胶封粘金桃树皮。金桃产于东北山野间，小形乔木，当地亦称“水桃”。树皮多一层亮皮，光泽泛金色。粘刀鞘取亮皮，美观，金光亮丽。另外，金桃皮的特点是冬温夏凉，涩而不滑。因此，四时把握，不仅手感颇佳，而且不易滑。据奕䜣《乐道堂诗钞》诗称：“行营趋职侍龙辕，晓仗遥开玉露繁。赤骥腾骧嘶远道，白虹环佩感殊恩。”诗下附注：“道光己酉（即道光二十九年，1849），宣宗成皇帝特恩赐金桃皮鞘白虹刀，并谕准永远佩带。”[3]

此刀一直被视为恭亲王府传家之宝，奕䜣逝后传给袭王爵之子溥伟。1936 年溥伟逝世后，应传予长孙毓嶦，但因清亡未传承，上缴给在新京（长春）当伪满洲国皇帝的溥仪。[4]

这里还要继续说奕詝当年如何被道光密立为皇太子的。杜受田工于心计，并善于扬长避短地点拨人、培养人。他指点四阿哥奕詝说：“不过四阿哥也有众阿哥所不及者。四阿哥居嫡长而身份贵重，请四阿哥格外珍重。”

杜受田这话也不假。按齿序，长于奕詝的有：皇长子奕纬，道光十一年（1831）去世；皇二子奕纲，两岁殇；皇三子奕继，三岁殇。成年皇子最长者就是皇四子奕詝。道光皇帝把皇子的名字从“纟”偏旁改为“言”偏旁，就是因为“纟”偏旁皇子皆不能成年。[5] 这一改还真使皇子得以成活。皇四子

[1] 北京故宫博物院藏：《咸丰同治朝清史图典》，第 49 页，京华印书局，1914 年。

[2]《咸丰同治朝清史图典》，第 47 页。

[3]（清）奕䜣：《乐道堂诗钞》卷四，光绪癸巳敦伦堂刊巾箱本，第 73 页。

[4]《爱新觉罗毓嶦回忆录》，第 257 页，华文出版社，2005 年。

[5]（清）皂保《星酬集》卷五。

奕詝不仅成年居长，而且是孝全成皇后钮祜禄氏所生。

奕詝诚如杜受田所说，不能说不聪明。听师傅如此一说，奕詝便心悦诚服地向老师问计。杜受田便说："四阿哥猎即不及六阿哥。"奕詝点头称是。杜受田为其计议："逢校猎，四阿哥可不猎。上问及，但说：'儿臣恶杀牲，每见活牲射毙则内心凄然。春不忍射其母，违天和繁衍也；秋不忍杀其幼，呦呦丧子也。'"[1]

另有类似记载。一天，奕詝因奉命校猎向老师告假。杜受田秘曰："阿哥至围场中但坐观他人骑射，万勿发一枪一矢，并当约束从人不得扑一牲物。复命时，上若问及，但对以'四方春和，鸟兽孕育，不忍伤生以干天和，且不欲以弓马一日之长与诸弟竞争也'。阿哥以此对，必能上契圣心。此一生枯荣关头，当切记无忽也。"[2]

两处记载大致相同。此外，正史也有记载。正史更明确地指出帝师杜受田的谋划、栽培作用。"至宣宗（道光皇帝）晚年，以文宗长且贤，欲付大业，犹未决。会校猎南苑，诸皇子皆从。恭亲王奕䜣获禽最多，文宗未发一矢。问之，对曰：'时方春，鸟兽孳育，不忍伤生以干天和。'宣宗大悦曰：'此真帝者之言。'立储遂密定，受田辅导之力也。"[3]

清代密立储君制度自雍正皇帝创设以来，对皇子的考察是十分认真的。道光已停止北巡和木兰秋狝，但是每年春、秋两季仍然举行校猎，或在南苑（今北京大红门以南），或在西山，以示不忘祖宗讲武骑射的家法。不仅考察皇子骑射，还有其他方面的能力及人品、心性。

道光二十五年（1845）春西山打猎，皇帝纵马跳跃沟坎。马前蹄一滑，皇帝竟松手脱缰，人身后仰，险些从马上掉下。奕詝坐骑适在其后，遂一个鱼跃从自己马上窜下，欲接护皇上。结果，皇上虚惊无恙，奕詝却将右小腿股骨摔折，膑骨裂伤，在阿哥所静养半年多。此事也深深打动道光之心，遂多次探慰，心想："此子肯舍己护朕。"清史学者认为咸丰皇帝有点跛，就是从这件事来的。此事也是奕詝听了杜受田密嘱"寻机救皇上"以后伺机演出

(1) 王浩沅：《清宫秘史》下卷，总第514页。

(2)《清朝野史大观》第3册，卷七，第46页。

(3)《清史稿》，《列传》一七二，总第11673-11674页。

的一幕。[1]

史称，道光二十五年（1845）、二十六年，北方数省旱灾，饥民遍地，朝廷派钦差赴陕、晋、豫、鲁开仓放赈。皇帝让四阿哥奕詝、五阿哥奕誴、六阿哥奕䜣随钦差而行，去历练与体察民情。临行前奕詝问计于杜受田。老师沉吟良久说："四阿哥切记，速去迟回。皇上问起，便称亲见灾民，广布皇上忧心饥馑，宣扬圣德。"

奕詝依计而行，于是风风火火地催钦差上路赴山东。沿途口传笔记，随地方官下到放粮地，向灾民训话，以致迟迟未归。这样，奕詝山东之行虽然提前三天，却比去直隶、陕甘、山西、河南的各路放赈队伍迟归13-21天。当皇上问起赈济情况时，奕詝把灾民啼饥和放赈实况尽作介绍，尤把皇上如何忧心百姓、深悯下情尽作弘扬。道光听后乐不可支，心想："此子速去迟归，心系灾民，竟能以朕心为己心，诚难得一皇子也。"[2]

道光二十年（1840）以后，皇帝"忧患焦劳"，身体日渐衰弱，二十六年更觉精神大不如前，遂有密立皇太子之意。道光深知皇五子奕誴性情"鲁直"，皇七子奕譞性格"木讷"，八子奕詥、九子奕譓尚幼，遂考虑在奕詝、奕䜣间选其一。

一日，道光召见奕詝、奕䜣叙话。皇帝称："朕年岁已高，身体衰迈，未来尔等当恪守祖宗素志，不负朕托付之慎。不知两阿哥有何话要对朕说？"[3]据说，道光言毕，奕詝伏地哽咽不能言，只断断续续称"父皇可以永年，不可如此对儿臣言"等。奕䜣却表示循家法，继先志，不负重托等。

道光此番召对，因感"皇四子仁孝"而下决心立奕詝为皇太子。据说奕詝此番表现也是得杜受田指点。史载，杜受田对奕詝说："四阿哥如条陈时政，知识万不敌六爷，唯有一策。皇上若自言老病，将不久于此位，阿哥唯伏地流涕，以表孺慕之诚而已。"[4]

在历代皇帝册立继承人这一点上，"朕心为己心"，"舍己救父"，"仁孝

[1] 张崇兰：《悔庐文补》卷四，同治乙丑刻本。

[2]（清）鲁一同：《清河县志》卷二三，咸丰四年尊经阁刊。（清）张集馨：《道咸宦海见闻录》，第78页。

[3]《清朝野史大观》第1册，卷一，第63页。

[4]《清朝野史大观》第1册，第64页。

友悌”，都是被看重的标准。何况，奕詝又是嫡长子。道光二十六年（1846），便依立储家法，密立其为皇太子。当时，他还是一位16岁少年。其实，奕詝得立皇太子，除了条件居嫡长的地位外，还有一个道光皇帝不宜明说的原因——与奕䜣比较，奕詝毕竟是纯满人血统（奕䜣是满人与蒙古人的混血儿）。

杜受田善于揣摩皇上心意，教自己的学生投其所好，顺其心思，留心应对，以打动皇帝；又扬长避短，以“恶杀牲”遮掩骑射无能，以伏地痛哭遮掩无词以对，最终取得成功。有人或许会问，奕䜣不是也有老师吗？为何不出主意？实际也出主意，不过见仁见智而已，谁能把准皇帝的脉搏谁就是赢家。据《清朝野史大观》记述，奕䜣老师卓秉恬也曾对奕䜣指点：“上如有所垂询，当知无不言，言无不尽。”[1]在奕䜣大谈如何“循家法，继先志，不负重托”时，没少费口舌之力，而奕詝伏地一哭胜过他千言万语。大约正是因为两位皇子的指导教师成就不同，史书中较少奕䜣师傅是何人的记载，多位学者研究亦无定论。有考证是卓秉恬者，亦有认为是祁寯藻者，还有人认为先是祁寯藻，后为卓秉恬。[2]不过，据笔者阅史所见，恭亲王奕䜣的老师却另有其人，即正色立朝的大学士贾桢。[3]

从上述历史记述可见，没有杜受田大约就没有当皇上的奕詝。同时也可以清楚，咸丰皇帝因无主见，庸碌无能，习惯听命于人，依计行事。为皇子时依杜受田之计谋而行，获得成功，是因为杜受田为局外高人，更善于阴谋取巧。然而国家大事，咸丰继位之初也曾倚重杜受田，史称“用人行政，必欲听文正公”[4]。太平天国起义他又能奈何呢！因为他杜受田缺少“阳谋”。当然，如果杜受田晚逝，陪伴咸丰终生，想来咸丰临终遗诏将不会是历史上这样。为什么？杜受田所善者有用武之地。遗憾的是，杜受田的儿子杜翰虽得咸丰重用，却无他父亲半点影子。历史的诸多痕迹证明，由于道光的平庸决定了咸丰的平庸，正是父子两代平庸才成就了后来垂帘执政的慈禧，让长期怀才不遇的奕䜣无奈选择为慈禧效命。

[1]《清朝野史大观》第1册，第64页。

[2] 徐彻：《慈禧大传》，第92页，辽海出版社，1994年。《清史稿·卓秉恬传》无记载，其所本出自《清朝野史大观》。

[3]《清史稿》，《列传》一七七，总第11727页。

[4]《清史稿》，《列传》一七二，总第11674页。《清史稿·文宗本纪》，总第716页。

奕䜣孝钦显皇后奕棋图

政变需要舆论先行，谁当马前卒

封建时代总是需要有皇帝或者类似皇帝的主宰者存在，芸芸众生似乎也不习惯没有统治者，即所谓“国不可一日无君”。辛酉政变就是在先皇帝死去与未成年的新皇帝即位期间发生的一场阴谋政变，是一场有悖于封建传统伦理、道德、纲常而不能被广泛认可的宫廷政变。由于政变不具有封建的合法性，政变者不仅事后要为对手罗织罪名，成为布告中外的政变理由，而且政变前夕更需要有人劝进和吁请，为政变提供历史和现实的合法依据，仿佛一场阴谋政变是应吁请不得已而为之。吁请是一种舆论，依据也是舆论。舆论成为政变演出的前奏，舆论制造者便成为政变的马前卒。

宫廷政变的马前卒不可能是平民百姓，要由与宫廷发生密切联系的各级官吏充任。不论是出于对某个人的追随还是出于政治信仰，或是政治上个人的投机钻营，风险是在所难免的。政治投资同样有大获盈利与亏蚀老本两种可能，需要的是政治敏感和准确无误的判断。

辛酉政变的马前卒，身份低微者也得是军机处章京及中级官员。“章京”一词是满语，汉意是执掌权力者或将军。章京一词含义前后变化很大，清初的时候是指八旗官员，故有昂邦章京（大将军）、甲喇章京（参领将军）等职务。清入关以后，“章京”一词逐渐演变成为承担具体差事的文职人员的统称，地位高于笔帖式（办事员）。军机处章京最低也是六品级官员从事，由于能接近皇帝和中枢高官，升职前途巨大。许多地方总督、巡抚等封疆大吏和中枢侍郎、尚书权臣，也曾经任过章京。为政变制造舆论的马前卒，自唐宋以后大多是御史。因为御史是言官，或者称“谏官”，即皇帝专门设置的奏事人员，以大胆言事为职司，抨击时政，弹劾官吏，甚至允许“言事有误”而不加怪罪，借以彰显朝堂勃勃生气，皇帝“从谏如流”，不避忠言逆耳。

这次为辛酉政变制造舆论的官员，开第一炮的人物便是当时都察院山东道监察御史董元醇。暗地参与秘密活动者是多位军机章京。之后身份地位高者有内阁大学士周祖培、桂良、贾桢和吏部尚书沈兆霖、刑部尚书赵光、户部右侍郎、军机大臣文祥，有外朝统兵元帅胜保和袁甲三。胜保是军界的代表人物，是内阁学士出身，也有奏谏的责任。

为辛酉政变制造舆论，从咸丰皇帝驾崩之后即已开始。在纷纷向避暑山庄递送请求吊唁的奏折中，居然出现了“恭请皇太后懿安”字样，把皇太后与皇上并列，同时请安。按道理这是官员严重的失仪行为，轻者遭申斥训诫，重者可被部议处分。这一事件不是发生在一人身上，最少有胜保、谭廷襄、僧格林沁。是他们不懂礼仪，随意向后宫年轻的皇太后致意吗？这怎么可能！胜保担任过内阁学士，内廷供职，外放领兵元帅；谭廷襄进士出身，写奏折时任山东巡抚，封疆大吏；僧格林沁是长期居住北京的蒙古亲王，熟谙礼仪。其实他们的目的，一在营造恭请皇太后权理朝政的舆论，二在挑战威信不高的赞襄政务八大臣。

咸丰十一年八月初六日（1861 年 9 月 10 日），正是咸丰皇帝驾崩后第 18 天，是恭亲王奕䜣亲赴避暑山庄吊唁大行皇帝的第 5 天。申正时分（下午 4 时）由大清朝驻京唯一的军机大臣、户部右侍郎文祥封讫，以日行 300 里驿递送一份奏折到热河。[1] 奏折是都察院山东道监察御史董元醇启奏，由刚刚进入执政角色、正充满兴致的肃顺拆封阅折。首先映入眼帘的是“恭请皇太后、皇上圣安”。按道理，奏折开头只能恭请皇上圣安。肃顺很气愤，心想：是真不懂规矩，还是故意所为！再看内容，更是令肃顺怒火中烧。奏折是疏请皇太后“垂帘”权理朝政，并另简选近支亲王辅政。主要内容如下：

> 即宜明降谕旨，宣示中外，使海内咸知皇上圣躬虽幼，皇太后暂时权理朝政，左右并不能干予，庶人心益加敬畏，而文武大臣俱不敢稍行其蒙蔽之术。俟数年后皇上能亲裁庶务，再躬理万几。……虽我朝向无太后垂帘之仪，而审时度势，不得不为此通权达变之举，此所谓事贵从权也。权贵守经，何谓守经？自古帝王莫不以亲亲尊贤为急务，此千古不易之经也。现时赞襄政务，虽有王大臣、军机大臣诸人，臣以为当更于亲王中简派一二人，令同心辅弼一切事务，俾各尽心筹画，再求皇太后、皇上裁断施行。庶亲贤并用，既无专擅之患，亦无偏任之嫌。至朝夕纳诲，辅翼圣德，则当于大臣中择其德望素尤者一二人，俾充师傅之任。……如大吏中有贪黩营私，不能廉政自持、察吏安民者，及将帅中有退缩不前，不能申明纪律运筹决胜者，均即从重治罪，以示警戒。[2]

[1]《热河密札》，载《近代史资料》总排第 36 号，第 10 页。

[2]《清代档案史料丛编》第 1 辑，《辛酉政变》，第 19 页。

董元醇以奏折宣扬：嗣皇帝既已继承皇位，现在就应该明明白白降下谕旨，告示内外朝臣，使举国都知道皇上虽然年幼，但有皇太后暂时权理朝政，有大臣们尽心辅佐，有天下百姓敬畏，文武大臣也不敢稍存蒙蔽之心，数年之后便可以亲理朝政了。

虽然本朝向来没有皇太后垂帘听政的规矩，但是审时度势，现在不能不由皇太后权理朝政以应对时局，这是权宜之计。权力归属历来在于守经，守经就是恪守历史传统。自古帝王用人之道，没有不以亲亲尊贤为当务之急的，这就是千古不变之经。现实的赞襄政务大臣，其中虽然有王大臣，也有军机大臣数人参与，但是我以为更应该本着亲亲尊贤的传统，从诸王之中选派一两位与嗣皇帝血亲最近、素孚众望的亲王辅佐政务，尽心策划，最终再由皇太后、皇上作出裁断。这样，用人便是做到庶（大臣）亲（与皇帝血缘最近的王爷）贤（贤德有才能者）并用，才能避免像当年多尔衮、鳌拜那样的辅政者取代皇帝而专制擅权之事发生，也能避免用人唯亲的嫌疑。不仅如此，还要在大臣中选择平日品德、操守、声望突出者一两人，充任嗣皇帝的老师，以便幼帝朝夕接受教诲，培养圣德。……如在内外重臣中有贪黩营私，不能廉洁自律、察吏安民者，以及在武职将帅中有临战退缩、不能以军纪约束部下，从而不能运筹决策者，均予从重治罪，以示警戒。

董元醇的奏折，在经过赞襄政务八大臣传阅和上递两宫皇太后阅后，可谓一石激起千层浪，外显平静而内实紧张的避暑山庄顿时出现一股辅政大臣与皇太后之间随时可能公开对立的气氛。在北京的军机大臣文祥，已将董元醇的奏折内容渗透出去。许多见风使舵的官员，见到奕䜣从热河返回北京，纷纷向恭亲王示好。奕䜣却是不温不火地免谈董元醇奏折，大有超然物外、淡泊名利的神态。因为他深知，避暑山庄有他的密探，而京城也同样有肃顺的心腹。

董元醇的奏折不仅吁请皇太后权理朝政，劝进垂帘，指出这是“通权达变之举”。而且，从恪守亲亲尊贤原则考虑，提出补选近支亲王一两人加入辅政大臣行列。认为这样既能解除当初咸丰担心专擅的隐忧，也可以去除现在的偏任之弊。应该说董元醇的奏折是和缓的，因为抛出奏折是有投石问路的目的，试探八大臣及朝野的反应。在其奏折之中尚没有流露建议取消咸丰钦命八大臣辅政的意思。

其实，早在董折之前，已经有人在制造舆论，他就是长期驻在北京的蒙古亲王僧格林沁。他屡屡否定赞襄政务八大臣的信函往来，已经让肃顺等八大臣如坐针毡。这时胜保又擅自离开军营，径行至避暑山庄吊唁大行皇帝，更让载垣、肃顺等王大臣恼怒。而董元醇正式吁请、劝进皇太后权理朝政，另简近支亲王参与辅政的奏折，在热河与北京两地产生的舆论影响更为巨大。

就在满朝文武大臣对董元醇奏折及因奏折遭到上谕切责议论纷纷的时候，咸丰十一年九月二十八日（1861 年 11 月 2 日），胜保又递上一份奏折，篇幅长而富攻击性，劝进、吁请之情更为恳切，爱憎、取舍、褒贬观点十分鲜明，分量尤重。胜保强烈要求“皇太后亲理大政并简近支亲王辅政”，同时弹劾载垣、肃顺等八大臣“无副托之重（承担不了赞襄政务的重任）”。除了尊奉嗣皇帝载淳和以两枚玺印代替皇帝朱批这两点外，咸丰皇帝临终遗诏的其余内容均被否定。胜保的身份是统兵元帅、特命钦差，奏折的分量、影响远胜于董元醇。

在胜保的奏折中，开头就说：“奴才胜保跪奏。”奏请什么事呢？“为政柄下移，无以服众（意思是说八大臣赞襄政务，是权力下移，朝野对八大臣不服）。”那么应该怎么办呢？“应请皇太后亲理大政并简近支亲王辅政，以正国体顺人心。”然后进一步说：“窃惟朝廷政柄操之自上，非臣下所得而专。”意思是说例来国家政权都是掌控在皇帝手中，不是当臣下所应该掌握的。这是因为，“我朝君臣之分极严，尤非前朝可比”。“分”是身份、本分，言外之意是不能乱了等级规矩，八大臣辅政就是乱了这个传统规矩。本朝的君臣等级分野森严，与清之前历代不同，与本朝以往几代也不同。为什么呢？因为载垣、端华、肃顺等人，“当秉政巨任，揽军国之大权，以臣仆而代纶音，挟至尊以令天下，实无以副寄托之重，而餍四海之心”。因为八大臣不论身份、资历、能力、德行，都不堪托付重任。原本就是臣仆，就因为嗣皇帝年幼，硬要代行天子之责，岂不让朝野为之厌？这怎么能行！然后再进一步指出，至于赞襄政务一节，则当以亲亲尊贤为断，不得专以承写为凭。何也？先皇帝弥留之际，近支亲王多不在侧，仰窥顾命苦衷，所以未留亲笔朱谕者，未必非以辅政难得其人，以待我皇上自择而任之，以成未竟之志也”。胜保这段话的意思在于否定现在的赞襄政务大臣，因为选择辅政大臣的时候没有遵循亲亲尊贤的传统标准，不能以别人代写的遗诏为凭据。为什么这样说呢？因为大行皇帝弥留之际，身边没有近支亲王在，不是满朝文武大臣中只有他们八个人可选，是因为考虑到本朝顺治、康熙初年钦命辅政的教训。没有留下亲笔朱谕，正是因为先帝知道弥留之际选辅政大臣也未必得到贤臣良将，要留给嗣皇帝自己选择，以完成先帝的遗志。奏折中这段话的弦外之音，对八大臣而言是颇为恶毒的，诬指先皇帝病终前八大臣承写的遗诏有矫诏之嫌。所谓"矫诏"，就是假传圣旨。

胜保在奏折中对两宫皇太后亲理大政十分强调："今嗣圣（同治皇帝）既未亲政，皇太后又不临朝，是政柄尽付之该王等数人，而所拟谕旨又非尽出自宸衷。"意思是说嗣皇帝尚幼，没有亲政，皇太后也没有临朝听政，国家大权自然落在载垣等八大臣之手，颁布的谕旨也不是嗣皇帝和皇太后的心里话。言外之意是你载垣、端华、肃顺如此作法，不是挟天子以令诸侯是什么！

至于在用人行政上，他们是："托诸掣签简放，请钤用符信图章，在该王等原欲以此取信于人，无如人皆不能相信。"胜保在这里指出，用人行政他们说是以抽签方式表明公正，谁能相信他们的公正呢？他们说了算，还得让皇上、皇太后钤印盖章为他们担保公正，又不是皇上、皇太后的本意，这不正是挟天子以令诸侯吗！

胜保然后警告说："民言可畏，天下难欺，纵可以勉强一时，不能行诸日久。"因此重申八月初六日山东道监察御史董元醇的奏折，指出："近如御史董元醇条陈四事，极有关系，应准应驳，惟当断之圣裁，广集廷议，以定行止。"胜保指出，应该对董元醇上递奏折中的四个内容给予考虑。哪四个内容？即皇太后亲理朝政、另简近支亲王辅政、为嗣皇帝选老师、查大吏贪渎不廉和惩将帅退缩不前。董元醇条陈内容关系到国家命运，是允准还是驳斥，应该由皇上决断，不是他们八个人所能决定的。胜保也知道小皇帝是块招牌，什么事也定不了，所以又说要在廷议中广泛听取意见，来决定是颁行还是废止。引文中所说的"条陈"，是奏折的一种，是上达皇上，陈述建议的奏折。引文中所说"廷议"，是内廷会议简称，是清代参加人数最多的议政决策性会议。会议由皇上召集，或皇上指定内阁、军机大臣主持。参加会议的部门囊括中央政府各部门，与会人员是各衙门三品以上官员，一般称作内阁、军机、六部、三院、九卿、翰、詹、科、道。

胜保的奏折最后对八大臣发出要挟性警告："该王等（八大臣）果知以国

事为重，亦当推贤虚己，免蹈危疑。乃径行拟旨驳斥，已开矫窃之端，大失臣民之望。命下之日，中华哗然。自古天无二日，民无二主。今一旦政柄下移，群疑莫释。道路之人见诏旨曰：'此非吾君之言也！此非吾母后、圣母之意也！一切发号施令，真伪难分。'" 胜保这段话明确指出，不能以八大臣的拟旨当成宸衷。所谓"宸衷"，就是皇帝的意思。你载垣、端华、肃顺等八大臣若是真能公忠体国，以国家大事为重，应该有推荐贤才、谦逊克己的胸怀，洗清别人对你们的猜疑，以免导致政令不行的危局发生。你们却偏偏不是这样，竟然拟旨驳斥董元醇的条陈，以你们的思想冒充皇上的圣意，矫诏行事，从而使天下臣民对你们失望。以你们的意愿发出诏旨，号令下达之日，必致全国舆论哗然。自古以来天无二日，民无二主，像现在这样让人没法解除怀疑，百姓见到诏谕会说，这不是皇帝的话吧，这不是皇太后的意思吧！如此下去，朝廷发号施令，天下臣民没办法辨别真假。

那怎么办呢？胜保说出自己的结论性意见："为今之计，非皇太后亲理万几，召对群臣，无以通下情而正国体；非另简近支亲王佐理庶务，尽心匡弼，不足以振纲纪而顺人心。"[1] 胜保的结论就是鉴于现实情况，为今后打算。不把皇太后请出来亲理国事，召集臣属听取意见，就不能下情上达，端正国家体制；不在皇室近支中选拔一个有威望的亲王辅佐皇太后管理国事，以尽心匡正国家秩序，就不能振兴朝廷纪律而顺应民意。说明白点，就是要确立两宫皇太后垂帘执政，并由大行皇帝的兄弟、现在嗣皇帝的叔叔恭亲王奕䜣辅政议政，取消八位大臣赞襄一切政务之权。封建社会就是这样，有些事可以办，但不能说。大行皇帝的遗诏有失策，可以改，但不能说遗诏错误。

胜保的奏折犹如一枚重磅炸弹。据军机章京透露，肃顺见到胜保的奏折时，居然惊恐不可名状。须知他是赞襄政务八大臣的真正核心。载垣、端华、肃顺等人心想，一切等到大行皇帝梓宫到达北京之后，再拟旨处治吧！

在京诸王、大臣对董元醇的条陈尚无议论结果，又开始议论胜保的奏折。人们最关心的是胜保奏折是否得到两宫皇太后，或恭亲王奕䜣的授意，但是从恭亲王那里一无所获。就在这时，九月三十日，两宫皇太后及小皇帝刚刚回銮北京，内阁大学士贾桢，协办大学士、尚书周祖培，尚书沈兆霖、赵光

[1]《清代档案史料丛编》第一辑，《辛酉政变》，第100页。

联名上递《奏请皇太后亲操政权以振纲纪》，其中的结论是“为今之计，正宜皇太后敷中宫之德化，操出治之威权，使臣工有所禀承，命令有所咨决，不居垂帘之虚名，而收听政之实效”。[1]

政变的舆论已经营造到极致的程度。给人的印象是，在董元醇已遭罪责的情况下，胜保、贾桢等人仍不避风险要求皇太后“亲理朝政”，必然事出有因。但是，他们上递的奏折、条陈似无人策划，因为内容各不相同。董折没有否定赞襄政务八大臣，另提出为嗣皇帝选老师；胜保的奏折则一针见血，锋芒毕露，废除赞襄政务八大臣，皇太后垂帘听政，选血缘最近的亲王辅政；贾桢、周祖培、沈兆霖、赵光四人的奏折，仅主张皇太后不垂帘而干预朝政。所有舆论似乎皆出自个人所思所想，既没通气，更没共谋。其实明眼人不难发现，奏折的核心内容是一致的，即皇太后干政，另简近支亲王辅政，代替赞襄政务王大臣。于是，许多有见识的文武大臣开始明白要出大事了。舆论对赞襄政务八大臣的处境构成致命威胁，政变的人气正在攀升，皇太后垂帘听政的政治依据正在构设，似乎废除大行皇帝关于赞襄政务八大臣的遗诏，是应群臣的吁请不能不办，因为不能不顺乎民意。

在这场震惊中外的政变中，事后有许多人获利，也有许多人罹难。参与者多属各派的故旧、知遇者、提掖者，或平日不睦、久已衔恨者，只有胜保是辛酉政变中自我主动被利用的人物。胜保的政治投机之心昭然若揭，其可悲之处是他获利不多，还因“自恃”所累，招致后来的杀身之祸。

胜保（1812-1863），满族，苏完瓜尔佳氏，字克斋，隶满洲镶白旗。道光二十年（1840）举人，顺天府学教授、赞善、侍讲、祭酒。因屡上疏言事，文采颇佳，擢光禄寺卿、内阁学士。胜保奏事多直言不讳，讽谏不拘，咸丰颇为忌惮。他的奏折称“请明赏罚以振纲纪，河决不治河员之罪，刑轻盗风日炽，应明敕法以肃典常”[2]。（按：请皇上赏罚严明以振兴朝廷纪律，言外之意是皇上赏罚不明。黄河决堤，不追究治河官员，刑罚不严而使盗匪猖獗。所以朝廷应该严明法纪。）再如，“一切事务，朱批

[1]《清代档案史料丛编》第一辑，《辛酉政变》，第 104 页。

[2]《清史列传·胜保传》，第 297 页。

多而谕旨少”。(按：因为咸丰后期很少亲批奏折，懿贵妃就曾批过奏折。后宫女子怕下错谕旨，朱批文字过少，大多仅写明“知道了”，故朱批多而谕旨少。)再如“至愚贱私议，或谓皇上励精之心不如初政，或谓勤俭之德不及先皇。今游观之所，焕然一新。释服之后，必将有适性陶情之事，现在内府已有采办梨园服饰以备进御者。然自古帝王必先天下之忧而忧，后天下之乐而乐”[1]。(按:以臣之愚见，皇上励精图治之心不如初继位时强烈，皇上勤俭之德不如道光皇帝。像圆明园一类休养、享乐之所，都已经被修饰一新。待孝期一满，必将再行娱乐之事。现在内务府已经在为宫廷唱戏购置戏衣。要知道，自古帝王应该先天下之忧而忧，后天下之乐而乐。)为此，胜保由一个三品衔的光禄寺正卿、内阁学士，降为四品京堂，是由三品的实职降为四品的虚职。

恰逢太平军进攻武汉，胜保再次上疏大谈军事方略。皇上一看，赶快让胜保走得远远的，交给办理军务的钦差大臣琦善差遣。结果，胜保打了两个胜仗。皇上下令让胜保复职，以内阁学士名义会办军务。胜保又打了两个胜仗，皇上赐其戴双眼花翎，胜保从此便进入了军界。这时，安徽怀庆清军 18000 人被围，皇上命胜保领兵驰援。胜保一去还真大破围兵，为怀庆解围，朝廷给他加都统衔(按:有衔不等于实职，但是清代有衔就有津贴，等于荣誉提拔和加薪)，赏穿黄马褂，赐“霍銮巴图鲁”(智勇的卫士)名号。偏偏这时领兵将领托云保、董占元、乌勒欣泰在安徽封门山、山西洪洞、平阳一带作战，临阵退缩，胜保奋死对敌并取得胜利，被授钦差大臣，督师并节制各路将领，被赐予康熙朝的神雀刀随军，可立斩副将以下贻误战机、军情者。[2]

太平军的军事指导思想的一大弊端是流寇作战，不建立自己的根据地，甚至没有自己的游击区。太平军吉文元部逃跑中侥幸攻占临清，胜保因此被处分，褫职留任。后来与僧格林沁会歼太平军吉文元部，复职并加太子少保荣誉称号。再后来因与太平军李开芳部作战不利，久攻高唐不下，又被褫职调回北京议罪，遣戍新疆为伊犁领队大臣。咸丰六年

[1]《清史稿》,《列传》一九〇，总第 11874 页。

[2]《剿平粤匪方略》卷四四，第 87 页。

（1856）回内地，先在安徽，后咸丰七年帮办河南军务，连战连捷，其中包括击败太平天国后期两位青年统帅英王陈玉成和侍王李世贤。胜保因此复官，复钦差大臣，赏穿黄马褂、赐“巴图鲁”荣誉称号，其弟廉保获罪也被免流放发遣。招降捻军首领李兆受（后来改名李世忠）和宋景诗，各自成一军。[1]

咸丰十一年（1861）七月，咸丰皇帝崩逝，八大臣辅政。胜保素与载垣、端华、肃顺不睦。三人认为胜保“睢言无忌，无人臣之仪，似应革职永不叙用”，而胜保认为他们“巧言令色，以阿谀为能，文不能以治国，武不能以安邦”，是朝堂无用之物。[2]胜保与新朝辅政“三巨头”关系如此紧张，却因麾下统兵万余，颇为“督办和局”的恭亲王奕䜣所器重。胜保也正有意攀附奕䜣，遂破釜沉舟，上疏奏请“皇太后权理朝政，另简近支亲王辅政”，成为辛酉政变名副其实的马前卒。政变成功后，授镶黄旗满洲都统，兼正蓝旗护军统领。

同治元年（1862），受胜保招安的原捻军起义首领苗沛霖拥兵自重，不听朝廷调遣，诱擒太平军英王陈玉成，不直接交朝廷而交胜保。朝廷令将陈玉成押解北京。这时，奉陈玉成之命西征的太平军扶王陈得才和遵王赖文光闻讯后欲于河南“拦夺囚车”。胜保担心押解途中生变，便于河南延津西教场诛杀陈玉成。朝廷甚为不满。对此，时人说，“胜保得陈玉成美妾二人，携国色于营中，诚恐为朝廷侦知，故立予杀之”[3]。胜保奉命入陕扑灭回民起义，为东路将军，遂调苗沛霖入陕。朝廷恐苗沛霖当初归降有诈，与回民合力反抗朝廷，力阻苗军入陕。胜保不听。恰在此时，光禄寺卿潘祖荫、钦差大臣督办安徽军务的袁甲三、西路将军多隆阿等素与胜保不睦者，奏劾胜保“骄纵贪淫，冒饷纳贿，拥兵纵寇，欺罔贻误”[4]。朝廷遂密嘱僧格林沁会同山西巡抚英桂、西安副都统德兴阿密察胜保行状。[5]经僧格林沁查报，胜保“任性骄纵，滥耗军饷”，“抽厘肥

[1]《清史稿》，《列传》一九〇，总第 11876 页。

[2]（清）平步青：《霞外攟屑》下卷，“端肃之变”，第 43 页。（清）夏炘：《闻见一隅录 · 日下录》。

[3]（清）陈汝恭：《句溪杂著续录》卷五，“光绪戊子”，广雅书局刊。

[4]《清史稿》，《列传》一九〇，总第 11873-11879 页。

[5]《清史稿》，《列传》一九〇，总第 11876 页。

已”，“讳败为胜，捏报大捷”，“携妓随营”等。[1] 朝廷遂密诏“剿回（回民起义）西路将军”多隆阿率军入陕，诱捕胜保，“褫职逮京，交刑部治罪，籍没其家”。[2] 其实，胜保授人以柄，源于其待人严苛，词锋逼人。胜保为官之初即被人诟病，任内阁学士时皇上便有此感受。外放领兵之后，咸丰随时都在考查他。

咸丰六年（1856）十月，一次官员引见，皇上问新任甘肃布政使张集馨："汝在胜保营几年？"对曰："不足三年。"上曰："胜保打仗如何？对曰："奋不顾身，极为勇往，调度亦尚合机宜。"上曰："人言胜保不恤士卒，有否？"对曰："不至不恤，但御兵甚严，军中不能无怨。胜保每督队时，及至撤队回营，按名严惩，甚有按军法从事者。白刃在前，谁肯向死，其尚严亦非得已也。"上曰："胜保待人倨傲，虽提、镇、都统不予坐位。有否？"对曰："有之。军中皆住帐房，胜保系主将，帐中只有一座，旁有小座数位，如偶然入帐回话，及传令进兵等事，不暇延坐；若计议军务，工夫太久，也还令坐。且军营规矩，由小将而保至提、镇、都统者，虽品秩相同，从不敢分庭抗礼，所以然者，无以示威，则军令不肃；若新来提、镇、都统，胜保亦不能如此。"上曰："胜保有人说唐花（牡丹）满屋，娇童林立，有否？"对曰："山东冬日并无唐花，虽省城亦无花窖，且住居帐房，仅堪容膝，即有唐花，无处可摆；至胜保只有管稿案家人二三名，皆以年长，其余在帐使令，皆系末弁兵丁，未见其有娇童。"上曰："汝为胜保做过折子否？"对曰："在独流（镇）时，因文案委员来不及，胜保令臣作过请饷折片，未曾作过正折。"[3]

从咸丰与张集馨这番对话，可以得出四点认识：其一，早在咸丰六年（1856）已有构陷胜保罪状者。其二，张集馨的话说得很实在，已把对胜保的诬陷之词一一化解。其三，战乱年代，胜保领兵多打胜仗，难免因超擢而遭妒忌。其四，胜保不善反躬自省，亦无高明幕宾，尤其把握不好与太平军、捻军归降将领的关系。这些人多属义气之士，给朝廷以皆听命胜保、

[1]《清史稿》,《列传》一九〇，总第 11876 页。

[2]《清史稿》,《列传》一九〇，总第 11876 页。

[3]（清）张集馨：《道咸宦海见闻录》，第 183 页，中华书局，1981 年。

却不服朝廷的口实。这正是满族上层保守势力欲诛杀胜保的主要原因。

同治二年（1863），慈禧令王大臣会审胜保。胜保只承认有“携妾随营”之过。清代官制，军务官员及外放任职官员不得携眷在营或行辕。实际上，较多官员都有家眷在侧，只要朝廷欲论罪过，便是违犯禁令。因此胜保被指出“携妓随营”，实因多隆阿有扳倒胜保之意。但是有上谕称：（胜保）贪污欺罔，天下共知，苗沛霖已戕官踞城，宋景诗（叛捻军投降胜保的将领）反复背叛，皆其养痈贻患，不得谓无挟制朝廷之意。念其战功足录，从宽赐自尽，并逮其从官论罪有差。”[1] 在胜保被捕审理期间，苗沛霖、宋景诗皆作出忠于胜保的姿态，纷纷表示如论“克帅（按：胜保字克斋，人称克帅）无衍，吾等皆诚心归顺；如诬克帅有罪，吾等皆另有别论”。朝廷不予理睬。原投诚胜保的捻军首领李世忠，已升至提督，愿以自己罢官为胜保赎罪，请求朝廷开释胜保。朝廷不允。御史吴台寿疏言：“胜保有克敌御侮之功，无失地丧师之罪，请求从宽免死。”结果因为吴台寿的哥哥在胜保军中为副将，朝廷以党附罪名罢免吴台寿。[2]

这位辛酉政变的马前卒，与雍正朝的年羹尧、隆科多一样，因拥戴而居功，难逃可悲下场。政治斗争是无情的，该出手时便出手。慈禧不用说，处治胜保的上谕是她下的。恭亲王奕䜣也可以保他不死，但是，保他不正说明当初利用胜保向八大臣发难的阴谋吗？悠悠众口如何收得住！

[1]《清史稿》，《列传》一九〇，总第11873-11879页。

[2]（清）印鸾章：《清鉴》卷一二，第661页。

钱维城画弘历避暑山庄后三十六景诗意册——丽正门

彼岍同登

两太后与八大臣在避暑山庄六次交锋

咸丰皇帝病逝前夕，已经确定了由八位王大臣辅佐嗣皇帝统治国家的基本政权格局。自皇上病逝后第二天开始，嗣皇帝的生母叶赫那拉氏便不断向皇后进言，“家事、国事岂容他人（八大臣）染指掌控？”“视眼前载（垣）、端（华）、肃（顺）之嚣张，他日我等及皇上难保不被伊等控抑，何谈平安！”[1]危言耸听，先说服皇后钮钴禄氏并取得认可后，再联手嗣皇帝六叔恭亲王，在承德避暑山庄策划夺权政变。

在政变处于策划阶段，政变者虽然紧锣密鼓地准备，却只能蛰伏暗处。八大臣难辨其真面目，无疑对政变者是有利的。而八大臣这个政治集团却始终居于明处，应该说是被动的、不利的。国事由谁决断？八大臣凭“钦命辅政”自然当仁不让，而皇后与懿贵妃凭“御赏”、“同道堂”两方印玺，自然要代皇帝朱批而决策。这是双方矛盾的焦点，斗争是无法避免的。只有通过这种斗争与交锋，才使两个集团的政治分野、政治意图日渐明晰。

有人会说，咸丰尸骨未寒，叶赫那拉氏便策划政变，改变自己丈夫的临终遗诏，岂不是一个不讲人情的女子！其实在古代帝王与后妃之间，有纯真感情者并不多见。在清代，乾隆皇帝与孝贤皇后富察氏的感情颇为深厚，是因为富察氏不争不妒，生活节俭，以妇德为表率，统摄后宫。乾隆十三年（1748）当富察氏死亡时，皇上写《述悲赋》为悼亡词，就算是十分难得了吧。为什么皇帝与后妃之间难以有真实感情呢？原因在于皇帝妻妾过多。妻妾们为切身利益拼命巴结皇上，皇上则游戏于众女人之间，难以结成真实感情。就是唐代的杨玉环，“一朝选在君王侧，从此君王不早朝”，那也不过是李隆基贪恋女色而已。安史之乱，玄宗逃到马嵬坡，军兵生事，唐玄宗照样看着士兵把杨玉环吊死，还说是为江山社稷舍弃女人。难道一个皇帝救不下一个女子？同样道理，女人又何必遵从死去皇帝的遗诏，而不可以有自己的打算？正是在这样的心态下，19 世纪 60 年代初的叶赫那拉氏，趁咸丰尸骨未寒的有利时机，擦干眼泪，冲上夺权斗争的一线。

叶赫那拉氏在避暑山庄策划辛酉政变，前后共 66 天，即从咸丰皇帝死日（七月十七日）至九月二十三日（咸丰梓宫及嗣皇帝、皇太后、太妃并诸王、大臣等一行启程返回北京）。在这 66 天中，以叶赫那拉氏为首的皇太后和以

[1] 胡思敬：《驴背集》卷四。

肃顺为首的辅政八大臣之间，在避暑山庄有过六次权利之争，其中有三次算得上是激烈交锋。

第一次是嗣皇帝即位仪式，没有让叶赫那拉氏参加。根据国不可以一日无君的封建传统，咸丰皇帝七月十七日晨6时驾崩；待大行皇帝（清代称刚刚死去的皇帝为“大行皇帝”，似乎这位皇帝大驾远行去了，从此不再回来）殓仪完毕后，辰末时分（上午11时）便在避暑山庄皇朝正殿澹泊敬诚殿举行了简单的即位仪式，宣布由六岁的载淳即皇帝位，以明年（1862）为祺祥元年。嗣皇帝需要端坐于澹泊敬诚殿紫檀地坪宝座上，接受众官员叩拜。但是，由于小皇帝害怕，不敢独坐，不论怎么哄劝就是不行，最后决定让皇后钮钴禄氏将小皇帝抱在怀里接受朝拜。〔图11-1〕

皇后最初想让懿贵妃抱嗣皇帝接受叩拜，载垣十分严肃地表示：“那可是坏了朝纲规矩。皇后是母后，非皇后不可。”正因如此，仪式竟没让懿贵妃到场。皇后坚持说：“懿贵妃是皇帝生母，要同时册封皇太后的，怎么可以不到场？这是谁定的规矩？若不再加一份宝座，我与懿贵妃并坐。”皇后真是大度之人，从不想突出自己。要说规矩，还真没有前例可循。明代穆宗死，神宗十岁继位，有两位皇太后，也没用人抱着。

这时肃顺疾言厉色地说道：“本朝、前朝都无规矩可循，自此即为规矩。然懿贵妃身份决无此资格，请皇后不要再为难臣下。”[1] 于是，皇太子载淳通过这样的仪式成为了嗣皇帝。

对于这件事，叶赫那拉氏心中十分不悦：既然没规矩，我参与有何不可！但是，叶赫那拉氏也找不出载垣、肃顺错在哪里。叶赫那拉氏心下自忖：莫不如泰然处之，以观其后。不过，这件事却让叶赫那拉氏知道自己在八大臣心目中的位置，也深知八大臣是自己实现政治野心的最大障碍。

八大臣不让叶赫那拉氏参加嗣皇帝即位仪式，无非是想压压叶赫那拉氏的气焰，算是一次冲突。结果是按八大臣的决断行事，八大臣扬眉吐气，叶赫那拉氏的气焰被压低。

第二次交锋是册封皇太后的时间、次序之争。

咸丰皇帝弥留之际册封的皇太子载淳，于七月十七日中午在澹泊敬诚殿

[1]（清）皂保：《星酬集》卷五。

[图11-1] **澹泊敬诚殿，避暑山庄皇朝正殿**

宣布即皇帝位之后，按照大清祖制，先要册封大行皇帝的皇后为母后皇太后。如果嗣皇帝不是皇后所生，另有生身母亲，不论这位母亲原来在后宫是何种品级，都要同时被册封为圣母皇太后。从此，两宫皇太后并尊。〔图 11-2〕

对此，肃顺等八位大臣是知道的，但他们在十七日这天却只册封了皇后钮祜禄氏，故意拖延对懿贵妃叶赫那拉氏的册封，让人觉叶赫那拉氏只是懿贵太妃。皇后钮祜禄氏是一位老实本分的人，一看没有册封叶赫那拉氏，当即指出本朝规矩并追问原因。

肃顺狡辩道："先行册封母后皇太后，请母后皇太后懿旨，即行拟定册文封嗣皇帝生母。" 这样一来，似乎册封懿贵妃须得到母后皇太后同意。从不发火的钮祜禄氏怒斥道："是谁把祖宗规矩改了？同时册封从来没变！赶快拟册文。" [1]

不论怎样，对叶赫那拉氏的册封也得等到明天，这样就比钮祜禄氏晚了一天。这一点在《敬事房日记档》中可以得到证实："七月十七日敬事房首领

[1]（清）皂保：《星酬集》卷五。

[图II-2] 澹泊敬诚殿陈设的前鼎炉

陈胜文传旨：‘钟粹宫皇后晋封皇太后。’”这里指的是钮祜禄氏。因为钮祜禄氏是皇后，在紫禁城内住东六宫第一宫钟粹宫，故称。辛酉政变以后，皇太后垂帘听政，小皇帝载淳住养心殿。钮祜禄氏的主要精力放在抚育载淳和照料其日常饮食起居上，特移住养心殿。这项任务原本应该由叶赫那拉氏承担，但是叶赫那拉氏醉心于理政视事。

在《敬事房日记档》的这条下边又记：“十八日敬事房陈胜文传旨：‘储秀宫懿贵妃晋封皇太后。’”这里指的是叶赫那拉氏。叶赫那拉氏在紫禁城内住西六宫中的储秀宫。叶赫那拉氏长期住在储秀宫，垂帘听政时也不曾变。她曾一度效仿乾隆皇帝居乐寿堂，后来还是搬回储秀宫。自己在此怀胎，在此诞下嗣皇帝，在此赢得辛酉政变胜利，她觉得储秀宫是自己的福地。[1]

其实肃顺等八大臣拖延册封叶赫那拉氏，在于挫一挫叶赫那拉氏的锐气，损其皇太后的威风，以求其少生或者不生事端，将来易于控制。对此，叶赫那拉氏本人不便争执，只能心生愤怒而表面默认。

[1]《清宫热河档案》第16集，第402页。

这次册封之争，同第一次冲突一样，算是肃顺等八大臣胜利。不过，埋下的愤恨种子是要发芽的。

第三次交锋，是如何钤印，即怎样认识和使用“御赏”、“同道堂”印玺，实际是权力大小与归属之争。更确切地说，在咸丰皇帝死后，到嗣皇帝载淳16岁亲政的10年，大清朝的实际权力由谁来执掌？是以载垣、肃顺为核心的八位辅政王大臣还是由以慈禧为主的两宫皇太后？权力之争集中表现在如何使用咸丰皇帝临终前赐予孝贞显皇后和嗣皇帝的两枚印玺。

如何认识、理解和使用两枚印玺，咸丰皇帝弥留之际没有交代明白。当时皇帝病危，人心惶惶，当事者也不可能询问清楚。事到如今皇帝闭眼死去，只有各执一词，凭各自的理解去认识两枚印玺。如此一来，以掌管印玺的慈安和替儿子保管印玺的慈禧为一方，以使用印玺颁发诏谕的八位王大臣为另一方，矛盾是在所难免的。

首先，八大臣依据皇太后不干预朝政的祖宗规制，认为“两宫皇太后只能在（辅政大臣）拟定的诏谕上钤印，不能更易谕旨内容，且章奏不先呈（皇太后）阅览”[1]。即两枚印玺在皇太后手里只是摆设，朝政与皇太后无关。

其次，慈禧则认为，“（八大臣）所拟诏谕与臣工章奏皆须予先呈览，方可启用玺印，以两印代替（皇帝）朱笔”[2]。因此，慈禧认为，要钤盖印玺，皇太后要先看章奏，衡量八大臣所拟诏谕是否妥当。皇太后同意则予钤印，不同意则不钤印。言外之意，两枚印玺的掌管者代行皇帝职权。

历来皇帝亲自书写的诏谕，或由内阁、军机处代拟的诏谕，都由皇帝朱笔亲批。现在皇帝年幼，不能亲写、亲批，才用两枚印玺代替。八大臣说这样就等于皇太后干预朝政，违背祖宗规矩；慈禧说这是大行皇帝授权，不得不如此。

正因为双方各执己见，互不相让，七月十七日颁发的咨文，由于未经皇太后阅览，只得以白片形式下发。所谓“白片”，就是既没有朱批，也没有钤盖印玺的文件。这份白片咨文至今仍保存在中国第一历史档案馆。辅政八大臣不得不在文件末尾缀写附言，说明白片下发的原因：“今因用印不及，先行

[1] 魏元旷：《坚冰志》卷三，第9页。

[2] 魏元旷：《坚冰志》卷三，第10页。

白片，待补印文可也，须致咨者。”[1]

朝廷中枢出现如此尴尬的现象是要贻笑大方的。万不得已，八大臣只得同意，自此以后行文全都预先呈送皇太后阅览，经皇太后同意钤盖印章。这次权力之争说明，咸丰皇帝“并不是把权力全部授予他们（以载垣、端华、肃顺为首的八位王大臣）。由于他们只受权‘赞襄’，所以不能合法地启用通常代替‘朱批’的印玺。他们不得不求助于两位皇太后固有的权力（按：不是固有权力，而是咸丰临终前临时授予的权力）。因为母后的地位能够合法地代表幼主使用御玺”[2]。费正清对这一斗争的分析有一定道理。其实，肃顺等八位王大臣之所以忍让，甚至委曲求全，还是心存“从长计议，待回銮北京，再行计较”[3]的念头。

可见，第三次辅政大臣与两宫皇太后的交锋，慈禧胜利了。应该说，这次权力之争是一次激烈的交锋。

第四次权力交锋，是如何对待、处理都察院山东道监察御史董元醇上递的关于“恭请皇太后权理朝政与另简近支亲王辅政”的条陈之争。

咸丰皇帝在载垣、肃顺等人的怂恿下逃难避暑山庄以后，承德成为当时大清帝国的政治中心。咸丰皇帝病逝以后，围绕在嗣皇帝身边，以载垣、端华、肃顺为首的八位王大臣，已经成为一个被钦命辅政的政治核心。官员的奏疏、各地的奏报，都直接驿递到承德，或者由留守北京的军机大臣文祥转递承德。

与此同时，去年反对皇帝离京逃难的文武大臣，还有未被载垣、肃顺欣赏或招揽到避暑山庄的廷臣，如亲王、郡王中的绵愉等一批宗室亲贵和重要文武大臣贾桢、桂良、周祖培、沈兆霖、文祥、宝鋆、倭仁、胜保、僧格林沁等平日多与恭亲王奕䜣亲密者，等到咸丰一死，实际上已经组成第二个政治集团。而且，这时已经风传，英、法、俄、美等国也表示支持奕䜣集团。[4]早在咸丰十年九月初五日（1860 年 10 月 19 日），法国驻大清国公使葛罗在

[1]《清宫热河档案》第 16 辑，第 436 页。

[2]［美］费正清：《剑桥中国晚清史》上卷，第 459 页，中国社会科学出版社，1985 年。

[3]《清宫遗闻》，“顾命大臣”，第 66 页。

[4] 薛福成：《庸庵笔记》卷三。

给法军统帅孟托邦的信中就曾表示:"传闻清帝已崩,如联军赞成,将以恭王继位。"[1] 这种传言不甚符合实情,增加了肃顺等对奕䜣的忌惮与恐惧,对奕䜣十分有害。

肃顺深知奕䜣政治能量巨大,格外关注奕䜣及与奕䜣关系密切的官员的动态。对于在承德的醇郡王奕譞却并不警惕,因为他认为奕譞不是实心跟随奕䜣的人。正因为如此,他同意由奕譞负责大行皇帝的陵寝事务。同时,也想让奕譞被纷繁的定陵(咸丰陵墓)修建事务缠住,使他无暇参与权力之争。而且,委派奕譞过问陵寝事务,也是表示信任,随之笼络,力求其与叶赫那拉氏的关系疏远。当然,肃顺也知道,奕譞从咸丰九年(1859)娶了慈禧胞妹(时称小叶赫那拉氏)作嫡福晋以后,有可能成为了慈禧的走卒,但是他认为奕譞是不能成大事者。其实,不能成大事还可以当个通信员吧。后来,奕譞回北京,把慈禧急着要见恭亲王的话也捎到了。

八月初一日,恭亲王奕䜣到达承德避暑山庄,经过两宫皇太后召见,与两宫皇太后秘密见面,策划了后来政变的主要事项,包括有关时间、方式、程序和文件等。此后,便有监察御史董元醇的条陈上递。董元醇的条陈深得慈禧之意,但是也深忤八大臣之意。对于如何认识和对待董元醇的条陈,矛盾是不可避免的。自八月十一日至八月十二日,两宫皇太后与八位大臣争执不下,各不相让,经过两次争执之后才告一段落。据王闿运记载,会议是在避暑山庄澹泊敬诚殿举行。第二次是八月十二日,"声震殿陛,天子惊怖,皇帝大哭,遗溺太后身上"[2]。王闿运的记载是真实的。不过,记载最翔实的还是一位化名"守愚道人"的军机处章京。他从避暑山庄捎给北京一位化名为"结一庐主人"的人一封密信,密信中记述的人名、地名、指事多用隐语或宫廷术语。兹引述原文以供欣赏:

千里草[指董元醇。"董"字为千、里、草(艹字头)的组合]上书,初十日未下(董折八日送达两宫皇太后,到十日也没有交代下来怎么办)。要留着看。夸兰达(满语,指奏事处首领太监)下来说西边(指慈禧。慈

[1]《第二次鸦片战争》第2辑,第460页。

[2] 王闿运:《祺祥故事》,《第二次鸦片战争》第2辑,第313页。

禧住寝宫西所）留阅。心台（指怡亲王载垣。“怡”字是竖心加台字的组合）冷笑一声。十一日叫（叫是叫起、召对意，即皇太后以嗣皇帝名义召集赞襄政务八位大臣），见面说写旨（皇太后让写对董折的意见）。下来，叫写明发痛驳（董折交到八大臣处，八大臣让明发谕旨驳斥董元醇）。夫差(“夫差”指军机处吴姓章京吴台朗或吴兆麟。借用春秋时代吴越争霸时的吴王夫差暗指吴姓章京。当时军机处只有两位吴姓章京）拟稿尚平和，麻翁（指八大臣中的焦祐瀛，焦系麻面）另作，诸君大赞（八大臣齐口称赞焦祐瀛拟稿）“是诚何心，尤不可行”等语，原底无之（按：“是诚何心，尤不可行”是焦祐瀛稿中增加的，原吴章京拟稿无此话）。遂缮真递上（按焦祐瀛稿缮写好后上递皇太后），良久未发下，他事皆发下（驳斥稿皇太后很长时间没批下来，而其他事的拟旨都发下来了），并原件亦留（皇太后不仅把驳斥稿留下，同时把董元醇的条陈原件也留下了）。另叫起，耳君怒形于色，约二刻许下来（皇太后再一次召见，端华怒形于色，约两小时回来。“耳君”指郑亲王端华。“郑”字右有耳刀偏旁）。闻见面语颇负气（八大臣们回来，从面色和说话语气看很生气）。仍未发下，云留着明日再说（原稿与驳斥稿仍然没发下来，听说是等到明天再议）。十二日上去，未叫（十二日奏事处太监请旨，皇太后没有召见的意思）。发下早事诸件（皇太后发下来的是董元醇奏折以前的几件事），心台等不开视（怡亲王载垣等八大臣不打开封条阅示批件，意即不办事了）。决意搁车（宫廷用语，意为停止，即全体不办事，以示抗议）。云不定是谁来看（载垣赌气说，不知道谁看阅这些批件呢！意思是我们不看）。日将中，上不得已，将折及拟旨发下照抄（到中午，皇太后不得已将董元醇奏折原件及驳斥稿发下，让照抄颁示）。始照常办事，言笑如初（八大臣见皇太后把董元醇奏折及驳斥稿批下来，才开始正常办事，谈笑如常）。如二四（“二四”为八，即指八大臣）者，可谓浑蛋矣。夫今日之事，必不得已，仍是垂帘（为什么说他们是糊涂蛋呢？就今天这事，八大臣是挡不住的，将来仍然是得皇太后垂帘听政）。温公（司马光）、魏公（韩琦）不能禁止垂帘，诸公竟欲加而上之矣（当年宋代司马光、韩琦禁止不了高太后临朝听政，众官一看立即上奏劝皇太后临朝），可以远祸，可以求安（这样可以远离祸患，可保平安）。必欲独揽其权，是诚何心（八大臣非得要揽权，是什么居心呢）！鄙意如不发下，将此遮掩了，诸君之祸尚浅（据我个人看法，董折及八大臣驳斥诏要留在皇太后那里，等于把事遮掩过去，他们的祸患还小点）。固请不发，搁车之后，不得已而发下，何以善其后耶（八大臣这一罢工对抗，皇太后不得已就得把董元醇奏折及驳斥诏发下来。这样逼迫皇太后，他们怎么会有好结局呢）！此诸君所不知，旁人知之（八大臣当局者迷，但旁观者清）。不必为伊言，言亦不见听，徒觉多事耳（不必劝他们。他们不见得听，还认为你多事）。昔人云，霍氏之祸，萌于骖乘（古人说，汉代霍光在昭帝、宣帝两朝都是大司马、大将军，后来遭灭族之祸，就是因为太高傲跋扈，居功坐两匹马拉的车。只有皇帝才乘双马之车）。吾谓诸公之祸，肇于搁车矣（我认为八大臣遭殃，是始于罢工）。高明（收信人结一庐主人，即清史中的朱修伯，也是一位军机章京，留守在北京）以为何如？克帅（胜保）昨发一报，马递，不卜何事（克帅昨天递送一封信到热河，内容不明。因为胜保是军事高官，其信函称报，不称折、函）。今日已散，尚未发下（今日已经散朝，胜保的信却没有发下交办）。此公十五日到，不卜如何措施（胜保信到之后人也到了，不知是干什么）。在城想见着邸堂，一切自己尽悉（我想，你在宫里容易见到恭亲王，恭亲王见信后就会明白）。事贵求全，要亦未可冒失耳（办事情都希望周全，切不可冒失，安全要紧啊）。

闻西边执不肯下，是要临朝（慈禧执意不肯把董元醇奏折和八大臣驳斥诏发下来，这次又把胜保的奏报留下，看来是决心临朝听政了）。后来东边转弯（慈安见慈禧与八大臣僵持不下，转变态度，让把董元醇奏折与驳斥诏发下）。虽未卜其意云何，大约是姑且将就（虽然不知道究竟是什么意思，大约是暂时打破僵局而已，并不是真正退让，放弃临朝）。果如此行，吾不知死所矣（果然如我所猜想，那我可该死了，因为我能猜透皇太后的意思）。噫！

邸堂前未另禀，乞代呈阅（面前上述内容没有在禀报，求你代呈给恭亲王阅）。进城后，须打主意，未可听人舞弄也（进宫后，要有自己的主见，别被别人愚弄）。[1]

[1]《热和密札》第四札，《近代史资料》总第36号，第5页。

从化名“守愚道人”的军机章京写给化名“结一庐主人”的密信，可以知道，写信人与收信人都脚踩两只船，与政变双方都可以进言，足见人事复杂。在权力斗争形势不明朗之时，二人尚不知皇太后与奕䜣结盟的秘密，故谨慎处事。

对董元醇关于“奏请皇太后亲理大政并另简近支亲王辅政”条陈如何处理的争执，在其他史籍中的记载也颇精彩。有的说第二次召见（八月十二日）耗时二时许，“见面大争”。杜翰对皇太后“尤肆挺撞，有‘若听信人言，臣不能奉命’之言”，直把皇太后“气得手颤”。[1] 还有人说“及董御史疏上，三人纠党愤争，声震殿陛。天子惊怖，至于啼泣，遗溺后衣”[2]（等到董元醇的条陈报上来，载垣、端华、肃顺三人合力拼争，高声喧嚷，震动澹泊敬诚大殿。小皇帝吓得大哭，尿湿了皇太后的衣服）。总之，两宫皇太后与赞襄政务大臣的第四次权力交锋，由于八大臣以罢工相要挟，皇太后让步，盖印发诏谕，批驳董元醇。看来这次是八大臣胜利了。但是，须知慈安、慈禧毕竟是在避暑山庄的弱女子，恐怕逼急八大臣而生出变故。这时的山庄是八大臣主宰的生存空间。同时，两宫太后何尝又不是想适当地麻痹一下对方。〔图 11-3〕

第五次交锋是关于对御史董元醇是否定罪之争。

由于八大臣搁车抗议，皇太后与八大臣之间的第四次交锋是以皇太后让步，由八大臣拟旨明发诏谕申斥董元醇为结局。双方这次交锋无疑是一次十分激烈的斗争。圣旨申斥应该说是容易的事情。为了杀一儆百，载垣、端华、肃顺便明确提出要给董元醇定罪，拟定罪名是“抗违遗诏，犯谋逆罪”，必杀。皇太后当然不能同意，双方再次陷入僵局。八大臣觉得上一次已经采用搁车的办法对抗皇太后，不能再用，遂决定以辞官相要挟。于是八大臣一起脱去官衣，摘下官帽，似有愤然离去之态。慈禧皇太后心里明白，八大臣此举只是新一轮的要挟而已，并非真心辞官回家，但还是有情急生变之虞。为稳妥起见，不致在孤独无援的塞外，在八大臣的势力之下惹出麻烦，功亏一篑，慈禧决定采取麻痹战术，先逢迎对手，以好言相劝。慈禧十分诚恳地表示：“予非有他意，唯以建言罪人有乖治道。至垂帘非祖制，微尔等言，我亦

[1]《热河密札》第四札，第 3 页。

[2] 黄濬：《花随人圣庵摭忆补篇》，第 2 页。

知之。元醇（按：称‘元醇’，多么亲切的口吻）所奏不妨斥驳，而上新即位似不宜遽罪谏官，以遏言路。”[1]

慈禧所言的大义是，觉得惩处提建议者有点不合乎治国之道。因为朝廷设置御史这种谏官，就是专门让他们提意见的。至于他提出让皇太后垂帘听政的建议，不是祖宗定下的规矩，这我知道。微不足道的小人物之言，不足挂齿，不必当真，当然董元醇的言论应该驳斥。嗣皇帝刚刚即位，处在广纳建言之时，不宜立即处罚言官，那样岂不堵塞了提意见的途径，打击了提建议人的积极性?

慈禧的这番解释十分精彩，让八大臣无话可说。八大臣不管心中如何打算，暂时只得听从皇太后的意见。所以，营造政变舆论的马前卒，历来以言官御史为首选。他们说出违逆的话来可以免遭重惩，甚至可以不加怪罪，但是其作用却不能低估，甚至可以被主使者利用，对众人的思维与行为趋势产生不容低估的引导效果。这样，双方的第五次交锋便以皇太后的意愿收场，而辅政八大臣也颇认可。当然这次争执也不能不说是一次激烈交锋，是皇太后获得胜利，不过八大臣还以为他们以辞官相要挟取得了胜利。其实如果稍具政治斗争经验的话，八大臣应该警醒，或放弃大行皇帝授权的赞襄政务，缴械投降，或者在避暑山庄采取果断措施，找借口处置两宫皇太后。他们忽略了政治斗争的残酷性，忘记了时不我待的道理。

第六次权力交锋，是关于什么时间返回北京的争执。

按清代规制，为皇帝戴孝守丧的时间是 27 天。到八月末，咸丰皇帝的丧期已过 27 日，可以考虑回銮北京了。恰在这时，北京的恭亲王向慈禧传来消息：政变准备就绪，只待动手。

消息是怎么传来的呢？遵化定陵的构建总负责人醇郡王奕譞，可以奏报定陵事项的名义往来于遵化、热河之间，途中可以密去北京。如此，北京的奕䜣也可以派人捎信给奕譞带回避暑山庄。奕譞回来向两宫皇太后及八大臣汇报，实际主要目的是报告政变已准备就绪。按慈禧与奕䜣当初的策划，是把八大臣中载垣、端华、肃顺三人分开，利用回銮北京的时机突然袭击，分别抓捕。特别是赞襄政务八大臣中的核心人物肃顺，要单独抓捕。机不可失，

[1] 费行简：《慈禧传信录》，第 6 页。类似此载见《花随人圣庵摭忆补篇》，第 6-7 页

恐夜长梦多，慈禧向八大臣提出九月二十三日回銮北京，分两拨从避暑山庄动身。

肃顺等使皇太后与恭亲王奕䜣之间隔断消息，难于相互联系，唯一的办法就是拖延回銮时间，使皇太后较长时间滞留避暑山庄，使奕䜣孤身在北京。为阻挠皇太后回銮，肃顺等人借口“皇上冲龄，京师酷暑未消，宜待秋后回銮不迟，且北京亦无准备，如何回銮！”[1] 慈安听后不温不火地表示：“月初六王爷已招呼文煜（直隶总督）回銮予备车辆，回銮何难！”[2] 肃顺深知回銮决非小事，需要深思熟虑，便又称：“皇上一孺子耳，京师何等空虚，如必欲回銮，臣等不敢赞一词。”[3]

肃顺等八大臣先是说皇帝年幼，北京八九月份天气仍然燥热，还是等到过了秋天再回銮为好，何况北京还没有准备！然后又吓唬妇女小孩说，北京军力空虚，英、法军队刚刚撤走，实在要回北京，我们不敢赞成。

慈禧一听，深知肃顺等人忌惮面对以恭亲王奕䜣为首的留守北京诸大臣，害怕回京发生事变，遂怒气不打一处来，大声斥责：“释服之日已满过数日，诸事皆需备办，（关）内外两端不便，尔大臣不是不知。如此阻止回銮，真不知诸大臣有何居心！”[4] 另在费行简《慈禧传信录》中也有类似记录。慈禧最后气愤地说：“回京后倘有意外，不与尔诸大臣相干！”[5] 两宫皇太后的说明与斥责不是没有道理：当初怂恿皇上逃至热河就不应该。咸丰死前阻挠回銮，现在继续拖延回京，造成关内、关外联系不便，怎么办事！话说到这个份上，肃顺等八大臣自然是没有理由反驳的，何况迟早是要回銮北京的，总不能把承德改为都城吧，就按皇太后意思办吧！

于是慈禧作出强制性安排：“肃顺与先帝知遇，着奉先帝梓宫而行，九月二十三日发引。嗣皇帝与两宫皇太后送辞大行皇帝灵榇，即从间道回銮，以怡、郑两亲王，景寿、穆荫扈从。”两宫皇太后经过深思熟虑下的懿旨，八位王大臣是无法拒绝的。肃顺在咸丰活着的时候得到其知遇之恩，理应护送大

[1]（清）皂保：《星酬集》卷五。

[2]《清代档案资料丛编》第1辑，《辛酉政变》，第44页。

[3]《清代档案资料丛编》第1辑，《辛酉政变》，第44页。

[4]《清代档案史料丛编》第1辑，《辛酉政变》，第45页。

[5] 费行简：《慈禧传信录》，第7页。

行皇帝的棺椁回北京。小皇帝和两宫皇太后送走大行皇帝灵车之后也启程，另从简便近道回京，可先于大行皇帝灵车到北京，以便迎接灵车。这也是十分自然而有道理的事情。跟随小皇帝和两宫皇太后的是八大臣中的四员：怡亲王载垣、郑亲王端华、额驸景寿、兵部尚书穆荫。

按传统礼制考量，护送先帝灵车的人是皇帝最亲近的人，是至尊至贵者。肃顺听到慈禧的懿旨颇为高兴，觉得自己即有面子，又可在北京的众朝臣面前逞逞威风，而且有载垣和端华等在慈禧身边监视，足可放心，遂表示钦遵懿旨而行。他却不知自己和载垣、端华两人分开，恰可被各个击破，分别抓捕。

这是两宫皇太后与赞襄政务八大臣在避暑山庄的第六次交锋，也是在热河最后一个回合的斗争，以肃顺等八大臣高兴地遵从皇太后懿旨告一段落。

王闿运（1833–1916），字壬秋，别字壬父，晚年称湘绮先生。生于长沙，祖籍湖南湘潭。一生苦读，寒暑不辍，史称“昕所习者，不成诵不食；夕所诵者，不得解不寝”[1]。咸丰三年（1853）19岁府考秀才，七年乡试中第五名举人，循例欲以科甲谋取进身，后因时运多舛，竟屡试不第，至中年遂绝科考之念，求经世致用之学。咸丰九年在北京参加会试不中之后，因“湘中五子”之名受协办大学士、尚书肃顺赏识，欲出资为其捐官。王闿运耻于捐纳，又不肯小就僚吏，暂栖身肃顺府。“肃顺奉之若师保，军事多咨而后行。”左宗棠受官文、樊燮诬告险遭不测，肃顺便是依从王闿运之良策解左宗棠之危[2]。从此，王闿运更为肃顺所器重。

太平军起义后，王闿运曾三次向曾国藩上书谈军事，与曾国藩、胡林翼、彭玉麟等湘军将帅关系密切，但是曾国藩多未听信其言。据杨度回忆录记载，王闿运曾一度劝说曾国藩联合太平军共同反清，但曾国藩未予理会。[3]其济世之志虽未得伸张，却长期与地方督抚、提镇军政大吏接触，除湘军主要人物外，更有山东巡抚崇恩、川陕总督丁宝桢、江西

[1]《清史稿》，《列传》二六九，总第13300页。

[2]《清史稿》，《列传》二六九，总第13300-13301页。

[3] 梁启超：《饮冰室诗话》卷八六。

巡抚夏时、湖南巡抚岑春萱等。

史称，王闿运“自负奇才，所如多不合，乃退息无复用世之志，唯出所学以教后进”[1]，先后在山东学馆、四川尊经书院、长沙思贤讲舍、衡阳船山书院、江西高等学堂任主讲、教习、总教习等。清亡后，一度任国史馆馆长。王闿运精通诸经，潜心著述，宏富博广，其门下弟子著名者有杨锐、刘光第、杨度、宋育仁、陈锐、易顺鼎、齐白石等。同治六年（1867）应曾国荃之请为湘军撰写史志，书成十六卷，名为《湘军志》。书中撰写的史事真实直白，不仅贬斥了太平军的兴起与覆灭，也如实叙写了湘军的艰难历程。令湘军将帅十分不满的是，他如实撰写了湘军内部派系及湘军、八旗军之间的矛盾，特别是记曾国藩屡败屡战的“功绩”及欲投水自尽的“英勇”，军官攻城敛财与将帅营中召妓等。湘军后期曾国荃对江宁（南京）久攻不下，后因太平军上层腐败、军心涣散才侥幸破城，并纵兵焚掠三日，等等。

王闿运的《湘军志》一经出版，被认为是对湘军诋毁，遭到以曾国荃为首的各湘军将帅的反对与恫吓，竟危及其人身安全。王闿运只得交出该书原版。[2]曾国荃为消除影响，另请幕僚王安定重撰《湘军志》，不过是回避矛盾的阿谀之作。两部《湘军志》泾渭共存，不仅传达了当年的历史信息，也令人看到王闿运狷直求真的性格。[3]

王闿运留京期间正是辛酉政变前夕，由于他恃才傲物，不肯接受肃顺周济，才没有被肃顺牵连。王闿运对辛酉政变及肃顺的文字记载是可信的历史资料。

[1]《清史稿》,《列传》二六九，总第13300页。

[2]《郭嵩焘诗文集》卷三“罪言存略”小引，第36页，岳麓书社，1984年。

[3] 徐一士：《王闿运与湘军志》，载《湘军志》附录。

京承两地间密谋政变何其艰难

辛酉政变的三个主要角色是慈禧、肃顺和奕䜣。

慈禧是嗣皇帝的生母，具有别人无法企及的优势。封建时代是一个官本位的时代，官场上有一个潜规则是烧冷灶，当预测到某人官运有上升趋势时，便提前与之结交。用今天的话说，先作情感投资，一待升迁成功，则可换得丰厚回报。嗣皇帝十年以后自然要亲政，慈禧自然是当时最大的冷灶，而且，本人又狡黠多谋，是辛酉政变的主谋、发起者。

肃顺和载垣、端华有大行皇帝遗诏授命辅政的招牌，应该说是眼前的热灶。当初咸丰在世时可以呼风唤雨，如今虽然受命辅政，形势却已有变化，热灶不知能否长久。一切都有待于自己把握及与另五个人的合作，再拉咸丰虎皮很难做成大旗。

奕䜣 11 年前以有才干的皇子身份晋皇太子不成，却赢得了内外朝臣的同情，咸丰朝的怀才不遇又赢得同情。现在辅政无望，朝臣不仅同情，有些已经愤愤不平。偏偏奕䜣的对手是载垣、端华、肃顺，一个个飞扬跋扈的神态和奕䜣礼贤下士的态度形成鲜明对照，这对奕䜣来说无疑是有利的。于是大批有胆有识的朝臣向奕䜣靠拢，并以他为核心形成一股颇具影响的政治力量。

慈禧与奕䜣结盟意味着辛酉政变进入具体实施阶段，预示肃顺等八大臣的热灶随时可能冷却。实施阴谋政变需要掌握情报并分析，需要沟通与商议，需要预谋与决策。然而两宫皇太后滞留塞外，分身乏术，如何与北京的奕䜣联系？特别是有关政变关键内容的沟通：舆论准备、步骤形式、文件草拟、动手时间、执行人选、应急力量与手段等。搞政变真不是一件容易的事情。避暑山庄是被封闭的地区，由肃顺主宰。他既是总管内务府大臣，又兼任行营步军统领，是咸丰在世时任命的，拥军兵近 2000 人。

据《蕉廊脞录》记载，“恭邸八月初一日至热河，值殿叩谒梓宫，伏地大恸，声彻殿陛，闻者无不下泪。祭毕，太后召见恭邸，请于内廷偕见，不许。遂独对，一时许方出。宫灯辈颇有惧心”[1]。

这段记载是可信的，因为《蕉廊脞录》作者吴庆坻是军机处章京吴台朗族弟，与吴台朗私交甚密，而吴台朗当时正在避暑山庄。“恭邸”是指奕䜣，“宫灯”是指肃顺。八月初一日奕䜣获准到避暑山庄吊唁皇兄。梓宫停在避暑

[1] 吴庆坻：《蕉廊脞录》，第 49 页。

山庄前宫四知书屋，殿前搭设芦席棚。奕䜣伏地大哭，闻者落泪。祭毕之后被皇太后召见。其中提到“请于内廷偕见，不许”。“内廷”是指后寝，“偕见”即不只二人。如何认识这句话呢？许多引用吴庆坻此处记载的学者，认为记录不清。实际是肃顺只许慈安一人召见奕䜣，不许慈安和慈禧相见。另外，想到后宫见面，不在前朝，亦不许。没办法，只能在澹泊敬诚殿前东朝房单独召见，称“独对”，一个小时后离开。说明肃顺等人对慈禧、奕䜣是有提防之心的。实际上，八大臣本意是不准奕䜣到热河吊唁，称“王爷留守北京事关重大，怎可须臾离开”，“在京办理一切事宜，无庸前赴行在”。“行在”是指皇帝临时驻跸所避暑山庄。[1]奕䜣到热河成行，是两宫皇太后的强制要求，专发懿旨，八大臣不得不同意。咸丰的兄弟除奕䜣外不是已在热河，就是来过热河吊唁，唯独不让奕䜣到避暑山庄是说不过去的。从吴庆坻的记载可知，辛酉政变的策划是多么困难。由于慈安皇太后老实、木讷，关于政变谋划，与奕䜣的对话只能商量一个大概。奕䜣主要是让慈安转告慈禧联系方式，利用在热河的有限时间躲过监视，再与两宫皇太后秘密见面。秘密见面是必须的，也是必然的，因为政变的关键内容需要商量，步骤需要统一，时间需要确定，不是通信所能完成的。

历史上对奕䜣与皇太后见面方式、沟通途径的传说、记载不一，主要存在以下三种认识。

第一种是密信传递情报。认为恭亲王虽然被皇太后召见，但有人在场监视，没有机会面商大计，策划政变只能靠密信。

那么信息怎么传递呢？

其一，借内务府御膳房回北京采买甘、鲜果品、蔬菜等的机会带信。须知总管内务府大臣是肃顺，似乎不大容易。[2]

其二，据承德地方耆旧传讲，以责打慈禧心腹太监安德海，并发遣回北京作殿堂清扫苦役为借口，从坦坦荡荡门出避暑山庄传递信息。[3]太监也是归总管内务府管理，不单纯是后妃决定处罚，且《热河密札》未见记录，似

[1]《清代档案史料丛编》第1辑，《辛酉政变》，第84页。

[2]（清）李威：《岭云轩琐记》卷四，同治五年姚氏刻本。

[3]（清）皂保：《星酬集》卷三，民国十三年石印斋刻本。

乎不太可能。而且，安德海被遣送，有去无回，无法往来传信。

另在《慈禧外纪》中有相似记载，“太后有一太监名安德海，最为信任，每日遞信于恭王，能直达都中无碍者，皆安之力也”[1]。所记“每日遞信”是不可能的。内监偶尔偷偷溜出宫外或有可能，天天出宫是绝对办不到的事情，何况热河、北京相距200余公里，往来非止一日。这条记载纯属外国人不明内里，凭猜想记述。

其三，靠醇郡王奕譞传递信息。他是随咸丰逃难到热河的王爷之一，曾一度负责大行皇帝陵寝工程，往来于承德与遵化（清东陵所在地。咸丰定陵即建在遵化马兰峪），又是慈禧妹夫，间接从遵化捎信去北京和从遵化带信回承德是有可能的，但不会是唯一通信渠道。[2]

《祺祥故事》记载，“（醇郡）王既对，孝贞（慈安）诉如前，醇王言‘此非恭王不办（办这个事非恭王莫属）’。后（慈禧）即令往召恭王。醇王受命，驰还京，三日与恭王至（避暑山庄）”[3]。引文中称“三日与恭王至”，是指路上走三天到避暑山庄，并非说初三日到热河。应该说这是一次准确传递消息的机会。

其四，醇郡王嫡福晋叶赫那拉氏传递信息。福晋与醇郡王奕譞同时随咸丰北狩热河，居于承德酒仙庙。酒仙庙与承德驿馆一墙之隔。福晋不被肃顺等人监视，曾多次往返于承德、北京之间，可乘机往来带信。另外，奕䜣到避暑山庄吊唁，下榻于承德驿馆，亦可寻机与奕譞交换信息。[4]

另据恽宝惠记载，“盖西后之密谋，另有内线在。稽之醇王家谱，醇郡王奕譞，系于咸丰九年奉旨指婚，以叶赫那拉氏为福晋，则西后之胞妹也。西后于咸丰六年生穆宗（同治皇帝），是为皇长子，宠遇日隆，其妹遂得指配，并于翌年三月即生一女。同年八月，奕譞随文宗北行。时洋兵已逼近京城，其福晋当在偕行之列。内廷私觌，事所恒有，出入宫闱，带信至便，亦不致惹人疑忌。其招致奕䜣密谋除肃，自有奕譞在外为之穿线”[5]。恽宝惠的记载

[1] ［英］濮兰德、白克好司：《慈禧外纪》，第26页。
[2]《清宫热河档案》第16辑，《木兰起居注》，第418页。
[3] 王闿运：《祺祥故事》，载《第二次鸦片战争》第2辑，第326页。
[4]（清）皂保：《星酬集》卷五。
[5] 恽宝惠：《关于慈禧太后垂帘听政之因果》，载《晚清宫廷生活见闻》，第71-72页，文史资料出版社。

也是猜测之言。其实相关规矩甚严，不是有亲属关系就可以随意进出避暑山庄的。当然这条路是可行的，但仅限一般信息而已，而且传递也是偶一为之，不能太过频繁用。

其五，据传说，恭王进避暑山庄叩谒咸丰皇帝梓宫以后，时间已到中午，慈禧以小皇帝名义赐叔父王面条一碗，碗底埋有慈禧的懿旨密文。[1]做面条与送面条都是御膳房的职责，不像平民百姓家嫂子为小叔子做一碗面条亲自送过去，这纯属无稽之谈，何况密谋政变何止千言万语。

其六，御前侍卫恒起传信于北京、承德之间。据学者吴相湘研究，"政变前夕，太后因以密旨传侍卫恒起，赍京授慈安弟广科，令其问计于王（恭亲王奕訢），王正久希用事，遂不惜违犯家法及文宗委任辅政禁遏牝朝之旨，欣然同意。适王再奏请赴行在（避暑山庄）谒梓宫，得允，遂即日起程"[2]。

以上是第一种认识，通过密信和口头传话策划政变，其三、四、六无疑是可行的，能通报北京、承德两地的情况，但也仅此而已，决不能商定政变的核心内容。

第二种，也是笔者所认可的，必须是两宫皇太后与奕訢面商，才能保证计划的周密。因此三人在没人监视的情况下，最少要面商两次才足以完成策划，余下便是互通情报。

有关二人面商的途径，日前有两种说法。

其一，八月初一日奕訢到避暑山庄哭祭，慈安皇太后召见以后，奕訢回驿馆休息。据承德地方耆旧传讲，当日戌末（晚 9 时），皇太后佯称心口痛，急传旨请萨满调治，恭亲王趁机化妆成萨满入宫密商。[3]"萨满"是满族祭祀、驱邪、祛病的巫医，通古斯语系各民族几乎都信仰萨满教。萨满向来以女性居多，但奕訢身材瘦削，不高，可夜间扮成女性萨满而不致引人怀疑。

其二，据有关记述，恭亲王哭祭梓宫后被两宫皇太后召见，有载垣、端华、肃顺等八大臣在场。召见是在别殿，吴庆坻在《蕉廊脞录》中称是肃顺干预召见，费行简在《慈禧传信录》中称是杜翰干预召见，大意是：自古有

[1]（清）夏炘：《闻见一隅录》卷二"日下录"，故宫图书馆。

[2] 吴相湘：《晚清宫廷实纪》第 1 辑，第 58 页。

[3]（清）皂保：《星酬集》卷五。

叔嫂不通问之约，何必相见？奕䜣顶撞说，叔嫂原为一家，因何不能叙话？既然见面有碍，何不请你在旁监视！于是八大臣不便干预，遂得密谋机会。

还有的记载更为绘声绘色。“两宫皇太后欲召见恭亲王，三奸力阻之。侍郎杜翰昌（猖）言于众，谓叔嫂当避嫌疑，且先帝宾天，皇太后居丧，尤不宜召见亲王。肃顺拊掌称善曰：‘是真不愧杜文正公之子矣。’然究迫于公论，而太后召见恭亲王之意亦甚决。太监数辈传旨出宫，恭亲王乃请端华同进见，端华目视肃顺，肃顺笑曰：‘老六，汝与两宫叔嫂耳，何必我辈陪哉！’王乃得一人独见”[1]。这段记载应该是真实的记录，杜翰和肃顺的狂妄无忌，奕䜣能忍辱不发，只能说明是在麻痹对方。仅此一次会面，决不能商定全部计划，最少还需有一次面商，奕䜣利用辞行、拜别机会并不困难。

以上是第二种认识。

第三种是，在北京与热河两地的军机章京往来夹带密札，而且被认为“是他们（指慈禧与奕䜣）互通情报的基本方法”[2]。认为“军机大臣和军机章京利用方略馆公家印封，在发公函的同时装进私信便成为热河和北京邮递往返的最佳通道。方略馆的信函传递是保密而且快捷的，通过驿站传递。……可以说，密札代替了密使”[3]。

第三种无疑是承德的军机章京们向北京的奕䜣、文祥传递信息的重要途径，但仅限于一般信息、动态的沟通。信息是客观情况的反映，或夹带一点写信息者的个人评论。传递这类信息，即使被发现，对阴谋政变者也无大碍，传递者风险亦不太大。就《热河密札》现在已知的内容，尚未见政变策划的核心、关键内容（当然，在奕䜣和皇太后手中的密信，有可能阅后被销毁，不在密札之中）。所谓核心、关键内容，是指政变的方案、步骤、时间、手段等决策内容。另外，也未见有关政变者相关语言、行动的记录。也就是说，我们没有看到奕䜣、慈禧如何说，如何做，如何决策的相关内容。从此我们可以得出结论：第三种确是政变前夕，承德、北京间宫廷情况传递通道之一。不过，只限于一般的信息沟通而已。慈禧和奕䜣的决策、安排，政变

⑴ 薛福成：《庸庵笔记》，第 19 页。

⑵ 徐彻：《慈禧大传》，第 120 页。

⑶ 徐彻：《慈禧大传》，第 120 页。

部署，不是靠军机章京们的密信来完成的。只有慈禧、慈安与奕䜣三人会面共同商议，才能完成政变的安排、部署。这个过程和决策，只能在奕䜣到达承德吊唁大行皇帝的六天时间内完成。

《热河密札》留下的有关辛酉政变的信函，基本都是以“密语”或“套格密写法书写”。仅举二例以说明，借以了解150年前那场惊心动魄的宫廷政变中，曾经有过的趣事。

例一，《热河密札》第五札有信函写道：“另拙作一页，乞与加官、通典同一例者阅之。因有关系，可望其借达宫灯也。然万望秘之。”这是咸丰十一年（1861）八月十六日在避暑山庄的奕䜣党人（军机章京）写给在北京的奕䜣的信函，但不直接交给奕䜣。在《热河密札》中有四处提到“宫灯”，据徐彻先生研究，有三处是指奕䜣，另一处是指肃顺。其中的“加官”是指匡源，匡源是肃顺独断超擢者，可谓速成加官晋爵，故称。其中的“通典”是指杜翰，杜翰是进士出身，喜读书，颇通晓历史典籍，故称。全信的内容是：夹带密信一件，让收信者（也是奕䜣党人，乃留在北京的军机章京朱修伯）把密信交给和匡源、杜翰一样的人阅读。匡源、杜翰都是军机大臣，与他们二人一样的人是留在北京的唯一一名军机大臣文祥，亦是奕䜣忠实的同党。此信关系重大，可借文祥之手将信交给奕䜣。收信人千万要注意保密。

例二，《热河密札》第六札一函写道：“家言内另有小函，系弟近作习套语，尚祈投到时透于与可，因中有关键者。”[1] 此信是化名“守墨道人”的军机章京所写，也是奕䜣党人。信中所说“另有小函”，是说在军机处文件中夹带一份情报。“与可”也是指文祥。因为写给奕䜣的密信由文祥转交，故信给文祥与给奕䜣一样可以，遂密称文祥为“与可”。“中有关键”指信内夹带十分重要的情报。

军机处文件汇总封缄，都是由领班军机章京去做。在避暑山庄军机处中，领班者即是曹毓英。此人对密谋辛酉政变贡献很大，因冒险为恭亲王奕䜣传信，曾让投靠肃顺的军机章京“伯克”十分警惕，不时偷查曹毓英信函。曹毓英在密信中的化名是“子建”（历史上的“子建”就是曹植）。其实，政变策划是绝对机密的事情。政变的关键内容和细节，除两宫皇太后和奕䜣、文

[1]《热和密札》，载《近代史资料》总第36号，第10页。

祥外，不可为第五人知道，奕譞也仅知其一而不知其二。那些军机章京只知传递情报、情况，而不知具体阴谋。

辛酉政变策划期间，北京、承德两地的密谋沟通确实艰难而充满风险。正因为政变策划是一个复杂、缜密的过程，信件传递只能是情报沟通的主要形式之一，不能代替策划安排。不论哪种传递消息的方式都有不慎暴露的危险。计划一旦暴露，不仅行动败露，而且授人以柄，会带来毁灭性后果，这是无人不知的道理。因此，政变的主要环节必须在面商中确定，这就是两宫皇太后让奕䜣于八月初一日到承德避暑山庄的重要目的。见面无须多，只要两次即可，甚至一次详谈即可。奕䜣和两宫皇太后寻找见面机会并不困难。奕䜣在热河停留的时间，从《热河密札》和《翁同龢日记》看，是八月初一日至八月初七日（9月5日至9月11日），最少有六天六夜。我们可以很自然地想到，第一次见面的时间是在奕䜣哭祭大行皇帝之后，向皇太后“行礼叙话”，与嗣皇帝见面。这既是叔侄见面，又是君臣朝拜，是正常的礼仪，必然的过程，肃顺等八大臣没有理由阻拦，也无法现场监视。

第二次会面是在前次见面沟通情况后，对政变主要内容由奕䜣或慈禧作出决断或修正。以萨满治病的方式秘密会见极有可能。清皇室萨满都是由上三旗满洲女性充当。康熙、乾隆、嘉庆三朝北巡时，皇室萨满就住在避暑山庄城关门口的开仁寺，召唤十分方便。而且，后宫经常用萨满，皇太后传唤萨满亦无人阻拦，何况还有亲信太监策应。

奕䜣与两宫皇太后如果还计划第三次或第四次会面的话，他们还可以很自然地找到理由，诸如商量大行皇帝陵寝营造的事情，奕䜣返回北京前向嗣皇帝、两宫皇太后辞行。据《热河密札》记载，“八月初六日，见两宫（奕䜣面见两宫皇太后），宫灯（奕䜣）已跪安，日内回京”[1]，说明见面不只一次。此次见面的公开理由是向皇太后辞行。

曹毓英（1806-1867），字琢如，江苏江阴人。道光十七年（1837）拔贡入仕途，初留兵部任七品差事，十九年擢兵部六品主事，选入军机处充章京。幼读兵书战策，每有疏陈布防、纵论军情上奏，辄为皇上嘉许。

[1]《热河密札》，载《近代史资料》总第36号，第5页。

曾言“军旅大事，患在信任不专，事权不一。古来良将，率以掣肘不能成功”。当时以曹毓英之言为名言。咸丰十年（1860）被擢升鸿胪寺少卿，以焦祐瀛为正卿，但对载垣、端华、肃顺等朋比为奸、尸位素餐却趾高气扬颇不满，遂固辞不就，仍留军机处为汉员首领军机章京。辛酉政变中成为奕䜣党人之一，同治元年（1862）因参与辛酉政变之功授军机行走。此后曹毓英便一年升职一次，同治二年任工部侍郎，迁兵部侍郎。同治三年署兵部尚书、军机大臣。同治四年任左都御史兼兵部尚书。同治五年逝于任所，赐谥“恭悫”，赠太子少保。载垣、端华、肃顺权力炙手可热时，曹毓英独不依附，实属难能。辛酉政变后及致枢权，尤廉洁慎行，官声颇佳。

叔嫂联盟，其实各有所图

咸丰皇帝辞世时，慈安皇后年方25岁，懿贵妃也不过27岁，都是芳颜依旧的年龄。不管咸丰如何病弱、跛腿，有他这个一国之君在，妻妾尚可咸荣。如今他撒手人寰，其妻妾便都随之进入冷宫时代，“昔日横波目，今作流泪泉”。只有这时，她们才会真正懂得坠入深宫是多么的不幸。

慈安和慈禧略强于咸丰其他后宫女子，虽然青年丧偶，永世不能再嫁，但毕竟被尊为母后皇太后和圣母皇太后，宫份儿（按月生活补贴）和逢年节赏赐也比别人多，年复一年地过着玩纸牌、吸水烟、听戏曲、讲故事、编瞎话的平静日子。

慈禧，叶赫那拉氏，原隶满洲镶蓝旗，后因入宫晋妃生皇子，荣誉抬旗，改隶镶黄旗。她的父亲、祖父、曾祖父三代为官，都是清代六到四品的中级官吏。在女子无才便是德的封建时代，在家由父母口传，能够接触一些小说、唱本。由于聪明好强，也算无师而粗通文字。自咸丰二年（1852）17岁由八旗秀女入宫得封贵人开始，进入了虽禁锢森严而不失活跃的宫廷生活。由于天性刚强，深宫岁月不仅没有消磨掉她好胜、要强、不安分的个性，为皇帝生下唯一的儿子后个性反倒强化了，生出对政治的敏感和对权力的热衷。皇帝厌政，给了她阅章批奏的机会，无疑是一种从政的历练。

就在这时，咸丰皇帝驾崩，皇太子年幼，似乎天赐机缘，让她自然而然地想到皇太后干预朝政的可能。咸丰临终遗诏的重要失策，又让她有机可乘。

尽管母以子贵，按清朝祖制和封建传统，懿贵妃只能成为皇太后，贵而无权，静享清福。这对一个寡居的不安分的青年女子来说，是多么残酷的慢性心灵虐杀！

慈安虽然是皇后，情况与慈禧显然不同。

慈安，钮祜禄氏，原隶满洲镶红旗，册封为皇后抬旗，隶满洲镶黄旗。父穆扬阿最高官职为广西右江道道台，正四品，后来荣封三等承恩公爵。咸丰是皇子时，慈安以八旗秀女入皇太子府为侧福晋。道光二十九年（1849）十二月，咸丰嫡福晋萨克达氏病逝。转年奕詝以皇太子身份继皇帝位，咸丰二年（1852）二月晋钮祜禄氏为贞妃，五月晋其为贞贵妃，六月册其为皇后。此后，钮祜禄氏位居中宫，统摄内廷。她生于道光十七年七月十二日，比慈禧小两岁，当皇后时才16岁。慈安端庄、沉静、谦和、贤惠，咸丰很敬重她。史称“文宗尝夜宴，好逸乐。皇后多规谏，帝未尝不从。外省军报、廷臣奏疏每有搁置，凡后一言相劝，未尝不立即省览。每遇妃嫔失仪获责罚，多赖皇后周旋，旋蒙恩眷”[1]。

由于慈安老实厚道，皇帝对她不仅敬重，而且恩爱有加。咸丰逝前，赐其“御赏”印玺，以防其受制于人，并且叮嘱八大臣要格外敬重皇后。其弱点是识字不多，与人“和易少思虑”，不善言辞，垂帘执政以后“每见大臣，呐呐如无语者”。[2]咸丰去世后自然要被册封为母后皇太后，虽贵而无权，因生性与世无争，甘愿终老深宫，也无人与之为敌。慈安在辛酉政变中只是被慈禧利用的角色。垂帘听政以后，难能可贵的是，慈安并不是一味听任慈禧摆布，在同治皇帝大婚选皇后、令同治皇帝尽快顺利亲政和八年令山东巡抚丁宝桢诛杀安德海等事项上，还是敢于做主的。[3]〔图 13-1〕

陪伴咸丰度过短暂一生的三位主要后妃，还有一位丽妃。丽妃与慈安不同，亦与慈禧不同。传闻，咸丰逝后，慈禧迫害丽妃，对其剜目削足、装入酒缸，仅留头面在外（人彘），是子虚乌有的，无非是要说明慈禧的凶残可恶而已。丽妃，他他拉氏，隶满洲正红旗。父庆海，吏部文选司主事，六品内廷小官。丽妃小慈禧两岁，咸丰二年（1862）五月与慈禧同时入宫。因为生育皇长女，于咸丰五年五月初九日被晋封为丽妃，比慈禧早一年晋妃。慈禧转年生皇子，不仅晋妃，且晋贵妃，地位突飞猛进，仅在皇后之下。皇帝妻妾生皇子是地位晋升的阶梯，丽妃与慈禧地位的变化便是例证。丽妃年轻而标致，性格温文尔雅，深得咸丰宠爱。皇帝逝后，咸丰十一年十月，被同治尊封为丽皇贵太妃，居永和宫。光绪十六年（1890）十一月十五日病逝，享年 54 岁，谥号“庄静皇贵妃”。[4]

慈安是皇后，在后宫地位最高，是慈禧不能越过的。慈禧欲干预朝政，实现政治野心，没有慈安参与是不行的。慈安便成为她拉拢并纳入掌控的第一人。慈禧既工于心计又巧舌如簧，慈安被其说动并同她步调一致是她预料中的事情。丽妃则无关紧要，别人也不会以丽妃为重。

[1]《清宫遗闻》，“慈安皇太后”，第 41 页。

[2]《清宫遗闻》，“慈安皇太后”，第 41 页。

[3]《清宫述闻》，“述内廷”（二），第 695-699 页。

[4]《清宫遗闻》，“庄静皇贵太妃”，第 44 页。

[图13-1] 孝贞显皇后便服像

皇太后地位虽然尊贵，不过是不愁吃穿用度，禁锢深宫。在与外界联系，包括与娘家人联系方面，皇太后与太妃嫔们，甚至与宫女、太监们没有什么两样，同样是不准传出、传入消息，不准传出、传入实物，不能踏出宫门一步。自乾隆六年（1741）十二月初七日，乾隆皇帝训谕，制定后宫管理规制后，历朝遵行恪守。

规制大义如下：

> 应出宫女子（按：指宫女年长可以外放指婚嫁人。雍正以前宫女年龄限定在 25 岁，雍正改为 23 岁），既已出宫，即系外人，不许进宫请安。其宫首领太监与伊等传信，亦属不可。……凡宫内之事，不许向外传说，外边之事亦不许向宫内传说。至于诸太妃（按：包括太皇太后）所有一切，俱系圣祖皇帝（康熙皇帝）所赐。诸母妃（按：包括皇太后）所有，亦是世宗皇帝（雍正皇帝）所赐。即今皇后所有，是朕所赐。各守分例，撙节用度，不可将宫中所有移给本家。其家中之物亦不许向内传送，致涉小气。嗣后本家除来往请安、问好之外，一概不许妄行。……从前圣祖皇帝教训尔等谕旨，至世宗皇帝时皆敬谨遵行。世宗教训尔等谕旨，至朕时仍当敬谨遵行。今朕教训谕旨，尔等亦当永远遵行。……此皆严行晓谕，务令通知。[1]

可见清代对后宫女子的管理十分严格，让总管太监和各首领太监严行稽查。皇太后与外界、与朝臣不能直接联系，甚至捎信都是违犯家法。两宫皇太后与外界联系，只能秘密依靠近支王爷。王爷中，老五爷绵愉是道光皇帝的亲弟弟、咸丰皇帝的五叔、嗣皇帝载淳的五爷，奕誴是嗣皇帝的五叔，奕譞是嗣皇帝的七叔，其能力、才具、影响都不及奕䜣。结果，经过醇郡王奕譞传懿旨，奕䜣到避暑山庄与皇太后一见，一拍即合。诚如《晚清宫廷实纪》所说："王（奕䜣）正久希用事，遂不惜违犯家法及文宗委任辅政禁遏牝朝之旨，欣然同意。"[2] 从引文可知，奕䜣正希望有点事做，遂不惜冒犯先帝遗命，违背不许后宫干政的家法，愉快地同意与两宫皇太后谋划政变。

两宫皇太后需要恭亲王奕䜣参与政变策划并付诸实施，犹如落水之人盼救舟，是不言而喻的。而恭亲王奕䜣又为何"欣然同意"与两位寡嫂合作呢？

原因之一，奕䜣长期怀才不遇，策划政变是发泄多年内心愤慨的最终形式。

[1]《国朝宫史》卷四，"训谕四"，第 43-44 页，北京古籍出版社。

[2] 吴相湘：《晚清宫廷实纪》第 1 辑，第 58 页。

恭亲王奕訢早在咸丰去世之前已存有怨怼情绪。奕訢虽然不能继皇帝位，也应该是辅佐皇帝、参与决策的中枢要员，然而却不过是由人驱使的执行者，且是受命于载垣、端华、肃顺等人。咸丰去世以后，怨怼未消更添新恨，辅政大臣不用亲叔叔而用外人，如何也说不过去。俗话说，人平不语，水平不流，他内心郁结的愤懑正没有找到发泄的出口，两宫皇太后给了他喷发的机会，适逢其时。

原因之二，有理由的政变和取胜的把握，是奕訢与皇太后合作策划政变的基本原因。

发动一场政变带有政治赌博性质，发动者与参与者都不能不预先作出谨慎估量。恭亲王奕訢对此当然是深思熟虑的。

奕訢是道光皇帝钟爱的皇子之一，原本聪慧过人，颇具文韬武略，又受到良好的传统文化教育。他深知大清政权的封建统治已经得到包括广大汉民族在内的多民族上层势力的拥护，并且在这种政治趋势下，封建正统观念和爱新觉罗氏的“家天下”已经被普遍接受。任何有异于这种统治秩序和政权形式的变故，都被视为“政柄下移，无以服众”，“无以正国体顺人心”。而咸丰皇帝的临终遗诏恰恰违背了亲亲尊贤的封建传统观念，使八大臣辅政的政权形式存在名不正言不顺的政治软肋。特别是在清初顺治、康熙两朝曾出现辅政专擅的情况下，八大臣辅政更是被朝臣忌惮和质疑。这些都成为否定咸丰遗诏，改变八大臣辅政格局，容易被朝臣认同、接受的理由。当然，政变理由存在并不等于稳操胜券，还需要估量辅政八大臣综合实力的强弱。奕訢是不会轻率从事的。

早在道光朝后期，奕訢已经开始接触政务，到咸丰朝更是活动于朝廷中枢外围，对于满、汉大吏的思想动态可谓了然于心。特别是对于载垣、端华、肃顺的为人行事以及他们在中枢大吏中的不佳口碑，十分清楚。那些觉罗宗室尤其愤恨，因为肃顺口无遮拦地贬斥宗室及满族官吏“皆庸碌之辈”，让权贵们的自尊心受到莫大伤害。正因如此，肃顺也多以汉族少数官吏作为结交延揽对象。这一点成为推翻八大臣辅政的重要条件。

八大臣现在失掉了咸丰皇帝的庇护，对其的种种微词已经不断灌进奕訢的耳朵。可以相信，绝大多数的中枢重臣和地方大吏，包括军事将帅，宁可选择投靠奕訢和皇太后，也不愿意面对载垣、端华、肃顺的盛气凌人。这是发动政变的有利条件。

原因之三，咸丰皇帝病逝以后，奕䜣与慈禧有相似的命运，这是叔嫂结盟的前提。

咸丰死后，奕䜣与慈禧共同面临辅政八大臣的威胁，有着相似的隐忧。慈禧不仅丝毫没有干预朝政的可能，而且其皇帝生母的身份也不被八大臣看重。特别是慈禧对权力的热衷、对时政的敏感和其狡诈的性格，早已引起肃顺等人的深恶痛绝。八大臣辅政，对叶赫那拉氏而言，最乐观的结局就是终老深宫，绝无出头之日。恭亲王奕䜣本应被委以辅政重任，却受排挤和冷遇，尽失颜面，而这一点又是奕䜣十分看重的。这次与英、法、俄、美四国谈判，周旋费力，仍是割地赔银，谈判未竟却谣言四起，说奕䜣和谈不力，卖国求荣，甚至欲借洋人之力而谋大位，等等。咸丰理解，奕䜣才免遭廷议惩处。如果按肃顺等人的奏议办，奕䜣轻则被削爵发配，重则丢掉性命。未来八大臣辅政，奕䜣只能生活在惴惴不安中。面对共同的敌人，是叔嫂结盟的直接原因。

原因之四，叔嫂联盟，彼此互补，是废除辅政遗诏、保全自己并获得权力的最佳选择。

肃顺、载垣、端华是奕䜣和慈禧共同的、最危险的敌人。不除掉三人，不仅权力与自己无缘，生存危机也如影随形。以载垣、端华、肃顺为首的八位王大臣也隐约意识到，奕䜣和慈禧的存在是他们赞襄政务的后顾之忧，也欲除之而后快。

奕䜣和慈禧若想翻身，必先废除咸丰遗诏，这是获得权力和保护自己的唯一途径。然而慈禧和奕䜣任何一人单独行动，都是不法举动，名不正而言不顺，都存在不便启齿的短处。慈禧的短处在于太后干预朝政，有违祖制；奕䜣的短处在于以自己辅政代替他人辅政，有自谋篡权之嫌。只有朝臣为皇权不致旁落，请皇太后临时权理朝政，再依据亲亲尊贤传统由近支亲王出面辅政，才可以封住众人之口，封住赞襄政务八大臣之口。这样，皇太后因权理朝政而获实权，奕䜣也因议政监国赢得实利，各得其所。

原因之五，新旧更替，嗣皇帝年幼，皇太后的懿旨往往等同谕旨，是突发行动的尚方宝剑，这是奕䜣唯一可以利用的政治武器。

利用两宫皇太后的懿旨，使他作臣下的对赞襄政务八大臣采取强制行动而师出有名。摆出一副临危受命的执行者面孔，对身边追随者和朝野上下更有号召力。这是奕䜣在辛酉政变中，为自己能够翻身，唯一有求于皇太后、依靠皇太后之处。这决定他只能是为两位嫂子打天下，成为一名参与决策的高级指挥者与执行者，而不是未来大清朝的决策者。

原因之六，叔嫂联盟是避免专擅之患和偏任之嫌的最佳组合。

朝野有见识者都会清楚地知道，清代历史上出现的多尔衮和鳌拜，那是两次专擅的组合。咸丰遗诏辅政，尽是任命自己身边的亲近之臣，也的确是一次偏任的组合。监察御史董元醇最先置疑咸丰皇帝的偏任组合，提出以皇太后权理朝政"避免专擅之患"，认为皇太后是唯一能代替皇权、忠实皇帝的可信人；提出以近支亲王辅政改变"偏任之嫌"，认为辅政不在多，贤德而有能力者一人足担大任，且奕䜣又是嗣皇帝的血亲叔父。这毕竟不是长久大计，十年后权力还是要交回皇上执掌。出此计策是因为嗣皇帝年幼，亲政尚待时日，而咸丰遗诏授命赞襄政务八大臣，不论是身份还是德行、能力都不足以担此大任，遂重新设计这样一种临时执政形式。

以上六条是奕䜣与两宫皇太后，确切说是奕䜣与慈禧结盟联手发动辛酉政变的基本原因。

直到她寿终正寝，慈禧皇太后做了48年的大清朝女主宰，最大限度地满足了自己对权力的欲望！其实慈禧是一位挺务实的老太太，她总是弄出一个比她晚一辈的小孩儿当皇帝，让自己尽情地以皇太后的名义垂帘执政。她要是又务实又务虚，岂不是与武则天一样当上了大清朝的女皇帝！我想，那时她若真废掉皇帝，黄袍加身，当了大清女皇，也绝没有几个人敢提出反对意见，顶多再出现一两个吴可读那样憨傻的知识分子！吴可读是有清一代于末世值得介绍的人物。他的悲剧想来都是咸丰皇帝惹出来的。这真是遗诏遗祸，改写清史。

吴可读（？ -1879），字柳堂，甘肃皋兰人，初以举人任伏羌训导（学校教务长）。道光三十年（1850）进士，初授刑部主事，后任员外郎。咸丰十年（1860）因母逝回原籍守丧，在兰山书院主讲。同治二年（1863）复官，任吏部郎中，再迁都察院监察御史。一生特立独行，言事不避遭祸。同治十二年，新疆因为民间纠纷而集聚喧嚣，朝廷驻防乌鲁木齐提督成禄以叛逆名义枉杀十余人，向朝廷以平叛邀功，被朝廷驻新疆大臣左宗棠弹劾。吴可读谏言："成禄应处死理由有十，而不死者五，故应斩立决。"刑部审理结论亦予处斩，而廷议时却改为绞监候（即死缓。清朝死缓大多在几年后即可开释，官员死缓有数月后即开释现象）。吴可读为此直书皇上称："请先杀成禄以向新疆百姓谢罪，再杀我以向成禄谢罪。"触怒皇上，遭训斥，被降三级。吴可读心想，我不过是一个四品谏官，降三级还有何可留恋，一怒之下回兰山书院教书去了。[1]

转年同治皇帝去世，光绪继位，重新启用吴可读任吏部主事。适逢内阁学士广安上奏折请求"待皇帝（指同治皇帝死后新继位的四岁的光绪皇帝）生子，请为穆宗皇帝（同治皇帝）立嗣子"，并建言"颁立铁券，以示不变"。[2]广安的意思是，对慈禧为了自己继续垂帘听政，隔同治皇帝立光绪为咸丰嗣子的做法表示不满，遭到慈禧"传旨申斥"[3]。吴可读对慈禧的居心和做法看在眼里，怒在心上，痛恨无以名状。

四年后，遵化惠陵（同治皇帝陵寝）建成。光绪五年闰三月初五日（1879 年 4 月 25 日），为同治皇帝及其皇后阿鲁特氏棺椁下葬。吴可读自荐参与入葬祭祀礼。礼毕，吴可读自缢于东陵同福寺，因立即被发现救下，然而回行辕后再次服毒死。

吴可读在同治朝与皇帝无知遇，反倒是因成禄事遭斥责，被降三级。那么为何还要为同治皇帝殉死？其实，朝野都明白，吴可读并非为同治殉死，在于以死抗争慈禧一再干预朝政，抗争四年前广安奏请为同治皇帝立嗣子得不到应允，以死表示愤慨。对于慈禧居帝位而不行帝责，贻害国家的狼子野心，吴可读怒不知所向，泣不知何从，愤极之下只有以死相谏。死后怀中发现遗书，证实其以死明志的决心："惟有仰求我两宫皇太后再降谕旨，将来大统仍归大行皇帝（同治皇帝）嗣子……如此则犹是本朝子以传子之家法，而我大行皇帝未有子而有子，即我两宫皇太后未有孙而有孙。"[4]遗书说大行皇帝（同治皇帝）无子，应该给他过继个儿子，恳请两

[1]《清史稿》,《列传》二三二，总第 12461 页。

[2] 印鸾章：《清鉴纲目》卷一三，"德宗光绪"，总第 729 页。

[3]《(光绪朝）东华录》第 1 册，总第 22 页。

[4]《清史稿》,《列传》二三二，总第 12462 页。

宫皇太后再下谕旨，将来的皇位传给同治的儿子，不再给咸丰立嗣子了。这样符合儿子传儿子的家法，等于同治皇帝无子而有子，皇太后无孙而有孙了。言外之意，再要垂帘听政也是同治的皇后，别总是借口给咸丰过继儿子，你慈禧总是垂帘执政。

吴可读之死确实引起一场不大不小的波澜。不过世风日下，人心不古，应该既愧对丈夫、儿子又愧对天下臣民的慈禧，却泰然自若，我行我素，毫不知耻。更可悲的是，吴可读的死谏的影响却不是他所期望的，而是一大批趋炎附势的小人借机吹捧慈禧的聒噪。其中不乏同治、光绪以来的一些名臣，诸如大学士翁同龢、徐桐、潘祖荫、国子监司业张之洞、内阁学士黄体芳、御史李端棻，等等。难道他们真不明白吴可读之死的用意？没有胆子支持，总可以屏息敛声，为什么还要违心地吹捧皇太后呢！看来，吴可读诚如史评，不仅“语过戆直”，行动也过于率真。[1]

当然吴可读的尸谏也确曾让慈禧难堪。为维持自己的尊严，慈禧不能不作出姿态，在申斥吴可读以死相谏同时，谎称早在“同治十三年十二月初五降旨：嗣后皇帝生有皇子，即承继大行皇帝为嗣。吴可读所奏，前旨即是此意”[2]。

其实不论当年内阁学士广安的奏请，还是后来吴可读的尸谏，都是要慈禧答应“此意”。但是，任人翻遍《实录》、《上谕内阁》、《上谕军机处》，均不见有所谓“嗣后皇帝生有皇子，即承继大行皇帝为嗣”的降旨，当时只是申斥广安的降旨。试想，如果有此降旨，吴可读怎么会以死相谏呢！这样看来，如果说吴可读的尸谏有点价值的话，那便是得到慈禧一个虽然不情愿但不得不做出的公开承诺。

对此，那些以黄体芳为代表的阿谀伪善者则称：“‘即是此意’一语，止有恪遵，更有何议？迺激烈者盛气力争（指吴可读），巽畏者嗫嚅不吐，或忠或谨，皆人臣盛节，而惜其未明今日事势也。”[3] 看来只有阿谀伪善者永远是正确的。

[1]《清史稿》，《列传》二三二，总第12462页。

[2]《清史稿》，《列传》二三一，总第12449页。

[3]《清史稿》，《列传》二三一，总第12450页。

奕䜣旧照

麻痹有术，政变准备就绪

咸丰十一年（1861）八月十八日，先帝授命的赞襄政务八大臣按照事先与慈禧争论而后决定的意见，联名奏请嗣皇帝于九月二十三日回銮北京，这是历书上注明“宜出行”、“宜发丧”的黄道吉日。据说选定九月二十三日，是恭亲王奕䜣听取了一位化名“樵客”的军机章京的意见。因为载垣、肃顺最迷信占卜与风水，故“劝王以风水之说动之，王深然之”[1]。然后明发上谕：大行皇帝梓宫由肃顺护送回京，仁寿、奕譞、匡源、杜翰、焦祐瀛、陈孚恩、宋晋办理沿途事宜。嗣皇帝与两宫皇太后由间道启跸回京，载垣、端华、景寿、穆荫随扈。这是一个让慈禧、八大臣都算满意的安排。

皇帝辞世算是国丧。这时的避暑山庄内外一派缟素装饰，红门、红柱都被蓝、白两色素帛遮掩，亲兵执事人等一律戴孝，往日喧嚣的山城陷入沉寂。只有50岁以上年纪的老人，依稀记得42年前嘉庆皇帝突然病逝避暑山庄的时候，曾经有过的气氛。

九月二十三日清晨，阳光清淡，人声鼎沸，脚步杂沓。避暑山庄丽正门前戴孝的亲兵林立。皇帝出行时使用的大驾骑仗，以白丝绦扎束，沿御路两侧排开。卯末辰初（上午7时左右）时分，身穿肥大孝服的肃顺、仁寿、奕譞、匡源、杜翰、焦祐瀛、陈孚恩、宋晋等一批高官，满脸凝重地指挥、搭手执事人等安置大行皇帝棺椁、棺床、灵车，停放于丽正门内广场上。先是小皇帝和两宫皇太后在梓宫前奠酒，焚化金、银纸锞，然后是先帝妃嫔依次祭奠奶茶、焚化纸钱。小皇帝一身孝服，由景寿、穆荫扶掖，跪送大行皇帝梓宫登舆、启动。于是响鞭开道，披挂素带的仪仗前导，灵柩队伍缓缓远去。小皇帝随同两宫皇太后洒泪上车。

车队庞大，绵延十余里。仅从保定、承德两地雇用的两轮马拉货车就整整200辆，供宫女、太监和生病的亲兵乘坐，装载避暑山庄当年遗留的部分御用什物。车两侧是亲兵护卫。车响马嘶，声传数里，移尘蔽空。至此，滞留塞外承德1年零45天的小皇帝、两宫皇太后及太妃们，以及一批大清朝政要，各自怀着凄楚、忐忑、期盼等不同心情，离开了避暑山庄。

两支回銮北京的大队车舆、人马、亲兵，直奔距离避暑山庄40里的喀喇河屯。嗣皇帝和两宫皇太后的车马队伍从近路而行，队前有端华、景寿，队

[1]《热河密札》，《近代史资料》总第36号，第12页。

后是载垣、穆荫，路况虽然不好，行进速度却快。相反，大行皇帝梓宫队伍走的是当年皇帝北巡的御道，路况尚平坦宽阔，行进却十分缓慢。因为那大行皇帝的梓宫由192人组成的杠队，分四拨，轮换肩抬，一步步行进，速度自然无法与嗣皇帝和两宫皇太后的车队相比。中午，两宫皇太后到达喀喇河屯，高大的苇席灵棚已经搭设齐毕，位于澹泊堂天井。在这里再次路祭之后，两支回銮队伍便分道扬镳。嗣皇帝和两宫皇太后车队将遄行超前，预计于二十九日抵京。[1]

由于北京方面政变准备已经就绪，回銮时间刻意提前，最后选定九月二十三日。北京、承德两地紧锣密鼓，分头准备，着实让奕䜣与慈禧两个主角不胜紧张与振奋。而肃顺等八大臣的心境也并不轻松，自忖留京的大臣们将如何面对自己崭新的身份。

奕䜣和皇太后的准备如下。

第一，施放烟幕，大行麻痹之术。

就在嗣皇帝、两宫皇太后及肃顺等护送咸丰皇帝梓宫两支人马、车队相继离开避暑山庄，向北京进发的时候，北京方面关于“恭请皇太后权理朝政和另简近支亲王辅政”的舆论，似乎偃旗息鼓。对此，恭亲王奕䜣无法表态，任何表态都会遭来无端揣测，何况北京也有载垣、端华、肃顺党人。他表面不动声色，以不变应万变。那些惯于观风头的朝臣们见恭亲王从承德返回北京之后情绪低沉，原来流露的让皇太后垂帘听政之意也不再提起。而且，董元醇因奏请皇太后权理朝政和简近支亲王辅政，遭到“上谕切责”，胜保和谭廷襄因联衔请皇太后懿安又被“交部议处”。所谓“交部议处”，就是交给管理官员的吏部，商议处分。胜保到热河吊唁大行皇帝时的锋芒也已经收敛，见到肃顺等也十分小心谨慎，“恐欲削其权，随后事更难办”[2]。当然，军机章京们只看到表象，不知内里的阴谋。

与此同时，奕䜣密嘱派往河南、安徽督查前线战事的钦差大臣袁甲三、陕西巡抚瑛棨等，在向避暑山庄发寄的吊唁信函中，明确写有“两宫听政同

[1] 吴相湘：《晚清宫廷实纪》第1辑，第66页。

[2] 《热河密札》，《近代史资料》总第36号，第12页。

篡先帝遗烈”[1]，足以麻痹内外朝臣。这等于说，两宫皇太后若权理朝政，就是篡改咸丰皇帝的遗诏，我们是不同意的。这令肃顺等八大臣欣喜若狂，似乎各地封疆大吏都支持八大臣辅政。奕䜣通过精心策划，令“（载）垣、（肃）顺等方骄，备当益懈”，“更易取之”。[2]

与此同时，承德方面，两宫皇太后对八大臣也变得“很少计较”。八月初四日，载垣奏请让匡源兼署户部左侍郎，并且兼职管理户部三库事务，这是国家财政部的财政大权；还要补授焦祐瀛太仆寺卿。明知这是载垣、肃顺等在扶植党羽，两宫皇太后均允诺。不仅如此，一个月后的九月初四日，两宫皇太后还主动“调补端华为工部尚书，补授步军统领、行营步军统领”，让“穆荫管理理藩院事务”，不断封官。[3]正如慈禧所言，“小者随尔，大者必争”[4]，这便是原则坚定、策略灵活的斗争哲学。

当载垣、端华、肃顺等提出给董元醇定罪，皇太后表示不同意。“三巨头”以辞官相要挟时，皇太后以好言相劝，并耐心解释，不再像以往那样唇枪舌剑地争吵。

当回銮北京前夕，在与大行皇帝众妃嫔各自登车时，更作出一番软弱可欺貌。慈禧哭嘱说：“吾若遭不幸，难保众姊妹安危，还望自脱。”然后又无限凄楚地表示：“吾母子不知命在何处，尚不知返京相见否？”[5]慈禧的这些表现，足可以反映她的政治头脑和策略，诚如她所说：“密谋已就，当姑示懦，以安（肃）顺等心。”[6]

北京和承德的这些政治迹象说明了什么？给人的印象是，赞襄政务八大臣似乎岿然不动。那些浮躁、凑热闹、想投机又缺少见识的人，便一个个在恭亲王面前销声匿迹。其实，这是恭亲王与慈禧预先商量好的麻痹术。

第二，军事戒备，力求万无一失。

阴谋政变如果没有武装力量保证，那是痴人说梦。宫廷政变首先是以禁

[1] 王闿运：《祺祥故事》，《第二次鸦片战争》第2辑，第214页。

[2] 费行简：《慈禧传信录》，第6页。

[3]《清代档案资料丛编》第1辑，《辛酉政变》，第98页。

[4]（清）皂保：《星酬集》卷五。

[5] 李慈铭：《越缦堂日记补》辛集卷下。

[6] 费行简：《慈禧传信录》，第8页。

军为先锋。慈禧与奕䜣的政治赌博，两种军事力量都有保证。大清朝的军事机器主要运行在对太平军和捻军作战的战场上。京、津、热河地区的正规武装力量只有僧格林沁和胜保两军，他们都是保皇太后和奕䜣的军事势力。清代的禁军有三支，其统帅全是奕䜣党人。

一是京城步军统领，主官是仁寿。他是世袭罔替的和硕亲王。步军统领即民间俗称的"九门提督"，相当于今天的首都卫戍区司令。政变前夕皇太后曾虚假地以上谕名义补授端华步军统领，端华领受也是挂空名。因为先有仁寿，端华知道这一点，所以谢绝就任。不过，对八大臣的迷惑作用却是实实在在的。

二是神机营，统领是德木楚克札布，蒙古郡王。神机营组建于咸丰十年（1860），是精选的满族八旗弟子，初由文祥统领，年轻勇武，军械优好，是朝廷的近卫军。德木楚克札布是文祥的门生，所以神机营照旧听文祥调遣。

三是护军统领，主官是存诚、恒祺。二人均为满洲宗室，出身御前侍卫，是宫廷卫队总队长，是恭亲王奕䜣的亲信。尤其是恒祺，还是奕䜣的直系亲属。

这样的军事戒备，辛酉政变的结局不是一目了然吗？就在恭亲王奕䜣不动声色地应对北京的时候，九月二十日密嘱胜保派兵以迎驾名义，沿途保护回銮的小皇帝、两宫皇太后。历史记载，胜保遣"荣禄之兵尾随，予防其变，肃顺等遂不敢动"[1]。

第三，预备一系列上谕文件，以便先发制人，震慑对手，控制局面。

朝廷没有成年皇帝，只有一个六岁的小皇帝作招牌，两宫皇太后与赞襄政务八大臣都可以编造上谕文件。而且，谁能及时宣读上谕，旁观的朝臣和天下百姓都得听信。这就是封建时代不是法治而是人治的政治特征。因此，上谕文件的准备就等同于储备毁灭对手的弹药。遗憾的是，八大臣没有这种谋略，预示着有准备的阴谋将要战胜无准备的正统。

文件准备，主要是三部分内容。一是按政变谋划程序，需要宣布的权威性诏谕，如宣布八大臣罪状，特别是载垣、端华、肃顺的罪状文书，解职罢免诏书，逮捕令及委任状等。二是预计可能发生的突然事件，采取的应急上

[1] 许指严：《十叶野闻》，载《近代稗海》第11辑，第75页。此处记载有笔误，应是"载垣等遂不敢动"。

谕。三是由朝臣准备的劝进，恭请垂帘听政的表文、奏折。

第四，人事早备，突然袭击对手。

政变对手主要是载垣、端华、肃顺三人，他们都是爱新觉罗氏宗室贵胄，否则不会对小皇帝以及两宫皇太后放肆无忌。一个封建国家的政治本质是存在特权阶层，处治他们不是朝廷司法衙门刑部所能承担的，要由专门管理宗室事务的宗人府组成特别法厅，定罪量刑。咸丰朝的宗人府最高长官宗令、宗正是载垣和端华，无疑需要解除二人职务，重新作出任命，以便处治“三巨头”。这便是要预先决定人选，并拟出解职和任职诏谕。

同时，逮捕他们也需要有专人领旨宣诏，实施抓捕，不是刑部捕快所能承担的。特别是对肃顺的抓捕，因他是八大臣的灵魂人物，不仅需要突然行动，而且要时刻将其行止纳入监视视线之内。遂事先以仁寿和奕譞在其身边佐其操办具体事宜为借口，监视他的行动。

第五，为皇太后上徽号，垂帘听政势在必行。

奕䜣以及追随奕䜣的诸大臣，积极倡导皇太后权理朝政和垂帘听政，不过是权宜之计，以为“垂帘”10 年后，皇太后便要“归政”于皇帝。于是政变前夕，他们积极热心地写奏折劝进，为皇太后 垂帘听政准备皇太后徽号。因为写奏疏发诏谕，不能只称“母后皇太后”、“圣母皇太后”，总得有个庄严郑重的名号。九月初一日（10 月 4 日）饱学圣贤书的大学士贾桢、周祖培等人，挖空心思，翻遍史籍，恭请给圣母皇太后叶赫那拉氏上徽号“慈禧”，为母后皇太后钮祜禄氏上徽号“慈安”。从此人们才分别简称二人为“慈禧”、“慈安”。[1] 这是为两位皇太后垂帘听政作准备。

与此同时，协办大学士、尚书周祖培唯恐皇太后干预朝政被指责违反祖制。为封堵他人之口，减少后世对皇太后的诟骂，请饱读《史记》的李慈铭翻检历史，捡选历代皇太后干预朝政的史事，选八位皇太后故事，辑录成册，取名《临朝备考录》，供朝野参阅，作为慈禧、慈安干预朝政的历史依据。

这篇奇文早在八月初四日（9 月 8 日）即已完成，沉重地揣在周祖培怀里，迟迟不敢抛出，因为此时的政治条件还不成熟。一直到九月三十日（11 月 4 日），政治形势明朗，八大臣中除肃顺以外的七位已经被监禁，大局已

[1] 《清代档案史料丛编》第 1 辑，《辛酉政变》，第 27 页。

定，才煞有介事地上递两宫皇太后。

九月三十日，周祖培拉上贾桢、沈兆霖、赵光，四人联名上奏，“为事关国家大计，请皇太后亲操政权以振纲纪”，引经据典，拼凑皇太后权理朝政的历史根据，送上《临朝备考录》。其中核心内容：

> 汉之和熹邓皇后、顺烈梁皇后、晋之康献褚皇后、辽之睿智萧皇后，皆以太后临朝，史册称美。至宋朝之章献刘太后，有当世任姒之称，宣仁高太后，有女中尧舜之誉。[1]

列出邓皇后、梁皇后、褚皇后、萧皇后、刘太后、高太后六位临朝执政者，极力赞扬。把宋朝的刘皇太后比成远古时代周文王的母亲太任和周武王的母亲太姒，把高太后赞美成“女中尧舜”。然后，借古寓今，偏偏快要灭亡的清王朝出现两位皇太后，恰与明代穆宗（隆庆皇帝朱载垕）死后遗孀中有两位皇太后相吻合。当时的小皇帝就是万历皇帝（明神宗朱翊钧），有嫡母（皇太后）和生母（皇贵太妃），与清朝同治皇帝相似。姓朱的小皇帝当时十岁，姓爱新觉罗的小皇帝当时虚六岁。这样，《临朝备考录》等于向慈禧推荐明穆宗朱载垕一位皇后、一位贵妃的历史经验，似乎本朝应该：

> 仿明世穆宗皇后、神宗嫡母上尊号曰“仁圣”皇太后。穆宗贵妃、神宗生母上尊号曰“慈圣”皇太后。维时神宗十岁，政事皆由两宫抉择，命大臣施行，亦未尝居垂帘之名。[2]

周祖培等四人的劝进奏折说明，万历皇帝的两位母亲仍身居后宫，章奏由奏事司太监传递，朝廷颁行，可谓“干政而不面对朝臣”。看来，清代同治皇帝的生母叶赫那拉氏却勇气十足，毫不羞涩，没有采纳周祖培的建议。慈禧心想，我不仅要面对朝臣，还要增加一点神秘，借以威慑众须眉。于是，在自己宝座前挂上一道帘子，自己能看见别人，别人却看不到自己的芳容，

[1]《清代档案史料丛编》第1辑，《辛酉政变》，第33页。

[2]《清代档案史料丛编》第1辑，《辛酉政变》，第34页。

使其诚惶诚恐。这就是著名的垂帘听政，实际是垂帘执政。

在周祖培等人恭请皇太后临朝的奏折及《临朝备考录》上递同时，他们还提出拟定《皇太后召见臣工礼节办事章程》。[1]因为以往都是皇帝临朝，直面群臣，现在是全新的皇太后临朝，历史上缺少先例。皇太后怎样召见大臣，应该有何礼仪呢？

《临朝备考录》让慈禧皇太后心花怒放，可以轻松地把太后不得干政的祖制，抛到九霄云外了。

从避暑山庄回銮北京的两支队伍都是晓行夜宿，饥餐渴饮，但是嗣皇帝和两宫皇太后的车马走得快些。九月二十八日（11月2日），两宫皇太后车队已到达密云县境的南石槽，这里有当年康熙、乾隆、嘉庆三朝皇帝北巡时作短暂停留的石槽行宫。众人吃过饭后已是鸟入林、鸡上窝的黄昏时分。在石槽行宫，两宫皇太后召见了急速赶来的恭亲王，且没有回避载垣、端华。公开通报的是询问京城治安状况，令留京官员在德胜门迎候，实际上奕䜣把几道诏谕稿送皇太后连夜阅定，九月三十日宣诏时使用，特别是政变的关键环节、事项还须最后敲定。召见毕，奕䜣连夜赶回北京。[2]九月二十九日卯正（晨6时），由石槽行宫起行，未正一刻（下午2时20分）抵达德胜门。留京大小文武官员齐集德胜门外官道两侧跪迎，一个个翻穿补服，缟素满身，表情凄哀。两宫皇太后急匆匆分坐两乘16人抬黑布罩大轿入城回宫。据《翁文恭公日记》记载，两宫皇太后入宫后已是传晚膳时间，再次召见恭亲王奕䜣。[3]

随着两宫皇太后回銮，杀机四伏的京城正在等待八位赞襄政务大臣，真是悲其犹然不察，哀其竟然由人宰割。

周祖培（1793—1867），字淑滋，号芝台，河南商城（今河南省汝阳县）人。嘉庆二十四年（1819）进士，历经嘉庆、道光、咸丰、同治四朝，历任编修、侍读、詹事、内阁学士、侍郎、尚书、协办大学士。多

[1]《清代档案史料丛编》第1辑，《辛酉政变》，第36页。

[2]《翁文恭公日记》，载《第二次鸦片战争》第2辑，第103页。

[3]《翁文恭公日记》，载《第二次鸦片战争》第2辑，第105页。

次参与朝廷江防、河道及土木施工。咸丰十一年（1861）文宗病逝，与奕譞筹办定陵修建事务。同治六年（1867）病殁，谥号“文勤”。为人暗弱，从不与人结怨。史载：“周文勤公以户部尚书、协办大学士，而肃顺亦为户部尚书，同坐堂判牍。一日，周相（对尚书、大学士官员的尊称，视同相国意）已画诺矣，肃顺佯问曰：‘是谁之诺也？’司员答曰：‘周中堂（中堂亦是相国意，国之栋梁，清代对尚书、大学士的尊称）之诺也。’肃顺骂曰：‘唉，若辈愦愦者流，但能多食长安米耳，焉知公事？’因将司员拟稿，尽加红勒帛焉，并加红勒帛于周相画诺之上（以红笔画杠勾掉）。累次如此，周相默然忍受，弗敢校也。”[1] 这段记载的大致意思是，周祖培与肃顺同是协办大学士兼户部尚书，同坐堂批阅文件，但周祖培批阅过的，肃顺要重新批阅。当下官说明已经批阅过了时，肃顺佯装不知，问是谁批阅的。下官说是周大人批的。肃顺不仅画红杠否定，而且骂其为昏聩之人，不过饭桶而已，能办什么公事！每次都这样划掉周祖培的批语，以致周祖培不敢再批阅。

从中，一可以看到清代官场中存在的民族歧视状况（朝堂上存在满官藐视汉官现象）；二可见周祖培的软弱为人；三可见肃顺的狂妄跋扈。

李慈铭（1836—1902），字爱伯，浙江会稽（今浙江省绍兴市）人，以博览群书和诗词工丽见长，名噪一时。咸丰初年入京，深得时任协办大学士、吏部尚书周祖培和刑部尚书潘祖荫赏识，初荐为户部郎中。光绪六年（1880）考取进士，任监察御史。对清末官场贪渎之风每有针砭，对时政屡作抨击，皆未得朝廷采用，以致愤世嫉俗。人皆谓其“性狷介”，遂郁郁托病居家。因其对世风人事多有评议，故同僚“服其学者好之，憎其口者恶之”[2]。一生著述，尤以诗文、日记为重。李慈铭因撰写《临朝备考录》，皇太后几次欲擢用任职，但李慈铭托病不就，最后辞官归隐，犹如闲云野鹤。

李慈铭托病居家期间，正是辛酉政变时期，对这一历史事件多有记述。

[1] 薛福成：《庸庵笔记》，第17页。

[2]《清史稿》，《列传》二七三，总第13440页。

回銮之日便是政变动手之时

慈禧回銮北京当天（九月二十九日）黄昏，在召见奕䜣时决定，明日上朝预先特别于内廷召见贾桢、周祖培、沈兆霖、文祥等支持政变的几位重臣，由恭亲王奕䜣率领。同时两宫皇太后及奕䜣三人共同定下，九月三十日对赞襄政务王大臣动手，这就是后世所说的辛酉政变从暗流走向公开，祺祥故事揭幕。

慈禧不仅机敏而有权术，也是一位善于做戏的人。九月三十日早朝，被提前于内廷召见的大臣一到，请过嗣皇帝圣安和皇太后懿安之后，慈禧便含悲忍泪地述说在塞外避暑山庄的经历，讲述如何遭受载垣、端华、肃顺的刁难欺侮，以致杜翰也敢言语顶撞；如何一个个尽失臣下之礼；如何在殿陛上嘈嚷，吓得小皇帝尿水淋漓；如何搁车对抗，甚至以辞官相要挟。所谓“尽缕述三奸欺藐之状”，一直讲到啜泣声声。[1]此时的慈安，想到自己25岁即守寡，未留下一儿半女，大行皇帝尸骨未寒，各派纷争不已，担惊受怕，不禁悲从中来，亦失声痛哭。小皇帝见两位母后如此哭泣便也号啕大哭。众大臣面对此情此景亦不禁抹泪，心想肃顺等人如此可恶，竟敢惊了圣驾，又对嗣皇帝两位母后如此轻慢，真是死有余辜。

奕䜣看火候已到，遂作劝慰并请示朝会事宜。慈禧敛声止悲，立刻转悲为怒，向几位特殊召见的大臣通报说明欲处治八大臣的决心，同时也听取了周祖培、文祥等人的附和意见。特别是周祖培建议先解任、后处治赞襄政务王大臣的想，与慈禧、奕䜣预先设计的相一致。等到召见完毕，众人退出养心门进入前朝一看，个个心惊肉跳。不到半个时辰，紫禁城内已经变得刀枪林立，气氛异常。参加早朝的大小臣僚一进端门，便感受到凝重肃杀的气息，面面相觑，胆小者竟不自觉的有些战栗。

朝臣们恭请圣安之后，即由恭亲王奕䜣宣读第一道上谕。上谕是以嗣皇帝名义发下，题名“谕内阁解赞襄政务王大臣任，并派奕䜣等会议皇太后垂帘听政事宜”。这道上谕，是醇郡王奕譞九月十八日回銮北京之前，在热河酒仙庙驿馆秘密撰写的。其文曰：

咸丰十一年九月十八日，内阁奉上谕。谕王公百官等：上年海疆不

[1] 薛福成：《庸庵笔记》，第29页。

靖，京师戒严，总由在事王大臣等，筹画乖方所致（决策者咸丰皇帝无罪过，责任由载垣、端华、肃顺等八位大臣承担，这就是欲加之罪，何患无辞）。载垣等复不能尽心和议，徒以诱获英国使臣以塞己责，以致失信于各国。淀园（圆明园）被扰，我皇考巡幸热河，实圣心万不得已之苦衷也。嗣经总理各国事务衙门王大臣等（奕䜣、桂良、文祥、宝鋆、周祖培等），将各国应办事宜妥为经理，都城内外安谧如常。皇考屡召王大臣议回銮之旨，而载垣、端华、肃顺朋比为奸，总以外国情形反复，力排众论。皇考宵旰焦劳，更兼（古北）口外严寒，以致圣体违和，竟于本年七月十七日龙驭上宾。朕抢地呼天，五内如焚。追思载垣等从前蒙蔽之罪，非朕一人痛恨，实天下臣民所痛恨者也。

朕御极之初，即欲重治其罪。惟思伊等系顾命之臣（行文即指出八大臣系"顾命之臣"，说明在这里承认咸丰遗诏，承认钦命赞襄政务，这是前后矛盾的地方），故暂行宽免，以观后效。孰意八月十一日，朕召见载垣等八人，因御史董元醇敬陈管见一折，内称请皇太后暂时权理朝政，俟数年后朕能亲裁庶务，再行归政；又请于亲王中简派一二人令其辅弼；又请在大臣中简派一二人充朕师傅之任。以上三端深合朕意。虽我朝向无皇太后垂帘之仪，朕受皇考大行皇帝付托之重，惟以国计民生为念，岂能拘守常例？此所谓事贵从权。特面谕载垣等着照所请传旨。

该王大臣奏对时，哓哓置辩，已无人臣之礼。拟旨时又阳奉阴违，擅自改写，作为朕旨颁行，是诚何心？且载垣等每以不敢专擅为词，此非专擅之实迹乎？总因朕冲龄，皇太后不能深悉国事，任伊等欺蒙，能尽欺天下乎？此皆伊等辜负皇考深恩，朕若再事姑容，何以仰对在天之灵？又何以服天下公论？载垣、端华、肃顺着即解任，景寿、穆荫、匡源、杜翰、焦祐瀛着退出军机处。派恭亲王会同大学士、六部、九卿、翰、詹、科、道，将伊等应得之咎，分别轻重，按律秉公具奏。至皇太后应如何垂帘之仪，着一并会议具奏。特谕，钦此。[1]

这道上谕，把英法联军攻入北京、火烧圆明园和咸丰逃跑热河、病逝在

[1]《清代档案史料丛编》第1辑，《辛酉政变》第33条，第101页。

避暑山庄，全部归罪于以载垣、端华、肃顺为首的八位王大臣，不仅为咸丰文过饰非，又为处治八大臣罗织了罪名。为了给奕䜣脸上贴金，以感谢他主持政变大局，并拉拢在京大臣，上谕中说："嗣经总理各国事务王大臣等，将各国应办事宜妥为经理，都城内外安谧如常。"试想，洋人提什么要求答应什么要求，这样的"经理"谁不能干！然后又指责八大臣阻挠回銮，犯蒙蔽之罪。特别是对八大臣批驳董元醇劝进折，把八大臣据理力争说成"无人臣之礼"，擅改御旨，犯欺蒙、专擅之罪。这些似是而非的罪名，令"三巨头"解任，"五随从"退出军机处。

撤职解任之后并未结束，还要"分别轻重，按律秉公"法办。如何法办，要等到廷议之后再说。同时决定皇太后垂帘听政，代替原来的王大臣赞襄政务。

对于上谕的内容，在场聆听者都明白这是谁的意思，也知道赞襄政务王大臣们大势将去。别人是受人愚弄，而八大臣恐怕还得任人宰割。可悲的是，这时载垣、端华、景寿、穆荫四位也在场，因没有心理上的准备，突然听到上谕，犹如晴天霹雳，一时竟不知所措。刚想要说点什么，便被奕䜣高声宣布皇上特旨打断。

特旨的内容，是立即召见奕䜣，令其率内阁大学士贾桢、周祖培和侍郎、军机大臣文祥入军机值房待命。端华这时倒很清醒，未动声色。他早在避暑山庄就曾对其弟弟肃顺表示"应事事留心，恐有不测"。但是肃顺却"自信不致另生枝节"，而且以为"吾辈受遗诏，辅冲主，天经地义，宁有他虞？"[1]面对奕䜣宣读皇上特旨，载垣一看大事骤变，急令亲兵阻拦奕䜣、贾桢、桂良、周祖培、文祥，不得绕太和殿入内廷。载垣以为他还是领侍卫内大臣。结果亲兵不仅不听他的号令，反倒是把他向太和门外推搡。载垣虽然大声嚷嚷"不可违背大行皇帝遗诏"，"外廷臣子何得擅入？"却无人附和、同情。

慈禧听说载垣在太和门外呼叫不休，遂立即以嗣皇帝名义，再发一道上谕，以示镇压。

咸丰十一年九月三十日，奉上谕：

[1] 费行简：《慈禧传信录》，第6页。

前因载垣、端华、肃顺等三人种种跋扈不臣，朕于热河行宫命醇郡王奕谖缮就谕旨，将载垣等三人解任。兹于本日特旨召见恭亲王，带同大学士桂良、周祖培、军机大臣户部左侍郎文祥，乃载垣等肆言不应召见外臣，擅行拦阻。其肆无忌惮，何所底止。前旨仅于解任，实不足以蔽辜。着恭亲王奕䜣、桂良、周祖培、文祥即行传旨：将载垣、端华、肃顺革去爵职拿问，交宗人府，会同大学士、九卿、翰、詹、科、道，严行议罪。钦此。[1]

其实，这道上谕也是预先拟好的，只是选时间、找机会宣布而已，否则也不会这么快又来一道上谕。糊涂的载垣、端华两位王爷还大声喊叫："我辈未入（内廷），诏从何来？"意思是说，我载垣、端华等人系钦命赞襄政务大臣、内阁成员，又是军机大臣，我们还没入内廷，没有拟诏谕，哪来的诏谕呢？恭亲王奕䜣领旨，令事先已布置的侍卫把载垣、端华拿下。载垣还大声喝问："谁敢者！"侍卫们像没有听到声音一样，把二人押送宗人府牢房。[2]

第二道上谕提及载垣、端华、肃顺三人，并宣布对三人"革去爵职拿问"。载垣、端华已经被索拿监禁，剩下肃顺尚在陪同大行皇帝梓宫返京途中。事不宜迟，应按预先的谋划，突然行动，分头逮捕。于是，在众朝臣惊异未定时，第三道诏谕宣布：

咸丰十一年九月三十日，奉旨：

伊三人中尤以肃顺乖张，速将肃顺即行拿问议罪。着派睿亲王仁寿、醇郡王奕谖，将肃顺即行拿问，酌派妥员押解来京，交宗人府听候议罪。钦此。[3]

众人见领旨的不是仁寿和奕谖，而是护军统领恒祺和神机营统领德木楚克札布，才发现睿亲王仁寿与醇郡王奕谖不在现场。那么此二人在哪呢？正

[1]《清代档案史料丛编》第1辑，《辛酉政变》第34条，第102页。

[2] 薛福成：《庸庵笔记》，第21页。

[3]《清代档案史料丛编》第一辑，《辛酉政变》第35条，第103页。

在肃顺身边，与肃顺一起护送大行皇帝灵榇。政变预先布置竟如此周密！恒祺与德木楚克札布领命，会同宗人府官员两名，各带50名精兵骑校而去。

这时的肃顺尚不知紫禁城的变故，虽然归心似箭，怎奈梓宫行进速度无法加快。为了在十月初一日中午抵京，梓宫将停厝景山寿皇殿，黄昏已过才赶到北京黄村半壁店。当夜仁寿、奕谟被恒祺叫醒听旨，实际二人早就知道有此差，只是不知能在哪一站接旨。差人先把肃顺几名护卫、家丁传来，听到旨意后个个战栗听命，不敢有一句异词。恒祺、德木楚克札布的亲兵、骑校包围了肃顺在客店的居室，仁寿、奕谟在肃顺居室门外让其开门听旨。这时肃顺已从院内杂沓的脚步声惊起，深知事情有变，于是闭门不开，也不听诏谕。史称，肃顺"闭门咆哮，目无君上"。其实，人到了这份儿上还有什么话不敢说——什么"特旨诏谕？"还不是"那个贱婢和鬼子六"信口雌黄！"悔不早治此贱婢！"亲兵骑校只得破门而入，绑缚肃顺连夜押到宗人府。[1]

据王闿运《祺祥故事》记载，肃顺被押入宗人府牢狱时已经天光大亮，是十月初一日早晨。载垣、端华见肃顺亦被抓捕，始知再无翻身之日，三人隔牢窗相互埋怨。肃顺怒目呵斥二人："若早从吾言，何至有今日！"[2]咸丰皇帝死后，在避暑山庄的66天中，当为启用"御赏"、"同道堂"印玺而争执，为驳斥董元醇奏折而搁车抗议的时候，肃顺曾欲仿当年皇太极处治多尔衮生母、太祖大妃乌拉那拉氏办法，假借先帝临终遗命，赐叶赫那拉氏陪葬，是载垣、端华对慈禧心存幻想而不同意。载垣则归咎于肃顺："吾罪皆听汝言成之也。"[3]事后有人对此评议说："是肃顺殆早有去慈禧之计，未及行，而为人先所乘耶？"[4]吴相湘的记述是不准确的，只能说肃顺曾经萌生过除掉慈禧的想法，也曾与载垣、端华议论过。因过于自信，加之载垣、端华不同意，没有付诸实施。肃顺没有除掉慈禧的真正原因，并不是像吴相湘在《晚清宫廷实纪》中所说的，肃顺有预谋而晚了一步，让慈禧占了先机。试想，如果肃顺确有除掉慈禧的计划，谁都知道只有在塞外避暑山庄是才实施计划的最佳

(1) 魏斯逸：《坚冰志》卷二，第4页。

(2) 王闿运：《祺祥故事》，载《第二次鸦片战争》第2辑，第221页。

(3) 薛福成：《庸庵笔记》，第21页。

(4) 吴相湘：《晚清宫廷实纪》，第69页。

地点。肃顺曾在那里一手遮天达66天，远离京师，可以为所欲为。如果有剪除慈禧的具体计划，到北京将如何实施？人文荟萃的都城，众目睽睽之下，咸丰又已死过两月有余，慈禧可是堂堂嗣皇帝的母亲！十年后皇帝亲政，杀慈禧者如何向皇帝交代！咸丰在热河刚死，若立传赐死陪葬遗命，人人不辨真假，人皆无所措手足。其实留下慈禧的根本原因只有一点，那就是慈禧与嗣皇帝的潜在威慑力量。包括肃顺本人在内，对于除掉慈禧也只是敢想而不敢办，只能自欺欺人地心存幻想和侥幸而已。

这是九月三十日——辛酉政变第一天，紫禁城内发生的令人胆战心惊的事情。时间已到午末时分（下午1时左右），恭亲王奕䜣宣布明日照常大朝之后，传谕散朝。众朝臣面面相觑，许多人试图拦住桂良询问一些内情，因为桂良位高而性直，又是奕䜣的岳父。桂良摆摆手，却无声地径自走出端门。

桂良（1785-1862），瓜尔佳氏，字燕山，隶满洲正红旗。官宦家世，父玉德曾任闽浙总督。嘉庆十三年（1808），桂良以贡生捐纳入礼部任主事。道光七年（1827）之后外放，历任山西、河南地方道府主官，十四年擢河南巡抚，任事勤勉，先后“均兵额”，“察拏贩私”，“整治钱铺”，“镇压无生老母邪教”，“筑堤治黄河支流”，五年间政绩斐然。[1]道光十九年擢升湖广总督，相继调任闽浙总督、云贵总督，镇压苗民起义。道光二十五年入觐，皇帝以其“年甫六旬，精力大逊于前，难胜两省总督之任”，改任京官，历任兵部尚书、正白旗汉军都统、热河都统等职。[2]道光二十八年由皇帝指婚，将其女嫁奕䜣为嫡福晋。因镇压太平军林凤祥、李开芳两支北伐劲旅，调度有方，授东阁大学士。

咸丰继位后，桂良历任吏部尚书、福州将军、兵部尚书等职。第二次鸦片战争中奉命与英、法、俄、美列强谈判。桂良以“国家内匪未净，外患再起，征调既难，军饷不易”，主张对外只可求和，不能再战[3]，是向列强妥协求和的代表人物。当列强逼签《天津条约》中，有外国“以派员

[1]《清史稿》，《列传》一七五，总第11708页。

[2]《清史稿》，《列传》一七五，总第11708-11709页。

[3]《筹办夷务始末》（咸丰朝），第3册，第983页，中华书局，1979年。

驻京，内江通商，及内地游行”等内容引起咸丰不满，责其“设法修改”，甚至可在通商让利于洋人以换得“不派人驻京”时，桂良面对洋人竟“噤不敢言罢驻京之事”。[1]咸丰十年（1860）英法联军逼近北京，皇上避走热河，命桂良留京协助奕䜣“督办和局”。在清末改变外交、通商管理制度，朝廷设立总理各国事务衙门之后，桂良出任第一任总理各国事务衙门大臣。因支持辛酉政变，桂良擢入军机大臣之列。同治元年（1862）六月病死，谥号“文端”，赠“太傅，优恤，祀贤良祠”。[2]

[1]《筹办夷务始末》（咸丰朝），第4册，第1167页。

[2]《清史稿》，《列传》一七五，总第11710页。

钱维城画弘历避暑山庄后三十六景诗意册——松鹤斋

阴谋之中有暗流，慈禧强制垂帘执政

九月三十日大朝，满朝文武官员被一连三道谕旨搞得心惊肉跳。十月初一日大朝，众官员怀着惴惴不安的心情早早便进入端门。人们小声地议论着，听说内阁大学士贾桢、协办大学士周祖培、尚书沈兆霖、赵光四人联名，刚刚递上一份奏折。消息确实，看来这个时候已经不再需要保密了。奏折名《奏请皇太后亲操政权以振纲纪折》。政变已经发动并取得决定性成功的时候，这份奏折就不仅是舆论准备，也成为劝进的表文。对于一个多月中上递的恭请皇太后权理朝政奏折，慈禧都已经烂熟于心。其中以分析说理、批驳立论见长者是胜保的奏折，而最具权威性又注重理论与实际结合的莫过于贾桢、周祖培等四人的奏折。这两份奏折深合慈禧心意。

权威奏折利用了李慈铭的《临朝备考录》中八位皇太后临朝执政的史事，结合两宫皇太后实际，提出国家大权在幼主继位尚不能亲政的特殊时期只能由皇太后亲理。现实中的“赞襄”原本就是佐助，却变成了主持，是必须纠正的。不过，贾桢、周祖培、沈兆霖、赵光的奏折以为皇太后无垂帘的必要。奏折的内容是：

我朝从无皇太后垂帘听政之典。前因御史董元醇条奏，特降谕旨甚明，臣等复何有异词？惟是权不可下移，移则日替；礼不可稍渝，渝者弊生。皇上冲龄践阼，钦奉先帝遗命，派怡亲王载垣等八人赞襄政务（这里也承认咸丰遗诏关于钦命赞襄政务的八大臣，可见并非载垣等八人矫诏自谋）。两月以来，用人行政，皆经该王大臣拟定谕旨，即日明发，均用“御赏”、“同道堂”图章，共见共闻，内外咸相钦奉。惟臣等详慎思之，似非久远万全之策，不能谓日后之决无流弊。寻译“赞襄”之意，乃佐助而非主持。若事无巨细，先由该王大臣先行定议，是名为佐助而实则主持。日久相沿，中外能无疑虑？为今后计，正宜皇太后亲操出治威权，庶臣工有所秉承，命令有所咨决，不居垂帘之虚名，而收听政之实效。准法前朝，宪章近代，不难折衷至当。伏查汉和熹邓皇后、顺烈梁皇后、晋康献褚皇后、辽睿智萧皇后，皆以太后临朝，史册称美。至如宋之章献刘皇后，有今世任姒之称；宣仁高太后，有女中尧舜之誉。明穆宗皇后，神宗嫡母，上尊号曰“仁圣皇太后”；穆宗贵妃，神宗生母，上尊号曰“慈圣皇太后”。惟时神宗十岁，政事皆由两宫抉择，命大臣施行，亦未尝居垂帘之名也。我皇上天亶聪明，不数年即可亲政，而此数年间，内而寇难未平，外而洋人逼处，何以拯时艰？何以饬法纪？端以固结人心最为紧要。倘大权无所专属，以致人心惶惑，是则大可忧者。请敕下廷臣会议皇太后召见臣工礼节，及一切办事章程，或仍循向来军机大臣承旨旧制，量为变通，条列请旨酌定，以示遵守。[1]

贾桢、周祖培、沈兆霖和赵光的奏折一经递上，立即被传旨批下廷议，可见又是事先安排的。这份由四人署名的奏折含义如下。大清朝开国以来确实没有皇太后垂帘听政的先例。此番提出皇太后权理朝政，是出于御史董元醇的奏请。两宫皇太后对奏请也已经明确降旨，臣等还能有什么异议可言？因何无异议而拥护呢？国家大权不能下移于臣下之手，日久必生变故；封建礼仪法度应恪守而不可逾越，逾越则必生弊端。今嗣皇帝幼年继位，奉先帝遗命，派怡亲王载垣等八人赞襄政务。先帝驾崩两个月期间，国家一切用人行政都是经由八位王大臣拟定，然后钤盖“御赏”和“同道堂”章，内外朝臣共见共闻，皆予遵奉。但是，臣等慎重思考，深以为此行并非长久万全之策，难保日后无弊端发生。为什么这样说呢？这从解释“赞襄”二字便可见弊病所在。“赞襄”的含义是佐助而不是为主持，若事无巨细皆先由八位辅政王大臣决定，岂不是名为佐助而实为主持！长此下去，内外朝臣岂能无疑虑？为今后计谋，还是应该由皇太后操持大权，以令大小臣僚有所遵奉。皇太后先听咨询而后作出决断，即使皇太后不垂帘，也能收到听政之实效。参考本朝制度和以往的历史经验，不难找出妥当办法。汉代和熹邓皇后、顺烈梁皇后、晋朝康献褚皇后、辽睿智萧皇后，都是皇太后临朝理政，青史留名。再如，后世称赞宋代章献刘皇后如周文王的母亲太任、周武王的母亲太姒一样贤德，称赞宣仁高太后是女中尧舜。到了明代，仁圣皇太后是明穆宗的皇后、明神宗的嫡母（如同慈安与同治皇帝的辈分关系），慈圣皇太后是明穆宗的贵妃、明神宗的生母（如同慈禧与同治皇帝的亲缘关系）。明穆宗逝后，明神宗年方十岁，两位皇太后临朝理政。大政方针皆由两位皇太后决断，命大臣具体颁行。此二人听政而未垂帘。今嗣皇帝天资聪明，数年后便可亲政

[1]《清代档案史料丛编》第1辑，《辛酉政变》，第36页。

（清代祖制，男子 16 岁视为成年，皇帝 16 岁便可亲政）。在此数年间恰是艰难时期，国内的太平天国和捻军等起义军势力未平定，外部洋人的侵略逼迫未能解脱。怎样才能挽救时艰？怎样才能整顿法纪？要首先稳定人心，以求同心协力。倘若国家大权下移而无专属，致使人心惶惑，则是国家忧患所在。请赶快传旨召集会议，商量皇太后临朝理政的礼仪程序及一切办事规章制度。当然也可以循以往由军机处秉承皇帝旨意拟写诏书的旧制，适当作些变通，逐项开列欲办之事，请皇帝、皇太后钦定，而后颁行遵守。

贾桢、周祖培等四位大臣的奏折开宗明义地指出，“我朝从无皇太后垂帘听政之典”，所以，奏折中两次奏请“不居垂帘之虚名，而收听政之实效”，并且以明神宗朱翊钧时两位皇太后“亦未尝居垂帘之名”为例加以说明。由于董元醇奏请皇太后“垂帘之仪”，皇太后已经明确降旨同意，贾桢、周祖培等四位大臣才不便另有异词。那么，贾桢、周祖培等四位大臣为什么不主张皇太后垂帘听政呢？

历史上的所谓垂帘听政，首见于唐代高宗李治时期。李治体弱多病，倦怠朝政，上元三年（676）让皇后武氏于后宫替自己批写奏疏。因为武氏不懂军国大事与管理政务，“高宗每视朝，辄武后垂帘于御座，予闻政事”[1]。据《新唐书》中的记载，武后以垂帘遮掩身体，便于旁听君臣之间的奏对，是学习政务处理。正是这样，为武则天后来执掌大唐政权 30 年积累了经验。武后“垂帘”不过是执政实习，并非真正执政。自唐之后，凡嗣皇帝年幼，皇太后当国理政便被称之为“垂帘”。而当嗣皇帝成年亲政，便将皇太后归政称之为“撤帘”。董元醇八月初六日奏折中提到的“垂帘之仪”便是这一含义，并不是后来慈禧、慈安的垂帘听政，不过是建议皇太后当国理政而已。

恭亲王奕䜣及其门下追随者，诸如其老师内阁大学士贾桢，周祖培、沈兆霖、赵光、文祥、宝鋆、桂良等人，都是道咸以来封建正统派并接受新潮流的代表人物。他们的内心既不赞成咸丰遗诏的中枢权力构设，也不同意皇太后干预朝政。他们的本意是通过政变让奕䜣独自辅佐嗣皇帝执政，使同治朝成为君正臣良、辅弼有成的中兴王朝。但是，他们深知不推出两位皇太后权理朝政，将无法解释废除已经确立的赞襄政务王大臣执政的合理性，无法

[1]《新唐书 · 则天皇后纪》，总第 696 页，中华书局，1975 年。

顺利取得“御赏”、“同道堂”两枚玺印并使用。于是，不得不把本意修改为皇太后权理朝政，实则意欲让皇太后身居“后宫而问政”，挂名“亲操政权”。因为“垂帘”必然临朝，还是不垂帘好。

那么慈禧为什么没有接受贾桢、周祖培等四人奏折的建议，决定“垂帘”呢？按当时人的私下议论，似乎“年轻太后之圣容岂可轻于人见，必有遮护以示懿威”[1]，“倘视两太后共坐，奏对或失威仪”[2]。从表面分析，确如时人猜测，两宫皇太后并尊，并排而坐颇不雅观，朝臣们的视线会游移于二人身上，如何问话并作面谕。更何况两位皇太后年纪尚轻，姿容尚姣好，抛头露面也有些难为情。有帘则不同。有一道屏障遮护，召对更显从容。这只是不太重要的原因，其实慈禧另有不可告人的深意。她并不真正相信奕䜣及诸位拥戴大臣，她所要实现的是临朝执政，而不是听政，且不想让奕䜣充当“二传手”。她深恐以奕䜣为首的中枢大臣架空自己，成为挂名的“亲操政权”。既然要临朝执政，面对朝臣，又不想把面貌、身体在群臣面前暴露无遗，特别是那些生疏的外臣和新引荐的中下级官吏，那就只能垂挂帘子来遮掩。不论唐代之前的和熹邓皇后、顺烈梁皇后，晋代的康献褚皇后，还是唐之后的章献刘皇后，辽代萧皇后，明代的仁圣皇太后、慈圣皇太后，她们当国理政都是身居后宫，并非垂挂帘子。[3]真正名副其实地垂帘临朝执政者，只有清代的慈禧和慈安。

以慈禧之聪明，如何能不辨诸臣的用意，只是装作不知，不便揭穿而已。在奕譞九月十八日回銮北京之前于热河酒仙庙驿馆秘密撰写的《谕内阁解赞襄政务王大臣任》中，原本是历数赞襄政务王大臣罪过并予解任，最后却突兀地加上“至皇太后应如何垂帘之仪，着一并会议具奏”18个字。在贾桢、周祖培等四人的奏折之后，再次加上“至皇太后应如何垂帘之仪，着一并会议具奏”[4]18个字，更为突兀地加上“并派奕䜣等会议皇太后垂帘听政事宜”[5]16个字。

[1]（清）张培仁：《静娱亭笔记》卷一〇。

[2]（清）夏炘：《闻见一隅录》卷二，“日下录”，景紫堂刊。

[3] 李慈铭：《临朝备考录》，载《清代档案史料丛编》第1辑，第27页。

[4] 中国第一历史档案馆藏：《上谕内阁》，咸丰十一年九月十八日，胶片113。

[5] 中国第一历史档案馆藏：《上谕内阁随手档》，咸丰十一年九月三十日。

这两件软片文物，至今庋藏于中国第一历史档案馆，无疑成为这段历史的见证。后加的一句话，行文气势与笔迹有差异，应是慈禧所为，或指使某人所为。可以想见，奕䜣在宣读两份上谕时，应该是吃惊的，领教了慈禧的阴险与狡诈。慈禧这是强制诸臣之意。咸丰皇帝病逝后，只有两宫皇太后与赞襄政务王大臣可以拟写诏书，传达嗣皇帝圣意，而这时赞襄政务王大臣已经被解任、逮捕。在令人肃然惊惧的政变现场，奕䜣焉有不照本宣读之理！这样，皇太后直接临朝执政便成为不容置疑的了。慈禧便成为清代仅保留皇帝年号，自己亲操政柄的女皇了。

贾桢（1797–1874），字筠堂，山东黄县人。父贾允升，乾隆六十年（1795）进士，官至兵部侍郎。道光六年（1826）贾桢一甲进士第二名，直授编修、侍讲学士，入直上书房，“授六皇子读”。[1]历任詹事、内阁学士、工部及户部侍郎。自道光二十七年始，连擢升左都御史、礼部与吏部尚书。咸丰二年（1852）擢协办大学士，加太子太保，充上书房总师傅，翰林院掌院学士。咸丰四年拜体仁阁大学士，再晋武英殿大学士。

咸丰十年（1860）八月英法侵略军进逼北京，皇帝避走承德避暑山庄，命贾桢留守北京“充京城团防大臣”。贾桢临危受命，令所辖职司各尽职守，自己则率禁兵“日危坐天安门，阻外军不令入”皇城，“及与会议，慷慨不屈”，誓与京城共存亡[2]，引众留守大臣、将帅钦服。

咸丰十一年（1861）七月皇帝病逝后，嗣皇帝回銮。贾桢偕周祖培、沈兆霖、赵光联名上疏，辩释赞襄政务王大臣主持政局不合体统，劝谏皇太后亲理朝政，成为辛酉政变的积极支持者。

同治初年，鉴于安徽捻军降将苗沛霖拥兵自重，疏请朝廷密视苗军动向，暗察胜保行迹，成为杀胜保案的始作俑者。[3]同治三年（1864）主持《文宗实录》、《文宗圣训》编辑完成，“以监修劳，赐花翎”[4]。同治六年，

[1]《清史稿》,《列传》一七七，总第 11727 页。

[2]《清史列传 · 贾桢传》，第 196 页。

[3]（清）陈汝恭 :《句溪杂著续录》卷五，“光绪戊子”，广雅书局。

[4]《清史稿》,《列传》一七七，总第 11728 页。

贾桢年70，皇太后以皇帝名义赐寿宴寿酒，“恩礼甚渥”[1]。同治十三年六月病卒，朝廷颁诏“一生持躬端谨，学问优长”，特恤金200两治丧，赐谥“文端”，入贤良祠。

[1]《清史稿》，《列传》一七七，总第11729页。

论功行赏，胜者皆大欢喜

辛酉政变之前，恭亲王奕䜣所作的人事准备是为了赢得支持，拉结武官是为了做好军事戒备。最少要有几位统帅武装力量的长官是忠实于皇太后或奕䜣的，政变一旦需要诉诸武力则不至于指挥不灵。还有一项准备，是要在政变胜利伊始公布的，这就是宗人府最高长官宗令，为的是处治载垣、端华、肃顺等宗室亲贵。原来的宗令是载垣。在十月初一日，第一道上谕：

咸丰十一年十月一日，内阁奉上谕：近来国家诸项大事，勋劳首推恭亲王奕䜣，着授为议政王，在军机上行走[1]。

授予奕䜣议政王并入军机处之后，便宣布第二道诏谕，内容简单明确：

咸丰十一年十月一日，奉上谕：宗人府宗令着恭亲王奕䜣补授。钦此。[2]

宗人府是掌管皇家、宗室内部一切事务的最高行政管理衙门，顺治九年（1652）设置。凡皇族宗支鉴别、玉牒纂修、宗室封爵、王公将军议叙评定、罪过议处与惩治、陵庙祭祀、皇帝巡幸扈从、宗室纠纷处理、宗室教育及宗室子弟学校管理，等等，皆属其职责。最高长官为宗令，1 人，多以亲王充任；左宗正、右宗正各 1 人，为副职，多以亲王、郡王充任；左宗人、右宗人各 1 人，为秘书长，以郡王、贝勒充任，处理日常事务。下设府丞、主事、经历、左理事、右理事、副理事、委署各若干名，笔帖式若干名。宗人府内设银库、黄档房、空房（牢房）、宗室觉罗学堂等。远支宗室按旗管理，近支宗室按翼管理。

授予恭亲王奕䜣议政王和宗人府宗令，是辛酉政变后的政权建制需要和善后事宜，是巩固政变成果的必然安排。慈禧深知，把大清国的最高权力从赞襄政务王大臣手里夺过来，是许多人参与和襄助的结果。历来政治斗争都是成王败寇，需要承受巨大的政治风险，因此胜利之后的奖赏是必要的。

[1]《清代档案史料丛编》第 1 辑，《辛酉政变》第 40 条，第 111 页。

[2]《清代档案史料丛编》第 1 辑，《辛酉政变》第 40 条，第 111 页。

政变的首功在奕䜣。十月初一日的第一道上谕说，“近来国家诸项大事，勋劳首推恭亲王奕䜣”。所以胜利伊始便连连奖赏奕䜣。继十月初一日的两项人事任命之后，十月初二日又是两道上谕。

第一道上谕：

> 咸丰十一年十月二日，奉上谕：赏恭亲王奕䜣补授总管内务府大臣。钦此。[1]

总管内务府大臣，掌管一切内廷事务及上三旗（镶黄旗、正黄旗、正白旗）包衣（满语，汉译“家里的”）政令事项。凡宫廷内部、上三旗内部文武官员升降除授、财务入支、仓储进出、兵役使用、秀女选放、工程设计、刑罚奖赏、宫廷宴飨、祭祀祝嘏、帝后膳食、御用服物、优恤安抚、陵苑管理、巡更保卫、巡幸往复、医药茶宿、监管玺印、扈从服侍、太监使用、皇子公主婚嫁及家务等，都归总管内务府奉命核定办理。总管内务府大臣，或称内务府总管、包衣总管、包衣按班，满语称包衣昂邦。内务府衙门建于顺治三年（1646），除负责宫廷帝后生活以外，原只管理“上二旗”（镶黄旗、正黄旗）事务。多尔衮死后，顺治八年将原多尔衮统领的正白旗归于皇帝名下，遂有“上三旗”包衣之称。顺治十年裁撤内务府，设十三衙门代替内务府管辖事务。顺治十八年顺治皇帝死后，恢复内务府。内务府大臣职秩初为正三品，雍正十三年（1735）改定正二品。级别虽然不算太高，却是满族官员人人奢望的差事，因为权力多而大，是容易贪污受贿的肥差，且多系奉皇帝之命办事，易得皇帝褒奖。内务府大臣未定员额，一般由宗室王公、领侍卫内大臣、满族尚书充任，或者从内务府所辖的上驷院卿、武备院卿、奉宸院卿擢升充任。奖赏奕䜣补授总管内务府大臣确实是对他的奖赏，这是不言而喻的事实。辛酉政变之前，总管内务府大臣由肃顺兼任。

第二道上谕：

[1]《清代档案史料丛编》第1辑，《辛酉政变》第47条，第124页。

咸丰十一年十月二日，奉上谕：授恭亲王奕䜣管理宗人府银库，钦此。[1]

奕䜣前一天被补授宗人府宗令，第二天再被授权管理宗人府银库。宗人府的最高长官、族长，又具体掌管银库，于理不合，但是一个巨大的肥差。是让他尽情贪占还是故意给他创造贪污机会，以便随时查办？恭亲王虽然是晚清最富有的王爷之一，但也是一位比较清正廉洁、谨慎的王爷。后来奕䜣在晚清政坛上四次被慈禧贬黜，却从未被指贪渎。据传，恭王府是历史上和珅的府邸，改建时下人曾在花园内堆设"一池三山"以象征仙山琼阁，他坚决不接受，以土填塞水池，仅留一岛，岛上仅建一敞榭，其余皆废掉，恐有僭越之嫌，可见其谨慎。

自十月初一日授予恭亲王奕䜣议政王军机处行走开始，继之授予宗人府宗令，管理宗人府银库，补授总管内务府大臣，已经连续发下四个上谕。皇太后似乎觉得还不够，十月初八日发下第五道上谕，尽摆奕䜣功劳之后，进一步嘉奖奕䜣：

着赐奕䜣亲王爵世袭罔替。[2]

"亲王爵世袭罔替"是什么意思呢？清代的宗室爵位分亲王、郡王、贝勒、贝子、公、将军，自皇太极称帝开始实行继承制，顺治、康熙沿用，但并不规范。雍正十三年（1735）定制，确定爵位由长子或某一子承袭，无子者可通过宗人府履行手续，选人过继。非觉罗宗室者的爵位，通过旗主申请过继儿子承袭。承袭爵位实行递降制度，即亲王其子承袭降一级为郡王爵，其孙承袭再降一级为贝勒爵，以此顺序递降。延续过程中，子孙有大功者可以由皇帝加恩颁旨赐封某一级爵位，同时又对具有特大功勋者赐世袭罔替，即世代袭亲王爵而不递降。这种子孙承袭永远不变的王爵，被民间俗称为"铁帽子王"。赐封奕䜣为铁帽子王是何等尊荣啊！清代的铁帽子王只是尊荣和享受永远不变的秩俸，用今天的话说就是荣誉、地位永远不变，且享受最高等

[1]《清代档案史料丛编》第1辑，《辛酉政变》第48条，第125页。

[2]《清代档案史料丛编》第1辑，《辛酉政变》第60条，第139页。

级工资，并不是像评书里说的那样有“免死牌”，一旦犯有死罪可免于一死。辛酉政变中的三位被处死者都是世袭罔替亲王的后代。郑亲王端华与肃顺是努尔哈赤的弟弟舒尔哈齐的后代，同父异母兄弟，都姓爱新觉罗，其先祖郑亲王济尔哈朗与多尔衮同时辅佐顺治，雍正六年（1728）被赐封“亲王世袭罔替”，但在这次政变中同时被处死。怡亲王载垣与皇帝血缘更亲，不仅同姓，而且是宗室“载”字辈分。其先祖允祥是康熙第十三子，与雍正皇帝亲密无间，虽然二人不是一个母亲，但因允祥母章佳氏早亡，允祥由雍正皇帝生母孝恭仁皇后乌雅氏抚育，是雍正皇帝最忠实的弟弟。雍正封他母亲为敬敏皇贵妃，赐允祥“亲王世袭罔替”，但其后代载垣在此次政变中也难免一死。可见，政治是以政治意识为纽带的利益组合，政变是不讲感情的暴力行为，成王败寇，残酷而又现实。

恭亲王奕䜣深知本朝历史，他的老师贾桢不会不讲。奕䜣对于这一封赏本着见好就收、过犹不及的心理，深深表示感谢，但是不便领受，“洒泪固辞，情词至为恳挚”，“该王辞谢倍力，声泪俱下”。[1] 奕䜣坚辞这一封赏，其中何尝没有对其父、其兄两代皇帝的怨恨！道光皇帝舍弃奕䜣，选择皇后生的奕詝为继承人，而咸丰即位后又冷落奕䜣，连钦定的辅政大臣都没有他。奕䜣势必感触良多，一时竟不知所从！对于奕䜣30岁以前的经历，从皇室成员到两宫皇太后，到年长的在朝官员，谁都心知肚明。所以上谕中写“我母后皇太后、圣母皇太后再三申明，此系先帝恩旨”[2]，以此化解奕䜣心中的积怨。但是，如此说法，能让奕䜣信服、平复情绪吗？奕䜣原在军机处行走都被罢斥，姑且不说赞襄政务没有自己的一席之地，何来诸多封赏！归根到底，还不是我奕䜣不避风险保你慈禧当了女皇换来的！依你慈禧的心术、权术，我奕䜣前途还难卜呢！正是因为还有这一层心思，加上中国传统的福兮祸所伏的思维模式等，奕䜣效仿雍正朝怡亲王允祥“坚辞”亲王爵世袭罔替的做法，“凡事皆须看淡些”。〔17-1〕

上谕已经当众下传，奕䜣竟固辞不受，怎么办？不得不在三天后再下传一道上谕：

[1]《清代档案史料丛编》第1辑，《辛酉政变》第61条，“上谕内阁”，第140页。

[2]《清代档案史料丛编》第1辑，《辛酉政变》第61条，“上谕内阁”，第140页。

[图17-1] 和硕恭亲王奕䜣于同治八年拍摄照片，时年39岁

两宫皇太后未忍重拂其（奕䜣）意，不得已姑从所请，将世袭亲王罔替之旨暂从缓议，俟朕亲政之年，再行办理。[1]

由于奕䜣坚持不接受“亲王爵世袭罔替”这一崇高待遇，两宫皇太后不忍心违拗奕䜣的意愿，所以暂缓授予，待小皇帝成年亲政以后再行办理。同治十二年（1873）经慈安皇太后提醒，特颁旨“赐恭亲王奕䜣亲王爵世袭罔替”。

政变有功者不止恭亲王一人，赏赐奕䜣之后，凡辛酉政变的功臣都要分别得到擢升、奖赏。除恭亲王奕䜣以外，仁寿、奕譞、绵森、桂良、贾桢、周祖培、赵光、沈兆霖等都因地位已经极高，而得戴双眼或三眼花翎，食双俸，赏太子少保、太子太保、太子太傅一类荣誉称号，其中桂良、周祖培、沈兆霖位列军机大臣，绵森实授刑部尚书、御前大臣。文祥一身荣任多职：左都御史、工部尚书、兼署兵部尚书、总管内务府大臣之一、满洲都统。曹毓英一个微不足道的汉员领班军机章京，擢升军机大臣学习行走，跻身军机大臣行列，授顺天府丞，三个月后即成为正式军机大臣、大理寺卿、工部侍郎，转年升兵部尚书、左都御史，成为正一品大员。赵光从兵部侍郎兼署刑部尚书，实授刑部尚书，兼署工部尚书。僧格林沁赏博多勒噶台亲王，戴三眼花翎，食亲王双俸。胜保以四品衔晋升兵部侍郎，特简钦差大臣，督办河南、安徽、山东、山西四省军务、满洲副都统，成为正二品的武官。董元醇从监察御史六品谏官晋升山东按察使，成为正二品的大员。此外，那些参与通报信息的军机章京们，诸如朱修伯、吴台朗等人也都在奕䜣、文祥的举荐下，内晋侍郎，外放府、道，均得二、三、四品官级。

在有功者中，原已位居尚书的沈兆霖，虽然官运通畅，但后半生颇具戏剧性。

[1]《清代档案史料丛编》第1辑，《辛酉政变》第61条，“上谕内阁”，第141页。

沈兆霖（1809-1862），字朗亭，浙江钱塘（今浙江省杭州市余杭镇）人。道光十六年（1836）进士，历任翰林院编修、国子监司业、侍讲、詹事，入直南书房，充惇郡王奕誴师傅。咸丰二年（1852）以后历任侍郎、工部尚书、署户部尚书、兵部尚书等，每向皇帝奏疏军事，多得允行。咸丰十一年，英法联军进逼京师，沈兆霖主张皇帝留京，以振奋人心。咸丰逃跑热河，沈兆霖是留守北京大臣之一，主张皇帝尽早回銮。辛酉政变中奏请两宫皇太后权理朝政，政变后充任军机大臣。同治元年（1862）外放任陕甘总督，受命平定西北回民起义。七月凯旋回师。军兵行进于“平番（今甘肃省庄浪县）二道岭沟”，天降雨雹，山水骤发，沈兆霖及随行兵弁被山水吞没。待山水泄过以后，沈兆霖尸体“犹端坐舆中”。[1]殁后赠太子太保，谥号“文忠”。

赵光（1792-1865），字蓉舫，云南昆明人。嘉庆二十五年（1820）进士，选庶吉士，道光初年散馆授翰林院编修。累迁御史、给事中、光禄寺少卿，先后五次充任内阁学士。咸丰初年下诏求言，一时奏疏纷递，唯赵光“奏陈时务”，“最为切中，言之凿凿，据实抒论，深得上意”，被皇帝“优诏嘉纳”。[2]擢升兵部侍郎，调户部侍郎。咸丰三年（1853）再署工部尚书，累迁吏部、兵部、户部、刑部尚书。咸丰皇帝北逃避暑山庄期间留守京师，是辛酉政变的主要支持者。同治四年（1865）病逝，赐谥“文恪”。

[1]《清史稿》,《列传》二〇八，总第12150页。

[2]（清）继昌：《行素斋杂记》卷下。《清史稿》,《列传》二〇八，总第12157页。

败者获罪，可悲可叹

两宫皇太后对于政变有功官员和平日素所看重的人员，包括太监安德海，都给予擢升和奖励之后，开始对政敌作出公开宣判与处治。继九月三十日在上谕中宣布原赞襄政务八大臣罪状之后，十月初六日，传旨宗人府会同内阁、三院、六部、九卿、翰、詹、科、道召集会议（这就是所谓的廷议，朝廷最高级别的会议，具有终审裁定的权力），对八大臣定罪量刑。因为三名主犯皆属宗室权贵，排在第四的景寿是额驸，是道光皇帝的女婿，是恭亲王奕䜣的亲姐夫，所以也要由宗人府出头审理。其他四位从犯，穆荫、匡源、杜翰、焦祐瀛，则由刑部审结后交廷议讨论。经过十月初六日整天廷议，分歧意见确实存在，争论在所难免。有些都察院的御史，是可以直言不讳的。争论的焦点主要是罪名，认为不能定叛逆罪，应该说这是实事求是的认识。正因为如此，根据宗人府优待皇室人犯条例，只要不是叛逆罪，自王以下宗室不定死刑。刑部满尚书绵森也是这种意见。后来刑部汉尚书赵光反复说明、强调，晓以利害，无非是“惊扰圣驾”，“藐视两宫皇太后”，“非杀不足以蔽其辜，而树皇太后临朝之威”[1]等，只是不好说破慈禧欲置三人于死地。绝大多数朝臣已经心领神会，才算统一认识，决定“比照大逆谋反罪处死三人”。廷议总算审结完毕，形成了一个统一意见。有些官员仍然持不同意见，但不便再继续坚持。

审结卷宗，最后以恭亲王奕䜣领衔，共有24个衙门的堂官（主持该衙门事务的一号首长）签名上奏。其结论意见是：

> 遵旨会议拟定载垣等罪名，同时奏请钦派王公大臣监视行刑。请将载垣、端华、肃顺照大逆律凌迟处死。景寿、穆荫、匡源、杜翰、焦祐瀛俱革职，发往新疆效力赎罪，均属咎由自取。[2]

另有时人笔记作品记载，八大臣中五名从犯，“各杖一百，流（放）三千里”。此议被两宫皇太后修改，为的是“似罪状不尽同，以示区别”，作出不

[1]（清）夏炘：《闻见一隅录》卷二，“日下录”，景紫堂刊。

[2]《清代档案史料丛编》第1辑，《辛酉政变》第57条，第129页。

同处理。[1]

清代此类宗室权贵或正三品以上高级官吏案件的会审定罪与处治，长时间存在一个不成文的规矩：会审报告简单，罪名、量刑偏重。形成这一规矩的原因是，这类案件都是皇帝钦点案件，各官和有关衙门遵命行事，唯恐说得不确切，轻则遭来皇帝申斥，重则被认为怂恿包庇。所以，行文简单，罪名与量刑却很重，为皇帝钦批时留下法外施恩的余地。皇上的朱批上谕，罪名则同意审结报告，即罪名很重，量刑则适当从轻，或是在处死的前提下改为非残忍方式，如凌迟处死改为枭首或自尽，或个别终生圈禁者（如皇帝的直系亲属），可表明皇上法外施恩，以仁爱治天下。

廷议会审报告一经奏上，立即便发下上谕，可见慈禧的意见预先已定，又是一份事先拟好的处治八大臣的诏谕。这时众朝臣才体会到刑部尚书赵光等人的高明之处，善于迎合慈禧的心理。上谕原文如下：

咸丰十一年十月初六日，内阁奉上谕：

宗人府会同大学士、六部、九卿、翰、詹、科、道等定拟载垣等罪名，请将载垣、端华、肃顺照大逆律凌迟处死等因一折。

载垣、端华、肃顺朋比为奸，专擅跋扈，种种情形，均经明降谕旨，示知中外。至载垣、端华、肃顺于七月十七日皇考升遐，即以赞襄政务王大臣自居，实则我皇考弥留之际，但面谕载垣等立朕为皇太子，并无令其赞襄政务之谕（这里改为不承认咸丰遗诏钦命“八位王大臣赞襄一切政务”。在董元醇、胜保和贾桢、周祖培、沈兆霖、赵光的奏折，甚至在九月三十日的上谕中还承认赞襄政务王大臣的事实，这时又矢口否认，是强词夺理，诬指八大臣矫诏，正所谓欲加之罪何患无辞）。载垣等乃造作赞襄名目，诸事并不请旨，擅自主持，即两宫皇太后面谕之事，亦敢违阻不行。御史董元醇条奏皇太后垂帘等事宜，载垣等非独擅改谕旨，并于召对时有伊等系赞襄朕躬，不能听命于皇太后，伊等请皇太后看折，亦系多余之语。当面咆哮，目无君上情形，不一而足。且每言亲王（恭亲王奕䜣）等不可召见，意存离间，此载垣、端华、肃顺之罪状也。

[1]（清）平步青：《霞外攟屑》上，卷一，第98页。

肃顺擅坐御位，于进内廷当差时，出入自由，目无法纪，擅用行宫内御用器物，于传取应用物件，抗违不遵，并自请分见两宫皇太后，于召对时，词气之间，互有抑扬（指肃顺对慈禧、慈安的不同态度，确有贬抑慈禧，褒扬慈安的言词与作法。其实，这是咸丰临终时的嘱咐），意在构衅，此又肃顺之罪状也。一切罪状，均经母后皇太后、圣母皇太后面谕议政王、军机大臣，逐款开列，传知会议王大臣等知悉。

兹据该王大臣等“按律拟罪，请将载垣、端华、肃顺凌迟处死”，当即召见议政王奕䜣、军机大臣、户部左侍郎文祥、右侍郎宝鋆、鸿胪寺少卿曹毓英、惠亲王绵愉、惇亲王奕誴、醇郡王奕譞、钟郡王奕詥、孚郡王奕譓、睿亲王仁寿、大学士贾桢、周祖培、刑部尚书绵森，面询以载垣等罪名，有无一线可原。据该王大臣佥称：载垣、端华、肃顺跋扈不臣，均属罪大恶极，于国法无可宽宥，并无异词。朕念载垣等均属宗支，遽以身罹重罪，悉应弃市，能无泪下？惟载垣等前后一切专擅跋扈情形，实属谋危社稷，是皆列祖列宗之罪人，非独欺凌朕躬为罪也。在载垣等未尝不自恃为顾命大臣，纵使作恶多端，定邀宽宥。岂知赞襄政务，皇考并无此谕（再次诬指八大臣矫诏，为政变作诡辩，为处死三人找理由），若不重治其罪，何以仰付皇考付托之重，亦何以饬法纪而示万世？即照该王大臣等所拟，均即凌迟处死，实属情真罪当。惟国家本有议亲议贵之条，尚可量从末减。姑于万无可贷之中，免其肆市。载垣、端华均着加恩赐令自尽，即派肃亲王华丰、刑部尚书绵森，迅即前往宗人府空室传旨，令其自尽。此为国体起见，非朕之有私于载垣、端华也。至肃顺之悖逆狂谬，较载垣等尤甚，极应凌迟处死，以申国法而快人心。惟朕心究有所未忍，肃顺着加恩改为斩立决，即派睿亲王仁寿、刑部右侍郎载龄，前往监视行刑，以为大逆不道者戒。

至景寿身为国戚，缄默不言（泄露慈禧偷听咸丰临终遗诏的马脚），穆荫、匡源、杜翰、焦祐瀛于载垣等窃夺政柄，不能力争，均属辜恩溺职。穆荫在军机大臣上行走最久，班次在前，情节尤重。该王大臣等“拟请将景寿、穆荫、匡源、杜翰、焦祐瀛革职，发往新疆效力赎罪，均属咎有应得”。惟以载垣等凶焰方张，受其钳制，均有难于争衡之势，其不能振作，尚有可原。御前大臣景寿，着即革职，加恩仍留公爵并额驸品级，免其发遣。兵部尚书穆荫，着即革职，加恩改为发往军台效力赎罪。吏部左侍郎匡源、署礼部右侍郎杜翰、太仆寺卿焦祐瀛，均着即行革职，加恩免其发遣。钦此。[1]

上谕公布罪行和作出处理决断，有三点值得说明。

一是罗织罪名罪状。主要罪过是不敬皇太后，更确切说是不敬慈禧。表现是专擅跋扈，坚决反对皇太后垂帘执政。其实在当时反对皇太后垂帘执政是正常的，拥护皇太后干预朝政才是不正常的。说肃顺“擅坐御位”、内廷当差“出入自由”，到避暑山庄“擅用御用器物”，都是在罗织莫须有的罪状。上述事情存在也不能构成死罪。

二是诬指罪行。称三名主犯“赞襄政务，皇考并无此谕”，他们是矫诏自谋辅政。当时咸丰死后两个多月皇太后承认咸丰遗诏，到政变后不承认遗诏，只承认立皇太子。这种诬指是拙劣的。一直到今天，当年的《军机处上谕档案》还在，而且还有《军机处随手档》，是咸丰死前的谈话记录，更是佐证。慈禧诬指矫诏自谋辅政可以达到两个目的：既可以说八大臣有重大罪行，又为辛酉政变提供合法依据。不过，诬指罪行有点卑鄙。

三是八大臣的罪过不能构成反叛谋逆罪。上谕只能说事和批判，从廷议审结报告到上谕，数十人绞尽脑汁也只能罗列有限的几条罪行。结论只能是大逆不道，但在《大清律》中并无“大逆不道”罪名。

上谕处治，应该说体现了宽严结合，即首恶者必死，胁从者从轻。十月六日上谕一经下传，各职司及钦命王大臣即开始行刑。

行刑情况，据历史笔记作品记录，颇耸人听闻。“肃顺之死，犬来吮其颈血，头悬数日。其同党怡、郑二王均赐自尽。怡王对其家人言，身后殓葬及处分家产之事，死时穿白袍。郑王亦对其家人有言，但战栗不能成声。以白绸为环，下置低几，侍者扶二王登几，以帛套颈而撤其几。二王家人则环哭于旁。怡王不久气绝，郑王身肥重，帛断堕地。第二次又上始绝。宗人府之人，乘机向二王家人索贿万金，始得移尸成殓。”[2] 家属交银钱是为了收

[1]《清代档案史料丛编》第1辑，《辛酉政变》第56条，第136页。

[2] [英]濮兰德、白克好司：《清室外纪》，第124页。

尸时得到宗人府执事人的帮助，减少麻烦，并非宗人府“索贿”，亦不需“万金”。

曾经为辛酉政变提供过《临朝备考录》的李慈铭，适值抱病在家，听闻肃顺囚车赴刑场过其家门，在日记中记述目睹情景:“是日肃顺弃市，肃顺白服，缚甚急，载以无帷小车，亲属无临送者。”[1]

当时薛福成对肃顺的临刑状况有过详细记述：

> 肃顺以科场、钞票两案，无辜害者尤多。都人闻将杀肃顺，交口称快。其怨家皆驾车载酒驰赴西市观之。肃顺身肥面白，以大丧白袍、布靴，紧结置牛车上，过骡马市大街。儿童欢呼曰：“肃顺亦有今日乎？”或拾瓦砾、泥土掷之。顷之，面目遂模糊不可辨之。将行刑，肃顺肆口大骂，其悖逆之声，皆为臣子者所不忍闻。又不肯跪，刽子手以大铁柄（即行刑砍刀背）敲之乃跪下，盖两膝已碎矣，遂斩之。[2]

薛福成在记述中提到“肃顺以科场、钞票两案，无辜害者尤多”，即京城因两案仇视肃顺者多，才有向其囚车抛瓦砾、掷泥土以泄私愤的行为，才有闻杀肃顺而载酒庆贺者。

“科场案”即指戊午科场案，发生在咸丰八年，夏历戊午年。主犯柏葰，是以军机大臣任顺天乡试正主考官。腐败是封建社会的本质特征，科场舞弊现象屡禁不止。八月考毕，发榜之日发现一名叫平龄的伶人考中第七名，一时舆论哗然，京城引为奇谈。[3]

御史孟传金奏报皇上，平龄的试卷“朱墨不符”，请求皇上特旨“复试”。咸丰遂派载垣、端华及吏部尚书陈孚恩查办。经查核，有问题的试卷多达 50 多份。[4] 陈孚恩办事认真，一查到底，从平龄口供查出兵部主事李鹤龄充当科考中间人，为刑部主事罗鸿绎打通关系，递信副主考官蒲安，以求考中。蒲

[1] 李慈铭：《越缦堂日记补》“辛集”卷下。

[2] 薛福成：《庸庵笔记》，第 63 页。

[3] 何德刚：《春明梦录》卷一，第 24 页。

[4]《清史稿》，《列传》一七六，总第 11720 页。《清史列传 · 柏葰传》。

安请托正主考官柏葰的管家靳祥。柏葰因年迈，家中诸事尽仰赖管家靳祥料理，便依靳祥意将考卷调换，使罗鸿绎、平龄等人考中。

案情已清，即正副主考官相携作弊，有中间人斡旋，各取其利。柏葰就得自认倒霉，这次弄出个唱戏的中举，还名列前茅，否则也就平安无事了。偏偏查案又遇到一个认真的人，咸丰又以肃顺意见为是，肃顺又极力想挞伐科场舞弊之风。咸丰皇帝原以柏葰“早正揆席，勤慎无咎”（柏葰是很早成为军机大臣的官员，一向勤恳谨慎行事，没有过错），这次就想从轻处治。[1]偏偏又碰上个没有主见的皇帝，当肃顺等查办大臣一坚持“亟宜执法，以惩积习”[2]，便同意严惩，来了一个挥泪斩柏葰。皇帝朱批道：“情有可原，法难宽宥，言念及此，不禁垂泪。”[3]同时被斩首的还有蒲安、罗鸿绎、李鹤龄。其余相干数十人被责罚、流放。柏葰是一名老臣，门生故吏自然很多，被牵连者更是无数。站在个人立场上，认为肃顺“兴大狱以树威”[4]者有之。柏葰与胜保关系颇善，故胜保鸣不平，认为肃顺“罗网弥天，衣冠扫地”[5]。但是，许多人也承认，在腐败非常普遍的封建时代，重典是治乱有效之策。柏葰之后，“科场风气为之一肃，数十年诸弊净绝”[6]。孰是孰非，真是见仁见智了。

“钞票案”中，被株连的人更多，有舞弊渎职的官员，有投机商人。追究官员数十名，查抄商户数十家，且大多籍没家私，使多少人倾家荡产！肃顺为朝廷效命，不留余地，“穷究严办”。在乌烟瘴气的社会环境里，认真者无疑是要承担恶名的。如八旗俸饷基本是不劳而获，朝廷赐给特权阶级的利益。你肃顺没差事时不是也享受过不劳而获的四品宗室俸禄吗？怎么你为了解决朝廷财政拮据就要减发八旗俸饷！骂名你肃顺不承担谁来承担！

随着载垣、端华、肃顺被处死，景寿、穆荫、匡源、杜翰、焦祐瀛被免官、发配，那些往日追随“三巨头”，或平日与“三巨头”关系密切者，或受其保举为官者，也纷纷获罪。据《清代档案史料丛编》、《清史稿》相关记

[1] 陈康祺：《郎潜纪闻初笔二笔三笔》，第 99 页。

[2] 薛福成：《庸庵笔记》，第 78 页。

[3] 王之春：《椒生笔记》，第 24 页。

[4] 薛福成：《庸庵笔记》，第 78 页。

[5] 朱克敬：《瞑庵二识》，第 95 页。

[6] 何刚德：《春明梦录》卷一，第 25 页。

载，株连者十余人，其中官职最高者是尚书陈孚恩和总督黄宗汉。当然也有虽与“三巨头”联系较多却平安无事者，如宋晋、高心夔、尹耕云等。

宋晋（？-1874），字锡蕃，江苏溧阳人。道光二十四年（1844）进士，选庶吉士，散馆授编修。道光二十九年奉命典河南乡试，因命题出现错误而遭吏部议处。皇帝传谕，宋晋“嗣后不得更与考试差”[1]。宋晋为人谦和，喜逢迎而不与人结怨，与“三巨头”联系颇多，历次朝考多系二等，仍能小得晋升。咸丰二年（1852）迁光禄寺卿，三年署礼部侍郎，五年奉命修《宣宗实录》，告成叙劳擢内阁学士，迭署户部侍郎、工部侍郎。咸丰八年，实授工部侍郎。

宋晋私好“养命补益之术”，“尝进补益方术，上多嘉纳之”。[2]由于宋晋是咸丰皇帝保健咨询者，皇上逃往热河时亦令随扈。辛酉政变后，调任仓场侍郎。道光末年南方漕米北运，因太平军封堵而从原来的河运改为海运，自天津入京仓。历年漕运“偷漏飞洒，岁损米綦巨”，同治六年（1869）事发，而“（仓场）侍郎及监督官凡数易”。慈禧决定凡历任职司皆分担赔补，宋晋赔偿两万石，再未追究，改任内阁学士。同治十二年调任户部侍郎，十三年卒于任上。

尹耕云（1820-1877）字杏农，江苏桃源（今淮安市泗阳县）人。道光三十年（1850）进士，直授礼部主事，迁郎中。因太平军起事“屡上书论防务，为文宗所知”，遂于咸丰五年（1855）调入惠亲王绵愉大将军帐下为谋士。其奏疏言“剿灭贼焚，及翦除钱法积弊，诸疏多见采纳”[3]，是咸丰与肃顺颇器重的人物。但是尹耕云性格耿直，素与载垣、端华不睦，曾多次于朝堂之上与端华、载垣争论。“议不合，耕云抗辩痛哭而罢。”[4]咸丰八年戊戌科场案中，因尹耕云充当顺天乡试监考官，被载垣、端华

[1]《清史稿》，《列传》二〇九，总第12176页。
[2] 朱克敬：《瞑庵二识》，第74页。
[3]《清史稿》，《列传》二一〇，总第12202页。
[4]《清史稿》，《列传》二一〇，总第12203页。

挟嫌报复，遭重裁，降两级调用。[1]

咸丰十年（1860）八月，皇上为躲避战事欲逃往热河，尹耕云代文祥草疏谏阻，咸丰不听。与文祥一起“规画留守诸事”，激于谏阻遭拒而京师濒危，与文祥相抱痛哭。[2]试想，这样一位忠正良臣，肃顺只是重视其才具人品，其所言所行皆与文祥相类，辛酉政变后焉有被株连之理。政变后曾勇率步卒5000，随僧格林沁军收复金楼寨，偕提督张曜克复捻军集窠，被皇太后赏戴双眼花翎，以道员记名，继被实授“河陕汝兵备道”。巡抚张之万、李鹤年“皆倚重之，军事多所赞画”[3]。光绪三年（1877）病逝于任上。

[1] 吴庆坻：《蕉廊脞录》，第79页。

[2]《清史稿》，《列传》二一〇，总第12203页。

[3]《清史稿》，《列传》二一〇，总第12204页。

刑狱株连与宽大为怀

政变之后带来政治倾轧与株连是在所难免的，因为封建时代是人治社会，胜者联袂咸荣，败者株连皆辱。特别是对于那些“眼底乾坤小，胸中块垒多”的政客们，任何政治风云、变故都是他们潮起潮落的契机。就在载垣、端华、肃顺三人被处死后的第二天，十月初八日，时任詹事府少詹事的许彭寿，上递《请察治党援》折。[1]这一奏请正中慈禧下怀，立即作出批谕：

载垣等素以揽附为能，朋彼为奸，前虽有所察，终不能以听闻为究念。着彭寿指实奏闻。[2]

于是许彭寿奏述称，“侍郎成琦、太仆寺卿德克津太、候补京堂富绩、侍郎刘昆、黄宗汉、尚书陈孚恩素与载垣三人为沆瀣。论形迹最著莫如孚恩，最密莫如侍郎刘昆、黄宗汉。平日所荐举者，则有成琦、德克津太、富绩等”[3]。许彭寿的“指实奏闻”，揭开了辛酉政变之后政治迫害的序幕。

被株连的主要官员是陈孚恩和黄宗汉，而且二人的品级、地位及当年对朝廷的贡献也是被株连者中最大、最显著者。慈禧对陈孚恩处治的诏谕称：

孚恩当大行皇帝行幸热河，命诸臣议可否，陈孚恩有“窃负而逃，遵海滨而处”之语，意在迎合载垣等。大行皇帝上宾，留京诸大臣中独召陈孚恩一人赴行在，足证为载垣等心腹。革职，永不叙用。[4]

慈禧对黄宗汉处治的诏谕，是以小皇帝的口气，称：

黄宗汉本年春赴热河，危词力阻回銮，迨皇考梓宫将回京，又以京城可虑，遍告于人，希冀阻止。其意存迎合载垣等，众所共知。声名品行如此，若任其滥厕卿贰，何以表率属僚？革职，永不叙用，以为大僚软媚者戒。[5]

[1]《清史稿》，《列传》二〇八，总第12155页。

[2]《清代档案史料丛编》第1辑，《辛酉政变》，“上谕”，第193页。

[3]《清史稿》，《列传》一七四，总第11704页。

[4]《清代档案史料丛编》第1辑，《辛酉政变》，“上谕”，第193页。

[5]《清代档案史料丛编》第1辑，《辛酉政变》，“上谕”，第195页。

处治的理由不是重大罪过，只是不计前功，唯论后过，而且论“后过”也不用罗织更多罪状，可见政治株连是以胜利者的是非为取舍。但是叙述历史不能完全依照胜利者的意愿为标准，因为历史上的功过应该由后人评说。

黄宗汉，生于嘉庆五年（1800），字季云，号寿臣，福建晋江人。道光十五年（1835）进士，选庶吉士，散馆授兵部主事，充军机章京。历任员外郎、郎中、道御史、给事中。道光二十五年外放广东，任督粮道，调雷琼道，擢山东按察使、浙江按察使。咸丰继位后由甘肃巡抚吴文镕推荐，升甘肃布政使。咸丰二年（1852），再升云南巡抚。未及上任，钦命赴江浙沿海“筹办军务海运”，镇压太平军及上海小刀会起事。以其“协防妥帖，筹算通盘”，“办理防务、海运，及本境治匪、察吏，精详无瞻顾”，皇上特赐御书“忠勤正直”匾悬于宅，意在“勉其慎终如始，以成一代良臣”。[1] 后因“数月间未奏事，降旨询问，以疾为言”，遭“下部议降调，来京简用”。[2] 适值英法联军攻陷广州，掳两广总督叶名琛去印度，朝廷遂授黄宗汉为两广总督，兼南洋通商大臣。黄宗汉将上任，恰乡民自发抗击英法，团练蜂起，朝廷又派桂良为钦差议和，但其外怵洋人，内畏民变，不满议和，一时难于有所作为。咸丰九年改调其为川陕总督，召京来见，十年实授吏部侍郎。[3]

黄宗汉为自己仕途计，兼及对奕䜣岳父桂良软弱妥、协议和不满，自然靠拢肃顺，“颇有同语”。辛酉政变后因肃顺受株连，前功不计，追夺当年咸丰御赐“忠勤正直”匾，“革职，永不叙用”。同治三年（1864），悒郁而终。

陈孚恩，字少默，号子鹤，江西新城（江西省黎川县）人，其父陈希曾，乾隆朝进士，任过工部侍郎、国史馆副总裁等职。陈孚恩道光五年（1825）拔贡，朝考优等入吏部为笔帖式。因办事勤恳，勇于任事，得大学士穆彰阿赏识，历任郎中、太仆寺少卿、通政司副使、太仆寺卿、大理寺卿、左副都御史、顺天府尹、工部侍郎、仓场侍郎、山东巡抚、军机大臣及吏、刑、兵部尚书等职，历道光、咸丰两朝。道光朝因惩贪办案精细，孚恩为官拒贿，特诏嘉奖，加头品顶戴，赐“清正良臣”匾。

[1]《清史稿》,《列传》一八一，总第 11767 页。
[2]《清史稿》,《列传》一八一，总第 11768 页。
[3]《清史稿》,《列传》一八一，总第 11767 页。

咸丰初年，陈孚恩在廷议中多次与载垣争论，而载垣以“忠悃致诚”被褒许，陈孚恩却以“失仪”被免官留任。孚恩遂以母年迈多病为借口辞官回江西原籍为民。

太平军进攻湖南、江西，许多地主、官员弃家逃跑，地方武装团练纷纷出现，陈孚恩受邀参与组织团练，对抗太平军。咸丰皇帝得知后，称许“惟陈孚恩等仍在省城巡防守御，足为士民矜式”[1]。江西巡抚张芾随之邀请陈孚恩帮办团练巡防事宜。适值太平军进攻省城南昌，陈孚恩率团练守城90天，后来得到曾国藩湘军之援，保全南昌城，受朝廷嘉奖。咸丰八年（1858），监察御史钱桂森奏请起用陈孚恩，得咸丰皇帝同意复官兵部右侍郎，不久授兵部尚书。

陈孚恩入朝为官，深知依靠权势的重要。道光朝因依靠穆彰阿而官运亨通，咸丰朝因触怒载垣而丢官。如今复官，吸取教训，遂与肃顺关系密切。而肃顺“对汉人中有才学者必罗而致之，或为羽翼，或为心腹，如匡源、陈孚恩、高心夔皆素所心折者”[2]。

陈孚恩与肃顺一样看不起恭亲王奕䜣。陈孚恩藐视奕䜣是因为有一些事情。例如，在英法联军进逼北京时，留守大臣中只有陈孚恩、文祥、周祖培和沈兆霖主张坚守北京，而奕䜣躲在北京城外，消极等待议和。不仅如此，与英法谈判，奕䜣又很软弱。咸丰十年（1860）九月，英法侵略军在听到咸丰皇帝已死，欲拥立奕䜣为傀儡时，在一次礼部会议大厅宴请英法军官的宴会上，让与会王公以下臣僚跪迎奕䜣，以试探奕䜣威信。所有朝臣均下跪，唯独陈孚恩站立不跪，并大声斥责：“王大臣事同一体，今日玉帛之会，观礼近万人，先朝典制俱在，不可紊也。”[3]陈孚恩认为，在大清皇帝面前，王公与大臣们同朝为官，都是皇帝的臣属，今日集会是化干戈为玉帛的宴会，观礼者近万人，大清朝的典制还在，怎么可以破坏王公大臣同侍、同拜一位皇帝的规矩！礼仪是不可乱的！可见陈孚恩刚直不苟且的性格。当然，如果咸丰皇帝不死，或者没有发生辛酉政变，八位赞襄政务王大臣没有被取缔，奕䜣

[1] 故宫博物院藏：光绪朝《续修江西通志》卷首之四，“训典”。

[2]《清朝野史大观》卷七《肃顺》。

[3] 胡思敬：《国闻备乘》卷一，“陈尚书罪不掩功”。

因在京的这一事件也将难辞其咎，甚至会被扣上谋逆的罪名。

咸丰十一年（1861）辛酉政变中，陈孚恩以“为载垣党援，形迹最著”的原因，被“革职，永不叙用”。后来在查抄籍没肃顺在北京和承德两地家产时，从肃顺家发现陈孚恩写给肃顺的信件，因其中“有暗昧不明语”[1]，被加重处罚。“暗昧不明语”，是指不便公开。据推测，应是向肃顺密报奕䜣在咸丰十年九月十四日宴请英法军官宴会上，接受留京与会大臣跪迎的事件。这无疑使奕䜣痛恨陈孚恩，遂逮捕其入狱，籍没其家产，追缴道光皇帝赐给他的“清正良臣”匾，流放新疆伊犁。

两年后，伊犁将军常清因陈孚恩“当差勤奋”为其报请嘉奖时，慈禧以其“获罪深重”，不予奖赏。同治四年（1865）西北回民起义，攻城，陈孚恩筹饷助兵守城。常清将军奏请开释陈孚恩，仍没有获准。同治五年四月，伊犁城被攻陷，陈孚恩战死，妾黄氏、儿子陈景和、儿媳徐氏、孙子小连被杀。全家在流放中殉难，实在可悲可叹。[2]

在平日交往中，与肃顺最亲密者除尚书陈孚恩、吏部右侍郎黄宗汉，还有户部右侍郎刘昆，被“革职，永不叙用”。受载垣推荐保举为官者，工部左侍郎成琦、太仆寺少卿德克津太、候补京堂富绩均被罢官。[3]其实这些官员，甚至包括穆荫、匡源、杜翰、焦佑瀛等，只是“或以愿谨取容，或以附和希进”[4]。在官本位的时代，谁能摆脱官禄、爵位的诱惑呢！此外，被载垣、肃顺纳为情报人员的军机章京伯克、总管太监杜双奎、袁添喜、王喜庆，小太监张保桂、刘二寿也被惩处。杜双奎被从重惩治，以致被杖杀。其余被发遣黑龙江为奴。另据记载，八大臣中只有肃顺家产被“全部查抄籍没”，“除热河私寓令春佑严密查抄外，其在京家产，着派希拉布前往查抄，毋容稍有隐匿”。[5]其余七名获罪者，包括载垣、端华家产均安然无恙。在受株连获罪者中，只有陈孚恩被流放新疆，家产被查抄籍没。可见，慈禧、奕䜣对肃顺、陈孚恩尤恨之入骨。

[1]《清史稿》,《列传》一七四，总第 11705 页。

[2]《清史稿》,《列传》一七四，总第 11705 页。

[3]《清史稿》,《列传》一七四，总第 11704 页。

[4]《清史稿》,《列传》一七四，总第 11705 页。

[5] 平步青 :《霞外攟屑》上，第 97 页。

辛酉政变中一次杀了三位宗室王公，又株连了十余人，一时间风声鹤唳，人人自危。“闲散宗室皆不敢聚集，不敢办公务，惴惴然闭门自处。”朝臣中各部、院堂官每每廷议事情，除了几位政变有功之臣尚可言事，其余者多是眼观鼻，鼻观心，一个个噤若寒蝉。如此一来，如何做事？遂再发上谕，重申对宗室刚柔相济、恩威并施的两手政策：

> 我宗室自开国以来，夹辅王室，历著公忠，载在史册。乃载垣等肆无忌惮，悖逆情形，凡在臣民，同深切齿，实为宗室之玷。嗣后我宗室务各恪遵家法，黾勉趋公，奋武揆文，同襄郅治，朕本一气，首重尊尊，庶几冀戴公朝，增辉瑶牒。其未登仕籍者，有才具出众，行谊醇备者，朕亦必量予录用，以彰我宗室人才之盛。倘或不自检束，身罹法网，则载垣等以亲王大臣，朕尚不能屈法市恩，况闲散宗室，岂能稍从宽宥，不执法以从事也！着管理宗人府王等，将此旨宣谕各宗室知之。[1]

这道上谕的大意是，爱新觉罗开国以来，关爱宗室，公忠体国者载入史册，但是载垣等不法行径，人皆痛恨，成为宗室耻辱。今后宗室人等应恪守家法，一心为公，学文习武，报效国家，作出业绩，为宗室增光。虽闲散而有才具者，朕会录用。倘有仍不自检点，以身试法者，朕亦不予宽宥。宗人府要把此上谕宣讲给宗室人等遵行。

为端正朝堂风气，活跃朝堂气氛，打消汉族官员顾虑，又颁谕称：“前者肃顺等贬满官而张汉员，是其乖狭欺朦之心而为。朕今则一本持平，诸王及不分满、汉大臣，皆该有事必言，言必由衷，一体协力任事，互为帮衬，方不辜朕期冀之念。”[2]

为让那些与“三巨头”有过交往的官员放下包袱，防止检举告发之风大开，以示慈禧的宽大为怀，接着又宣布理解朝臣们当初与载垣等人的正常联系。“何能与之绝无干涉？以后朕惟以宽大为心，不咎既往。尔诸臣亦毋许

[1]《清代档案史料丛编》第1辑，《辛酉政变》第58条，第140页。

[2]《清史稿》，《列传》一七三，总第11694页。

再以查办党援等事纷纷陈奏，致启讦告诬陷之风。”[1] 而且进一步告诫各衙门“无庸再事株求，以昭宽大”[2]。但是，总有好事者和欲借机置不睦者于刑狱之灾者，继续纠缠不休。慈禧为稳定政局，不得不再次明确强调："纠弹诸事，朕早有闻，特惩一儆百，力挽颓靡。此后不咎既往，诸臣亦毋以党援陈奏，致起讦陷。”[3] 为使朝臣们彻底放心，让宗人府及刑部在军机处办公所广场上，当众将查抄肃顺家的往来信件、账簿尽行焚烧。

十月二十九日，再颁上谕减轻朝臣们放松心理负担：

> 因思载垣、端华、肃顺权势熏灼，肃顺管理处所尤多，凡内外大小臣工赠答书函，均恐难于拒绝，当兹政令维新，务从宽大。自今以后，诸臣其各涤虑洗心，为国宣力，朕自当开诚相待，一秉大公，断不咎其既往，稍有猜疑。所有此次查抄肃顺家产内帐目、书信各件，着议政王、军机大臣，即在军机处公所公同监视焚毁，毋庸呈览，以示宽厚和平，礼待臣工至意。[4]

慈禧、奕䜣是真的没有再事株连吗？肃顺的往来信件真的没有呈览吗？那么陈孚恩重新加重处治怎么理解？陈孚恩原本以“革职，永不叙用”处治完毕，可是一个月后被又查抄籍没家产，并被流放到新疆伊犁，只是因为在他致肃顺的信中有“有暗昧不明语”。可见上谕及焚烧肃顺家的账目和信件是一次政治做戏，是一次政治家收买人心、笼络朝臣为新政权效力的手段，是改变人人自危的朝堂风气的权宜之计。不过，这次达到了安抚和收买人心的目的。时人赞颂："慈禧恢廓大度，出之以宽恕。训政之初，即定为首者之罪，其余一概不问，以免株连，因之人人称颂，以得宽大美名。”其实，“苟己之目的达，地位固，则不妨示以宽容。……太后虽明知同谋者多，苟非罪状大著，公然抗逆，则宁藏铁腕于剪绒手套之中，而不施行于外”[5]。

[1]《清代档案史料丛编》第1辑，《辛酉政变》第58条，第120页。

[2]《清代档案史料丛编》第1辑，《辛酉政变》第58条，第131页。

[3]《清史稿》，《列传》二〇八，总第12155页。

[4]《清代档案史料丛编》第1辑，《辛酉政变》第58条，第139页。

[5] [英] 濮兰德、白克好司：《慈禧外纪》，第38页。

两太后垂帘执政，同治天下

慈禧从危言劝说慈安一起行动，到八月初与奕䜣结盟秘密策划政变，最后扳倒奉遗诏赞襄政务的八大臣，实现临朝执政，经历了惊心动魄的82天。董元醇、胜保的舆论引导，使皇太后垂帘之仪成为朝臣们的议论中心。李慈铭的《临朝备考录》为皇太后权理朝政提供了历史依据。贾桢、周祖培、沈兆霖、赵光的劝进表，代表了举国拥戴皇太后临朝执政的呼声。现在最需要理清的是皇太后理政时，怎样接受觐见、朝贺，怎样召见内外大臣。礼仪程序、形式规矩需要内外朝臣明确。在政变后的第二天慈禧便给内阁下了一道手谕。

咸丰十一年（1861）十月一日，上谕内阁：

> 本日据贾桢、周祖培、沈兆霖、赵光奏，政权操之自上，并皇太后召见臣工（议事）礼节及一切办事章程，请饬廷议会商，并据胜保奏请"皇太后亲理大政，并另简近支亲王辅政"各一折。着王大臣、大学士、六部、九卿、翰、詹、科、道，将应如何酌古准今，折中定议之处，即行妥议以闻。[1]

两宫皇太后传谕，命议政王、军机大臣奕䜣率领原军机处仅存的一位军机大臣文祥，召集廷议，商量"皇太后召见臣工（议事）礼节及一切办事章程"。召见臣工礼节和办事章程已由周祖培"拟定详妥"，并已得到皇太后认可，发下廷议不过是走一个过场。至于"另简近支亲王辅政"，众人更已明白，由议政王一人辅政最为稳妥，且是领班军机大臣。廷议中除了恭维"允当"，便是"皇太后圣明"，"超迈前代"。[2]

上午的廷议走完过场，中午便发下第二道上谕，郑重宣告：

> 两宫皇太后亲理政权，并着议政王奕䜣辅佑理政。经酌古准今，并折中定议，特设垂帘之仪，以昭敬崇。即时布告中外咸使闻之。[3]

[1]《清代档案史料丛编》第1辑，《辛酉政变》第37条，第109页。

[2]《清史稿·穆宗本纪》，总第776页。

[3]《清史稿·穆宗本纪》，总第777页。

至此，辛酉政变实现了政变预期目的，可以宣告成功。辛酉政变废除了咸丰临终遗诏中赞襄一切政务王大臣主政的政权形式，确立了两宫皇太后垂帘执政及以近支亲王奕䜣为议政王的执政形式。剥夺了以载垣、端华、肃顺为首八位王大臣掌控的国家最高权力，归于皇太后，待皇帝成年便归政于皇帝。清代皇室及满族民间男子以 16 岁为成年。

皇太后是年轻女性，不便将芳容展现在群臣面前，隔上一层羽纱帘更可以增加许多神秘、崇敬、威慑的成分。授奕䜣为议政王，而不用“辅政”和“摄政”，寓意深邃。不用“辅政”在于回避以一人辅政代替八人辅政，免奕䜣自谋权力之嫌。不用“摄政”，不仅要回避清初顺治朝多尔衮摄政之讳，而且“摄政”似有监督决策之意，而奕䜣不能监督皇太后垂帘执政，只能限定在议政而已。在奖赏奕䜣的几道诏谕中已经蕴含此种意思了。每道诏谕虽然文字简略，但一系列奖赏最少有三层意思。

一是字面含义，说奕䜣勋劳卓著。辛酉政变从策划到执行，最后大获全胜，首功在奕䜣，因此授议政王，进军机处，予以赏赐。其潜台词则是今后应恪尽职守，知恩图报。

二是不便明说的含义。推翻载垣、肃顺等八位王大臣，把皇太后扶上执政宝座，是你奕䜣的本分，万勿以拥戴之功自居。

三也是不便明说的含义。你是嗣皇帝血亲最近的叔父王，从一开始便是受命于皇太后，勋劳再大，也是为皇太后所用的臣下。你本人及你的僚属应该知道，今后一切事体都要听皇太后差遣，只有皇太后能代表皇上。

这三层意思，让以贾桢、文祥、周祖培、沈兆霖、宝鋆、桂良等人为代表的封建正统派大臣们心里，有些叹惋与失望，让奕䜣心中也有一丝感喟与无奈，但这也是他们早已预料到的。政治就是这样无情，这对奕䜣已经是比较好的结局了。皇太后不是慈安一人，慈禧的政治野心正在膨胀。

如今对于慈禧来说，正可谓政权在手，处治政敌，奖赏功臣，安抚官员，捞取名声，只缺布告天下。

咸丰十一年（1861）十月初九日，年仅六岁的爱新觉罗·载淳在紫禁城太和殿正式登基，以明年为同治元年。[1] 嗣皇帝载淳在 82 天之前，即七月十

[1] 印鸾章：《清鉴纲要》卷一，总第 653 页。

七日，在塞外承德避暑山庄澹泊敬诚殿举行了即皇帝位仪式。其目的有二：一是“国不可以一日无君”，赶快补上新君；二是册封皇太后。仪式由赞襄政务八大臣主持，当时宣布以明年（1862）为祺祥元年。

“祺祥”这个年号是由肃顺、载垣选定的，当然随着赞襄政务八大臣的覆灭而不能再用。辛酉政变后新的中枢核心商量年号的时候，周祖培指出：“原选年号，‘祺’与‘祥’均谓吉祥，意涉重复。”于是他选“熙隆”和“乾熙”，让两宫皇太后二选一。[1]显然，周祖培的意思是，祈求已经衰败不堪的清王朝能再现康乾盛世。这大约连他本人都知道是不可能的。

清末有人说，大清衰败始于道光，是年号起得不好。道光就是倒光，爆发了鸦片战争，割地赔款。那之后的“咸丰”应该好吧，是理学大家倭仁、帝师杜受田等搜尽枯肠起的，不是又爆发了第二次鸦片战争吗！其实，年号与常人的姓名一样，只是符号而已，只要含义吉祥、字意明快、朗朗上口就可以了。

慈禧对周祖培的“二选一”也颇不以为然，摇头沉吟。于是议政王奕䜣提出“同治”二字，慈禧想了想，点头称好。[2]慈禧为什么对“同治”二字满意？“同治”又是什么意思呢？对此历来说法不一。其实出自奕䜣之口，是绝对不可能的。他办事历来谨慎，本人仅是“议政王”而已，能幻想与两宫皇太后共同治理国家吗？他也知道慈禧不会这么想。这无疑是在暗示两宫皇太后共同治理国家，对两宫皇太后不偏不倚。又暗示在相当长历史时期内是皇太后权理朝政，与皇帝共同治理国家。而且不光是奕䜣知道，慈禧也深知，那些支持辛酉政变的王大臣们，大多数也是反对皇太后干预朝政的，只是不希望激进的肃顺、载垣等人辅政而已。已经参与朝政的慈安，也不愿意干这种违背祖制的勾当。因此，皇太后权理朝政，就是慈禧权理朝政，不如公开申明“同治”，借以冲淡皇太后干政的意味，彰显共同治国的胸怀，使慈禧不担独裁专制之名而得独裁专制之实。

辛酉政变后新的内阁、军机处，在举行朝会及皇帝登基大典同时，明发上谕，布告天下：

[1] ［日］稻叶岩吉：《清朝全史》第70章，第443页。

[2] 王闿运：《祺祥故事》，《第二次鸦片战争》第2辑，第203页。

朕奉母后皇太后、圣母皇太后懿旨，现在一切政务均蒙两宫皇太后躬亲裁决，谕令议政王、军机大臣遵行。惟缮拟谕旨仍应作为朕意，宣示中外，自谊钦遵慈训。嗣后议政王、军机大臣缮拟谕旨，着仍书朕字。将此通谕中外知之。[1]

小皇帝现在根据两宫皇太后的意思，昭告天下臣民：现在国家一切事情都是由两宫皇太后决断，而负责办理各项军国大事的议政王和军机处大臣们，要切实按此规矩办事。有事情需要请示要找两宫皇太后，奏折要递呈两宫皇太后，不能乱了规矩。议政王、军机大臣草拟谕旨，要以我小皇帝的名义行文。另外，还要把这个规矩通知下去，让各地方行省和像朝鲜、越南一类的附属国家，都心悦诚服地尊崇两宫皇太后。说到这里还唯恐地方下属不明白，进一步直截了当地说，今后草拟诏旨的时候，一切以两宫皇太后的决断为是，只是在书写、发布时加上一个代表皇帝的“朕”字就行了。

余下的时间便是筹谋皇太后如何执政。中国历史上皇后、皇太后权理朝政的事并不是没有，而且也曾有过两宫皇太后同时权理朝政的现象，但以什么形式执政，却没有细致记载。于是，清代创立了垂帘听政的制度和形式，实际上是垂帘执政。光绪七年（1881）三月慈安逝世，47岁的慈禧便独掌权柄。经过对奕䜣的多次贬黜，慈禧更是以女皇的姿态出现在政坛，朝臣的奏疏、贺表皆称其“万寿无疆”。光绪二十年（1894）慈禧60岁整寿庆典，总管内务府在江西景德镇特造庆典瓷器，除万寿无疆含义的图案以外，竟有翔凤在上而云龙在下的图案。[2]

咸丰十一年（1861）十一月初一日，中国历史上的皇太后垂帘执政问世了。在紫禁城的养心殿举行严肃隆重的“垂帘执政”大典，实际是大臣们演习如何叩拜皇帝和两宫皇太后，两宫皇太后演习如何坐朝办公。在养心殿正殿东暖阁迎门地中央设御座，座前设龙书案，是供小皇帝坐朝的地方。小皇帝御座后边垂挂一个明黄色镶金边的羽纱帘子，从里向外看十分清晰，从外

[1]《清代档案史料丛编》第1辑，《辛酉政变》第64条，第146页。

[2] 见北京故宫博物院藏青花龙凤梅瓶、珐琅彩龙凤冠架。

[图20-1] 垂帘听政之初慈禧宫内出行的龙凤銮驾照片

侧向内看却十分模糊。羽纱帘内并排设两个御座，供慈禧和慈安安坐。接见臣僚们的时候，大臣们一般不进东暖阁，在门外大殿中间大厅里，面朝暖阁门下跪。两宫皇太后隔帘听奏，或问话、作面谕。〔图 20-1〕

小皇帝载淳住养心殿西暖阁。养心殿地处紫禁城前朝与后寝之间，原本是皇帝政余休憩的地方。皇帝没有大朝的时候在此停留，有事传旨或大臣来叩见，都比较方便。自雍正朝开始，皇帝如果不住在圆明园，便在养心殿休息、下榻。

辛酉政变首功在奕䜣，没有他政变不会成功，但是他不是政变的最大获利人。那么他的议政王当得如何呢？下面的事实可以表明一切。

同治三年（1864）六月十六日，湘军攻占江宁（南京），消灭了为时 13 年的太平军。慈禧欣喜地称赞奕䜣："恭亲王自授议政王，于今三载，东南兵事方殷，用人行政，征兵筹饷，深资赞画，弼亮忠勤。"并因其"赞画"之功，封他的儿子载澂为贝勒，载濬为辅国公，载滢为不入八分辅国公。[1] 可见奕䜣忠实勤恳，恭谨侍奉皇太后。但是转年三月，奕䜣便遭慈禧切责："信任亲戚，内廷召对，时有不检，罢议政王及一切职任。"[2] 这是奕䜣第一次遭到无缘由的贬黜。满朝文武大臣联名为奕䜣说情之后，慈禧才勉强同意"仍在内廷行走，管理总理各国事务衙门，仍在军机大臣上行走"。奕䜣为此只能违心地"痛哭引咎"[3]。奕䜣在写于三月二十七日的《自谴》诗中，有"今身往昔皆是梦，自恚命蹇与时乖"[4] 的诗句，流露出愤懑情绪。往昔与皇太子之位只差毫厘，如今拼出身家性命谋划政变，扶她慈禧如愿当上事实上的女皇帝，竟

[1]《清史稿》，总第 9106 页。
[2]《清史稿》，总第 9106 页。
[3]《清史稿》，总第 9107 页。
[4]（清）奕䜣：《乐道堂诗钞》卷八，光绪癸巳敦伦堂刊。

无端遭来贬黜，岂能不感慨痛哭！

审视这位世袭罔替亲王一生的坎坷经历，很有必要，足以认识道光、咸丰的平庸和辛酉政变在晚清历史中的不良作用。

奕䜣生于道光十二年（1832）十一月二十一日丑时[1]，是道光皇帝钟爱的第六子，是皇帝在密立皇太子诏书中钦封的和硕亲王。幼承皇家典学，师傅是内阁大学士贾桢。少年时代即显露出超越众兄弟的才识和武功。由于生母地位不高，加之为人正统而不擅取巧，与储位失之交臂。咸丰初继位尚得重用，曾任领侍卫内大臣，宗人府右宗正，军机处行走等职。后来因为自己生母博尔济吉特氏争取封皇太后，与皇兄之间生出芥蒂，遭到冷遇，自咸丰五年被解除军机处、宗人府等实职。

奕䜣一生忧心国家命运，关心时政，颇通洋务，又勇于任事。自第二次鸦片战争爆发时起，奕䜣常被差委与侵华列强谈判、议和，市井多以为奕䜣是向洋人妥协的代表人物。其实，在第二次鸦片战争期间，奕䜣是主战派人物之一。咸丰八年四月二十一日（1858年6月2日），奕䜣建言皇帝“令两广总督设法恢复广州（军备），直捣香港，以断英法后路”，无奈咸丰软弱，终未决断。[2]

奕䜣是辛酉政变中的关键人物。集聚奕䜣门下的朝廷重臣无奈支持政变，才把懿贵妃推上垂帘执政的宝座。奕䜣刚柔相济的施政理念，使慈禧维持了长达48年的女皇地位。辛酉政变后，奕䜣成为议政王，领班军机大臣，食亲王双俸，召对免叩拜，奏事免书名，任宗人府宗令，总管内务府大臣，管理总理各国事务衙门，领神机营事务，亲王爵位世袭罔替等，大权集于一身，而且其中不乏肥差。

奕䜣在主持议和谈判和后来在总理各国事务衙门与外国人接触过程中，深感因循守旧的中国必须自强，否则永远任人宰割。“欲图自强振兴以御侮，必先练兵，次开西学。”[3]继之大力倡导办洋务，开矿山，造轮船，成为曾国藩、左宗棠、沈葆桢、李鸿章开启的洋务运动在中枢的代表人物。在他的鼎力支持

[1] 清史许多著述，记奕䜣生年均为“生于道光十二年”。笔者依据中国第一历史档案馆藏《皇室星源集庆》记载，另据唐邦治《清皇室四谱》记载，奕䜣生于道光十二年十一月二十一日丑时，应是1833年1月11日凌晨1-3时。

[2]《筹办夷务始末》（咸丰朝），第3册，卷二四，第874页。

[3]《筹办夷务始末》（咸丰朝），第8册，卷七二，总第2701页。

下，成立了轮船招商局——中国第一个航运公司。

在外交事务上，提倡出洋考察，认识世界。同治五年（1866）苦口说服两宫皇太后，促成斌椿考察团和次年蒲安臣出使团巡回考察，揭开清代主动外交的序幕。

同治七年（1868），在中英协商修约谈判中，竭力抵制英国寻求扩大在华权力的新要求，据理力争，尽最大能力维护国家利益。

同治七年（1868），不避触怒慈禧，乘其生病辍朝不视事的机会，与慈安合议，示意山东巡抚丁宝桢诛杀擅离远出的内监安德海。

同治十三年（1874），奕䜣邀集10名大臣劝谏同治皇帝停止修复圆明园工程，劝谏同治皇帝停止"微服出游"[1]，竟遭到"革除本兼各职，削亲王世袭罔替，降为不入八分辅国公，交宗人府严议，削其子载澂封号"的处置。后来经慈安皇太后干预，才得幸免。[2]

光绪朝继续抵制慈禧以国库银两修缮"三海"（北海、中海、南海）以颐养的挥霍行为。

奕䜣凭议政王身份尽力提携汉族有识官吏，特别是以太平军起义为"心腹之患"，使用曾国藩、左宗棠、李鸿章、刘坤一、刘铭传等一批官吏镇压太平军与捻军。晚年千方百计调和慈禧与光绪的紧张关系，力图维持"帝党"（维新派）及朝野稳定。深知光绪皇帝的维新变法启动尚早，人才不备，是不智之举，极力阻止光绪的维新变法。光绪二十四年（1898）闰三月，奕䜣旧疾复发，临终前对前来探视的光绪皇帝嘱咐道："力主变法之广东人（指康有为）自当慎重，不可轻信小人也。"[3]而且奕䜣逝后遗留奏折再次申明："伏愿我皇上敬天法祖……着重尊养慈闱（尊崇慈禧皇太后），以隆圣治。况值强邻环伺，诸切隐忧，尤宜经武整军，力图自强之策。至于用人行政，伏望恪遵成宪，维系人心，与二三大臣，维怀永图。"[4]但是，光绪皇帝没有听信奕䜣劝阻，在奕䜣病逝后10日，即1898年6月11日，正式宣布变法维新。

[1] 李慈铭：《越缦堂国事日记》，总第1153-1154页。

[2]《清史稿》，总第9106页。

[3] 胡思敬：《戊戌履霜录》卷一。

[4] 中国第一历史档案馆藏：奕䜣《遗折》，光绪二十四年四月，胶片49。

结果百日维新失败，给自己招致后半生被软禁的傀儡生涯，且最终被毒杀。

由于奕訢是道光爱子，是道光钦封的和硕亲王，是咸丰皇帝兄弟，是同治皇帝的皇叔议政王，在满朝文武大臣欲亲近皇太后无缘的情况下，奕訢一度成为权倾朝野的热门人物。慈禧看在眼里，嫉恨在心，遂借故说事，以失仪、专擅等罪名先后四次罢免奕訢职务，极大地消磨了奕訢的政治锋芒，确立了自己的极端专制集权统治。最典型的一次罢免是光绪十年（1884）的甲申政潮。军机大臣自奕訢以下全部罢免，以后党人物全部接换。奕訢竟赋闲在家 10 年，不知涕向何从。晚年自号“乐道堂主人”，可见已看淡自己议政王的位置，终日以诗酒与文祥、宝鋆等知己小聚，把酒临风，自娱自乐。从辛酉政变之后同治、光绪两朝的用人行政和奕訢的荣辱经历，既能看到议政王曾经有过的积极作用,亦能看到来自慈禧的巨大政治压力。人们不难发现，只有慈禧才是辛酉政变的真正获利人。

光绪二十四年四月初十日（1898 年 5 月 29 日），奕訢病逝，享年 67 岁。慈禧念及奕訢在世时鼎力支持政变，使自己获得女皇地位，且以议政王身份小心翼翼侍候，“一无违逆”，遂亲到王府祭醊，并赐谥号“忠”，入贤良祠，配享太庙，与大清列祖列宗同受后人祭祀。

辛酉政变后，慈禧大获胜利果实。其中有一位默默无闻立大功者，就是文祥。

文祥（1818–1876），瓜尔佳氏，字博川，号文山，隶满洲正红旗，世居盛京（今辽宁省沈阳市）。道光二十五年（1845）进士，初授工部主事，历任郎中、太仆寺卿、内阁学士、侍郎、军机大臣。辛酉政变后，超擢协办大学士、总理各国事务衙门大臣。

咸丰十年（1860）第二次鸦片战争期间，力主皇帝留京，昭示坚守北京的决心。咸丰皇帝逃跑热河期间，文祥奉命留守北京，与英法议和。他是代替奕訢出入敌营者，不惧生死。对于侵略者的“非分之求，侃侃直言，折之以理”。[1]

晚清一支纯满洲子弟组建的新军神机营，便是由文祥创建的，成为

[1]《清史列传 · 文祥传》，第 172 页。

平定区域性变乱的重要武装力量。文祥与奕䜣、桂良、倭仁、宝鋆一起成为晚清朝廷出身满族的股肱之臣，共同主张“兴西学，开学校，建海军，办洋务”，以富国强兵，抗御外来侵略。同时，出于封建统治者的利益，文祥认为内乱是“心腹之患”，外侵是“肌肤之痛”。[1]与奕䜣、桂良、宝鋆不同的是，他主张“民心为本，民心可用”，“时局固危，民心未二，勤王之师虽非劲旅，而闻警偕来”，“国家兴亡，谋及庶人，议之可行则行，否则止，事事必合乎民情而后决然行之”，只要“人心永结，则大本永固”。文详倡导以民众抵御外侮，在清代封建统治阶级队伍中是继林则徐以后的第二人。

辛酉政变中，奕䜣的谋划多出自文祥，而且机密信息通道的起点与终点皆在文祥。因疏请两宫皇太后垂帘听政的拥戴之功，同治元年（1862），被连续擢任左都御史、工部尚书，兼署兵部尚书，并任总管内务府大臣、满洲都统，同治二年再管理藩院事务。

清史评文祥“为官忠勤，正色立朝，清操绝人，家如寒素，谋国深远，为枢臣之冠”[2]。逝后谥“文忠”。

[1]《筹办夷务始末》（同治朝），卷五。

[2]《清史稿》，《列传》一七三，总第11695页。

孝贞显皇后像

少历练、缺人脉是八大臣失败的主要原因

封建时代既是官本位时代，又是人情社会，官吏的行为首先以取悦皇帝及上司为准则。同时又要修身，结交故旧、僚属，取悦于人，作为安身立命之本。二者缺一不可，适者生存并可官运亨通，不适者则反之。以载垣、端华、肃顺为首的八位赞襄政务王大臣，似乎是咸丰在世时仕途的成功者，然而他们却是官场规则的失败者。官场规则的实质是为官之道，即官员办事、处世规则，而人心向背、人脉聚散，并不是官场规则中可有可无的成分。当社会运转轴心的皇权由咸丰移至尚未理政的嗣皇帝载淳，赞襄政务王大臣却没有成为代表皇权的实际轴心，维护皇权的各种势力，也没有遵循大行皇帝的遗诏，支持他们赞襄政务，反倒成为拆台的谋臣或冷漠的旁观者。又说明八大臣在官场中缺乏人脉储备，影响甚微，尚不能形成左右中枢局面的能量，也证明在改朝初期应变的能力不高。这些与他们短暂的官场经历和性格弱点有着直接关联。

看一看八位赞襄政务王大臣的官场阅历、个人和集团整体的政治素养，便不难料到他们的仕途与最终结局。

载垣（1796-1861），爱新觉罗氏，康熙皇帝的六世孙，嘉庆二十四年（1819）因其长兄载坊病逝而得袭怡亲王爵位，之前不过是一名“日夕雀犬”、游手好闲的“闲散宗室”。[1] 道光继位后，鉴于载垣是一位世袭罔替的亲王而无所任事，遂授御前大臣行走，给了他一个学习任事应差的机会。至道光临终时，载垣“以亲王宗室受顾命”[2]。咸丰皇帝继位之后，因载垣顾命之劳才实授其差事，但也并非军国重大差事，只是先在宗人府任左宗正，而后宗令，另授领侍卫内大臣。载垣虽然从未领重大差事，视其为年长亲王，又“侍上惟谨”，遂屡颁荣誉，咸丰八年（1858）“恩赐紫禁城内肩舆”，咸丰十年正月“赐杏黄色端罩”。[3]

咸丰第二次鸦片战争期间，载垣先于咸丰九年（1859）随兵部“赴天津察视海防”。咸丰十年七月英法联军攻陷塘沽，载垣受命“随兵部尚书穆荫以钦差大臣赴通州，与英、法议和”。议和不成，载垣自作主张诱捕英国驻广州

[1] 胡思敬：《驴背集》卷四，葵丑问影楼刊刻本。

[2]《清史稿》，总第 9079-9080 页。

[3]《清史稿》，总第 9079-9080 页。

领事、谈判翻译官巴夏礼，想要挟英法退兵。[1]咸丰皇帝临战前仓皇逃跑热河，载垣是第一位怂恿者。

端华（1807-1861），爱新觉罗氏，努尔哈赤弟舒尔哈齐后代，自其五世祖济尔哈朗开始，其家世享受世袭罔替亲王爵俸，是郑亲王佛尔果崇额（乾隆四十九年皇帝诏令改其名为乌尔恭阿）长子，亦为无事可做的“闲散宗室”。道光二十六年（1846）袭郑亲王爵，始授御前大臣职。道光皇帝临终前，“因宗室亲王爵，亦受顾命”[2]。咸丰朝“因顾命之劳”始得委任实差，为宗人府右宗正。第二次鸦片战争期间钦命“阅兵大臣，督察巡防”[3]，随扈咸丰逃难热河时授领侍卫内大臣，才算有了具体差事。端华是怂恿咸丰逃离京师的主要进言者。

景寿，富察氏，隶满洲正黄旗，娶孝静成皇后博尔济吉特氏生女寿恩固伦公主为妻，是道光皇帝的女婿，是奕䜣的亲姐夫。为人忠厚，“不尚言词，行事谨讷”[4]。咸丰临终“受顾命，跻入赞襄政务大臣”，是载垣与端华的主张，史称“时三奸以为之用，或冀约制奕䜣”[5]，但这不过是载垣等人的一厢情愿。

穆荫（1798-1871），托和络氏，字清轩，隶满洲正白旗，出身于咸安宫官学生，充御前侍卫多年。道光十五年（1835）考授内阁中书，充军机章京。咸丰皇帝继位前，穆荫曾作为皇子伴读。咸丰继皇帝位后先诏令“以五品京堂候补，在军机大臣上学习行走”，继之被擢授国子监祭酒。按历代官场规则，非科甲出身不能充任该官。当时吏部、礼部虽然提出质疑，皇上却“特旨仍授之”[6]，可见与咸丰皇帝关系密切。三年间累官内阁学士、光禄寺卿、副都统。咸丰三年（1853）诏令会同僧格林沁、花沙纳、达洪阿办理驻京各旗巡防事务，擢礼部侍郎兼内府左翼总兵。咸丰八年升为理藩院尚书兼都统。咸丰十年再调任兵部尚书，会同载垣为钦差大臣，与英法联军谈判议和。穆

[1]《清史稿》，总第 9080 页。

[2]《清史稿》，总第 8953 页。

[3]《清史稿》，总第 8954 页。

[4]（清）陈惟本 :《记问迩言》卷三。

[5]（清）陈惟本 :《记问迩言》卷三。

[6]《清史稿》，总第 11702 页。

荫仕途顺畅皆因在充任皇上侍卫、伴读多年，“善解圣意，惟上命是从”，且“与载垣、端华结交，相互奥援”。[1] 辛酉政变后被革职遣戍，同治三年被释归。

匡源（1820-1882），字本如，号鹤泉，山东胶州人。道光二十年（1840）进士，选庶吉士，散馆后授翰林院编修，历官国子监司业、詹事府詹事，为肃顺所赏识，咸丰八年（1858）授吏部侍郎，入直军机处为大臣。史称其“性谦和寡素，无与人争，居官二十载少于辩对”[2]，甚至跻身军机大臣亦竟“谦退无所建白”[3]。“学问淳厚，精于经理，著述颇多”，免官后“回籍主讲历城泺源书院”[4]。

杜翰（1818-1866），字鸿举，号继园，山东滨州人，是咸丰皇帝老师杜受田的长子。道光二十四年（1844）进士，选庶吉士，散馆授翰林院检讨。曾因召对失仪被道光贬降为左庶子。咸丰念念不忘自己被密立储位得益于杜受田指点，遂有在杜翰身上给予报答之意。史称“文宗念受田旧劳”，杜翰“数月间迭擢工部侍郎，命在军机大臣上行走，办理京城巡防事宜”。[5] 杜翰不仅勇于任事，而且办事认真，循规蹈矩，成为咸丰倚重的大臣之一，并被赏戴双眼花翎。杜翰曾因在热河不惧慈禧，顶撞言词激烈，被肃顺赞许称“君诚不愧杜文正之子”[6]。

焦佑瀛（1813-？），字桂樵，直隶天津人。道光十九年（1839）乡试举人，考授内阁中书，充汉员军机章京，办事灵活，“尤谄事肃顺”，颇得重用，先被授光禄寺少卿，咸丰十年（1860）初“赴天津、静海诸县整治地方团练”。皇上逃往热河期间，由肃顺奏请“钦命在军机大臣上学习行走，擢太仆寺卿”[7]。史称其为人“喜迎合事权，亦巧言善辩，颇得肃顺意”[8]，故肃顺平

[1] 陈义杰整理：《翁同龢日记》，第 2 册，总第 963 页。
[2]（清）林钧：《樵隐诗话》卷一二，光绪丙子巾箱本。
[3]《清史稿》，总第 11703 页。
[4]（清）汪曰桢：《莲漪文钞》卷六。《清史稿》，总第 11703 页。
[5]《清史稿》，总第 11675 页。
[6]《清史稿》，《列传》一七二，总第 11675 页。
[7]《清史稿》，《列传》一七四，总第 11703 页。
[8]（清）张培仁：《静娱亭笔记》卷一〇。

日行文及后来赞襄政务代拟诏旨多出其手,“为时所指目”[1],是肃顺集团中的一名刀笔吏。

肃顺（1816-1861）在赞襄政务八大臣中虽然排名第四,却是八人中的核心人物，是一位值得全面分析的近代历史人物。肃顺，爱新觉罗氏，字雨亭，号豫庭，隶满洲镶蓝旗，远祖系努尔哈赤弟舒尔哈齐。为郑亲王乌尔恭阿第六子，其同父异母兄端华袭亲王爵位，他本人在道光二十一年（1841）经宗室考封为三等辅国将军，授委散秩大臣，是闲散职务且低微，仅享受四品宗室俸禄。终日无差事，过着不劳而获的有闲生活，“为狭邪游，惟酒食鹰犬是务”[2]。不过,据其参政之后的表现看,还算是一位颇有见识与办事才具的人物。

咸丰继位后，先经步军统领额恒举荐，召肃顺为内廷供奉，初授为内务府奉宸院卿。因咸丰重用怡亲王载垣及郑亲王端华任宗人府宗令、右宗正，再经载垣举荐，肃顺被擢升为内阁学士兼副都统、护军统领及銮仪使。

由于肃顺善于承旨，能猜度皇帝心意，且承旨勇于任事，深得皇帝赏识。咸丰四年（1854）被调为御前侍卫，再升工部侍郎，兼礼部、户部侍郎。咸丰七年擢左都御史、理藩院尚书兼蒙古都统，为正一品大吏。咸丰八年任户部尚书，身兼礼部尚书、内务府总管大臣、御前大臣多职，又是协办大学士，成为皇帝身边的核心成员，被咸丰引为知己之臣，无话不谈。[3]

满洲是清代的特权统治民族，人口出生即享受人丁待遇，每丁年得银 40 两，至清末俸银减少亦有 17 两，加两石小米。女孩出生也享有胭脂钱，社会形成一批有闲阶级。[4] 肃顺深恶此制，尤轻蔑那些庸碌无能的亲贵。就是曾举荐他并与之相附和的怡亲王载垣和其兄郑亲王端华，也是他所不屑者。肃顺认为“满人胡涂不通，不能为国效力，唯知要钱耳”[5]。正因如此，他主动结交者多为汉族文人雅士，如高心夔、王闿运、李寿榕等，极力举荐提掖陈孚恩、匡源、焦祐瀛、黄宗汉等任职。对官场中无骨气、无主见而只知唯唯诺诺者亦鄙视，如同为协办大学士、户部尚书的周祖培。

[1]《清史稿》,《列传》一七四，总第 11703 页。

[2] 薛福成 :《庸庵笔记》卷一，“记咸丰季年载垣端华肃顺之伏诛”。

[3] 薛福成 :《庸庵笔记》卷一，第 124 页。

[4]（清）鄂尔泰 :《八旗通志》卷一一。（清）福格 :《听雨丛谈》卷七、卷一一，中华书局。

[5]《清朝野史大观》第三册，卷七。

肃顺重视以才干用人，向皇帝进言“用人以才，摒除满汉畛域”，力陈曾国藩、胡林翼、左宗棠、尹耕云、郭嵩焘等汉官“可用”[1]，组建地方武装代替已经腐败的满蒙八旗兵。事实证明，汉族武装挽救了面对中外势力濒临灭亡的清王朝，为同治初年平定太平军及捻军起义做了军事人才准备。

咸丰初政，整顿吏治，惩治腐败，任用肃顺为股肱之臣。屡兴大狱多出自肃顺建议。第二次鸦片战争中期，英法联军攻占天津，起用前大学士耆英随钦差大臣桂良、花沙纳赴天津议和。耆英因恐惧洋人擅自回京而获罪，拟绞监侯，独肃顺力排众议，请旨“立予正法”。耆英因此被赐自尽。[2]

咸丰八年（1858）顺天乡试科场案，牵连官员、考试生员多达91人。如何处治，咸丰犹豫不决，特别是对正一品老臣柏葰，颇有从宽处治的考虑。咸丰因此特征询肃顺意见。肃顺则认为，“科场积弊甚多，而取士大典，关系至重，亟宜持法，以惩积习”[3]。咸丰于是决定对正主考官柏葰、副主考官浦安、中间引荐人李鹤龄、主要行贿中举者罗鸿绎等四人“即行处斩”[4]。其余参与乡试的副主考官朱凤标、程庭桂被流放宁古塔，“卿贰庶司，或（流）放或（杖）死”。这便是轰动全国的戊午科场大案。[5]

咸丰朝对内、对外连年用兵，国家财政已到困顿无措地步。为振作经济、筹措军饷，肃顺抛却个人遭訾议、诟骂的风险，提出减发满族八旗俸饷的建议，无疑损害了特权阶级切身利益，致内部恶声四起。与此同时，国家“发行纸钞，铸行大钱”。所谓“大钱”，即一枚略大铜钱，流通时便“当十”、“当百”，可以节省铸铜。纸钞虽然携带方便，但商民却犹疑不信。朝廷设立宝钞处、官钱总局以司其事，但是遭到工商业者的抵制。[6]当肃顺检查宝钞处与官钱总局时，发现有官员与商户勾结，“兑换存档不符”，存在蒙混现象，遂派官追查，并“兴狱追究司员台斐音、关防员外郎景雯等罪过”，外加违法商

[1]（清）继昌：《行素斋杂记》卷上，上海书店，1984年。

[2]（清）张集馨：《道咸宦海见闻录》，第183页，中华书局，1981年。

[3]《清史稿》卷三八七，《列传》一七四，总第11699-11700页。

[4] 中国第一历史档案馆藏：《军机处上谕档》，咸丰九年二月十三日上谕。

[5] 肖一山：《清代通史》第3册，第417页。黄濬：《花随人圣庵摭忆》续篇，第17页。《清史稿·文宗本纪》，总第752页。

[6]《清史稿》，《列传》一七四，总第11700页。

户，共查抄籍没家产数十家。[1]

肃顺严厉惩治高官、特权阶层、商户的同时，却极力保举汉族有才具人士，甚至为被讦告者开脱罪名，以示爱惜。咸丰八年（1858），湖广总督官文为削弱湘军势力，先让永州总兵樊燮监视湘军名将左宗棠，然后暗示樊燮罗织罪名参劾左宗棠。咸丰接到官文的密报后亲批："如左宗棠果有不法情事，可即就地正法。"[2] 肃顺闻讯立即派自己的幕宾高心夔通报消息，并授意湘军其他将领如郭嵩焘等人上疏皇帝，为左宗棠辩清诬告。当皇帝征询肃顺意见时，得到的是为左宗棠开脱罪名的回答。肃顺进言："保荐各疏具在，不止同辈，自古兴军赖将帅。"左宗棠"人才难得，自当爱惜。请再密寄官文中外保荐各疏，令其察酌情形办理"[3]。当时，太平天国起义爆发后，各地出现汉族地主武装对抗起义军。曾国藩的湘军其中是最大的一支。满族权贵守旧顽固派唯恐汉族武装强大危及清朝统治，遂力图削弱其力量。湖广总督官文就是守旧派代表人物之一，指使樊燮诬告左宗棠。肃顺暗通消息，使郭嵩焘、胡林翼、刘坤一、鲍超等将领向皇帝以保荐名义颂赞左宗棠，奏疏纷纷递到北京，致使咸丰难以处理。于是肃顺进言，各路军兵保荐的材料都在，也不止左宗棠的同僚属下。现在是用兵之季，且兴军在于将帅，人才难得，应该爱惜。皇上可以给官文发谕旨，再把汉族将领和满族官员保荐左宗棠的奏疏也附上，让官文看看就明白了。再让官文查清楚，酌情办理。

咸丰皇帝按肃顺的意见处理，最后以"道听途说，查无实据"结案。肃顺使左宗棠得免杀身之祸，成就了清末一代名将。

在清末惧洋媚外、屈辱妥协风气甚重的官场中，肃顺是少有的强硬派人物。第二次鸦片战争期间，咸丰八年（1858）四月，沙皇俄国以武力威胁逼迫黑龙江将军奕山签订《瑷珲条约》后，转年三月互换条约文本时得寸进尺，提出《补偿和约》八条。作为清政府代表的肃顺，严词拒绝。六月再次谈判，肃顺表示：奕山仅地方将军，既无全权代表证书，亦无正式关防，无权将黑

[1]《清史稿·文宗本纪》，总第763页。

[2] 薛福成：《庸庵笔记》卷一。

[3] 平步青：《霞外攟屑》（下）卷七，"樊燮京控"。

龙江左岸让与俄国。[1]当年八月初四日（8 月 31 日）第三次谈判中，俄方代表再次以武力相威胁，要求东部以乌苏里江划界时，肃顺拍案而起，摔文本于桌上，指出这是一纸空文，毫无意义。[2]

面对列强入侵，清政府只求割地、赔款、出让主权换和平，不思动员民力抗击侵略。皇帝率先逃跑热河，肃顺原本是反对者，后来因迎合咸丰怯战求和心理，与载垣、端华一起怂恿皇帝逃跑。这是他再一次猜摸咸丰心思作出的抉择，以继续取悦皇上。想不到皇帝竟病死在避暑山庄，肃顺当然成为咸丰临终授命的赞襄政务王大臣之一。

肃顺成为咸丰朝枢密权臣，是应咸丰初政锐意求治而出现的治世之臣。咸丰四年（1854 年）之后，皇帝的求治之心已失，渐入声色享乐之中，而肃顺却不思审时度势，依旧持法严厉，以图力挽颓势，以报效皇帝知遇之恩，便愈显逞强好胜，不自量力。恰如当时京城所传民谚，“主子不急奴才急”，“心想升官，忘记急转弯”，其结局必然是可悲的。对于肃顺的评价，史家尚予肯定，“其赞画军事，所见实出在廷诸臣上，削平寇乱，于此肇基，功不可没也”[3]。

综观八位赞襄政务王大臣的经历，可见他们都是咸丰朝骤然得势的人物，阅历尚浅，威望不高。所谓两代老臣载垣、端华，实际是道光临终时以世袭亲王爵受顾命而已，诚无骄人之处。史评三位宗室“身无寸功，亦非正色立朝重臣，文宗时始得势，与肃顺等常以谲术制人者”[4]。其余五人，以额驸（指景寿）、皇帝亲随（指穆荫）、皇帝蒙恩师之子（指杜翰），以党附肃顺（指匡源、焦佑瀛）而进身枢密。因此集团的政治品格具有以下表现和特征。

第一，官场规则的违逆者。他们得势、晋升均非官场所推崇的途径，诸如资深素孚、才具超卓、政绩斐焕、学品兼优等。他们是以媚上而不揽下的处世原则立于朝堂，无疑要遭到众官的侧目。

第二，资望浅而得拔擢，功绩无却进枢务。这是官场上最被嫉恨、最犯

[1] 中国社科院近代史研究所编：《沙俄侵华史》卷二，第 188 页。

[2]［英］布克斯盖夫登：《1860 年北京条约》，第 24 页。转引自《清代人物传稿》（下编）第四卷，第 58 页。

[3]《清史稿》,《列传》一七四，总第 11705 页。

[4]（清）印鸾章：《清鉴纲要》卷一一，第 640 页、第 651 页，上海书店，1985 年。

众怒的现象。他们除了有限的几名亲信攀附者外，从朝堂到地方几无知己同僚和下属，于不知不觉中尽失人气、人脉。

第三，核心人物的性格弱点，使他们虽然身处炙手可热的地位，却不能不拒人于千里之外，使自己无左右逢源之益，却有铤而走险之虞。慈禧与奕䜣，包括了解咸丰在世时中枢状况的内外大臣，就载垣、端华、肃顺刚愎自用的性格、狂傲跋扈的为人和独断专横的处事方式，深知不发动一场夺权政变，未来嗣皇帝亲政之前的十余年必将是肃顺等人专擅朝政的局面。朝臣们从他们身上似乎看到了清初多尔衮、鳌拜的影子。

从集团到个人皆无深谋远虑，缺乏政治智慧，关键时刻低估政敌，只知坐享事成。成员中唯有肃顺尚知延揽人才，却多系文人，绝少足智多谋的政治才俊，更没有执掌军兵的实力派人物。

集团思想统一、步调一致，是他们的唯一优点。肃顺刚愎自用的性格和咸丰在世时的被过分倚重，使其成为集团的当然领袖。八人的团结一致，源于共同坚定的信仰，即祖宗家法和封建传统意识，如后宫不能干政。为此，大行皇帝才临终授命八位赞襄政务王大臣，辅佐冲龄继位的小皇帝。他们自信"遗诏遑遑"，"我辈受命赞襄，何敢谦违？辅佐冲主，何人敢疑？嗣后更不待言退让，如是何所底止？"[1] 正因如此，肃顺集团在与两宫皇太后在避暑山庄的六次交锋中，在承德及回銮北京后的巨大压力下，在生死攸关时刻均没有明显分化。这唯一的长处却因他们的致命弱点而于事无补，使集团在经过充分准备的阴谋政变面前覆灭。

[1]（清）夏炘：《闻见一隅录》卷二，"日下录"，故宫图书馆藏景紫堂刊本。

试说辛酉政变慈禧获胜原因

辛酉政变发生于清代晚期，也是中国封建专制政体存在的晚期。对于辛酉政变的结局，许多人都在思考一个问题——咸丰皇帝钦命的赞襄政务八位大臣，其中还有两位尊贵的世袭罔替亲王，怎么会只辅政 72 天便土崩瓦解了呢？相反，政变夺权者不过是两位年轻的寡妇，而且在封建时代处于弱势地位，只有一位 27 岁的叶赫那拉氏是主谋，为什么政变会顺利成功，为什么能兵不血刃地将八位王大臣一网打尽？这是否是历史的偶然现象呢？

笔者认为，历史的必然性往往存在于偶然性之中，并通过大量的偶然性表现出来。咸丰朝对慈禧有利的“偶然”太多了。

咸丰的妻妾很多，诸如圆明园“四春娘娘”和曹寡妇一类非正常渠道的女人不算，身边可以随意染指的秀女也不算（须知这些人一旦有孕，便可晋升），仅有名有姓有封号、见于记载的女人便多达 24 名。前、后两位皇后萨克达氏和钮祜禄氏都未生育，24 位有名号的女子只有三人生育过，也仅生一胎。丽妃他他拉氏生一女孩，玫贵妃徐佳氏生一子，未及赐名便夭折了，唯独懿贵妃叶赫那拉氏的儿子载淳成活。于是这位独生子无须竞争，毫无悬念地成为咸丰皇位的继承人。

如果没有第二次鸦片战争，或者爆发战争后咸丰不逃跑热河，在众目睽睽下慈禧将如何策划政变？而且，咸丰皇帝也不一定 31 岁而亡。即或早亡也使奕䜣没有独留北京一年多的时间，从而杜绝紫禁城与避暑山庄出现两个政治集团的可能。如此，奕䜣又如何拉结朝臣，经营自己的势力集团？

如果咸丰不昏聩，赞襄政务王大臣中有奕䜣参与，奕䜣怎么会否定辅政，别开皇太后权理朝政先例？皇太后干预朝政违背祖宗家法，他怎么肯与慈禧皇太后结盟！须知奕及奕集团成员都是恪守封建传统的正统派人物。

赞襄政务大臣中如果有统兵将帅，慈禧将不会轻易得手。

赞襄政务大臣中的主要三个人物有胆有识，不是刚愎自用的话，悲剧收场的可能就是懿贵妃。懿贵妃或许不得不心甘情愿地接受册封而居于深宫中颐养天年。

历史虽然不能假设，但是可能容许我们遐想。正是许许多多对慈禧有利的“偶然”积累起来，为慈禧所用，才成就了慈禧对政治权力的欲望，实现了她的政治野心。相反，看来强大的八大臣不过是以咸丰皇帝作为存在基础，并不能把握历史提供的机会，一旦依附的基础丧失便会不堪一击。

我想谈六点意见供读者思考。

第一，赞襄政务规制和大行皇帝钦命的八大臣，不过是平庸皇帝栽下的无果之花。

咸丰遗诏的赞襄政务就是辅佐政务，简称辅政，历史上称作顾命制度。这一规制在清代曾经三次施行，却没有成功的经验可言，只有教训。不论是顺治初年的二人制（由济尔哈朗和多尔衮辅政），还是康熙初年的四人制（由索尼、鳌拜、遏必隆、苏克萨哈辅政），都没能防止辅臣专擅。同治初年的辅政，虽然是八人制，如果没有辛酉政变改变权力构设，也会出现肃顺专擅。政变也是反对辅政、支持皇太后垂帘执政大臣们采取的无奈选择。顺治、康熙两朝辅政期间国家机器得以正常运转，而且没有发生政变动乱，主要得益于没有个人野心且深孚众望的孝庄文皇后，得益于顺治初年代善、满达海、济尔哈朗等人的正色立朝、多谋善断和兵权，得益于康熙朝诸如熊赐履、陈廷敬、李光地等以帝师为代表正统官吏的影响与斗争，得益于嗣皇帝玄烨的迅速成长和自强。这也正是同治初年大多数封建正统官吏否定八大臣辅政，选择并寄希望于皇太后的原因。他们把慈禧皇太后看成是孝庄文皇后，想不到他们却看走了眼，想不到没落王朝出生的嗣君也不再像康熙那样的睿智，想不到为同治、光绪选择的帝师不是暗弱的书生便是浮躁的政客，从而成就了慈禧皇太后为时 48 年的三度垂帘执政（同治、光绪两帝时三次垂帘听政。第四次宣统小皇帝时，慈禧未及垂帘而亡，让自己的亲侄女孝定景皇太后去垂帘执政）。

顾命制度成功与否不在于辅政大臣人数的多少，在于辅政大臣乃至中枢权臣的整体状况和个体素养。清代顺治和康熙初年两次辅政，都注重了整体新老结合、个体的声望与兵权。第三次同治初年辅政仅重视了大行皇帝亲近之臣，却忽略了辅政大臣们的个人德才，或暗弱，或刚愎，或浮躁，或无名，结果当入者未入，不当入者却跻身辅政之列。因此辛酉政变的发生，归根结底是咸丰皇帝临终遗诏促成的。他有一个小儿子，不可能选择兄终弟继，他太害怕恭亲王奕䜣成为第二个多尔衮。封建时代，任何人都难以改变一个皇帝的愚蠢。咸丰的错误给辅政八大臣酿造了悲剧，为慈禧提供了政变机会。顾命制度与八大臣只能是昙花一现。

第二，八大臣的悲剧是皇帝死后，阿谀奉承之臣孤立无援的必然结局。

封建政治的基本特征是以皇帝为轴心的官本位，皇帝直接决定入仕者的前途，这就决定了朝堂之上对皇帝阿谀之风的盛行。但同时由于历代封建正统观念的长期熏染，皇帝还崇尚刚正直言，以自己从谏如流为标榜，从而朝堂之上又同时流行刚正不阿的官品。两种为官之道虽然势同水火，却可以长期共存于一个朝堂之上。各种类型的官员均可被皇帝一个人玩弄于股掌之间，关键是看封建皇帝的用人技巧。

咸丰皇帝平庸一生，哪有纵横捭阖、灵活驾驭官僚的能力。也不能说咸丰朝便没有正色立朝的大臣为其出谋划策，清晚期的理学名臣倭仁便是一位。他曾在用人行政上为咸丰皇帝进言：

> 行政莫先于用人，用人莫先于君子、小人之辩。夫君子、小人藏于心术者难知，而发于事迹者易见。大抵君子讷拙，小人佞巧；君子淡定，小人躁竟；君子爱惜人才，小人排挤异类；君子图远大，以国家元气为先，小人计目前，以聚敛刻薄为务。刚正不挠，无所阿响者，君子也；依违两可，工于趋避者，小人也。谏诤匡弼，进忧危之议，动人主之警心者，君子也；喜言气数，不畏天变，长人君之逸志者，小人也。公私邪正，相反如此。[1]

倭仁建议咸丰皇帝“近君子，远小人”，分辨君子、小人之论很有针对性。治国之道先在于用人，用人之道先在于分辨君子、小人。君子与小人之分在心术。心术藏于心不可见，则可从其言行分辨。一般君子寡言而不张扬，小人则奸诈而善巧言。君子沉稳，安分守己；小人狂躁，追名逐利。君子爱惜人才，小人排斥异己。君子思虑长远、顾大局，以国家根本利益为重；小人看眼前、贪小利，以追求私利为怀。正直务实，不屈不挠，不阿谀逢迎者是君子；依从拒绝不定，以私利为取舍标准者是小人。为国事直言不讳，常为国家兴亡而建言，借以警策皇帝者是君子；报喜事，不言忧患，不遵从传统规律，助长皇帝享乐者是小人。从其言行利公还是利私，可以分辨其正直还是邪恶，两者泾渭分明。

[1]《清史稿》,《列传》一七八，总第 11736 页。

但是，咸丰皇帝并没有以倭仁的用人之论为忠言，其用人只是以阿谀逢迎者为首选，遂产生了赞襄政务八大臣，则自然疏远了那些正统自持官员和标榜刚直的清流派。在咸丰去世之前，自持正统者与清流派已经渐成规模，并集聚于恭亲王奕䜣门下。他们是咸丰朝真正的实力派。

皇帝健在时可以为阿谀逢迎者提供庇护。他们可以呼风唤雨一时，却忘记得意时不猖狂的韬略，积怨甚深，一待皇帝驾崩，必然陷入孤立无援境地。所以，悲惨结局是八大臣的必然归宿。

第三，军事力量的支持和奕䜣集团的参与，成为政变胜利的决定性因素。

咸丰初年，朝廷为了镇压太平军和捻军，破例允许汉族地主武装的乡勇、练勇存在与发展，最后形成以曾国藩的湘军和李鸿章的淮军为主，归属朝廷并以汉人为兵源的军事力量。到光绪二十四年（1898），朝廷又按西洋装备组建新军，此外还有操控于地方督抚手中的绿营兵，与满、蒙、汉军八旗兵共同构成清晚期的基本军事力量。咸丰、同治时期的主要军事力量都处在与太平军和捻军等的作战对峙之中，僧格林沁驻防京畿的部队和胜保布防于北京、热河间应付英法联军的勤王之师，便成为决定大清政局的两支武装力量，其倾向无疑将决定政变的成败。两支军队与使用洋枪的英法联军作战，虽然连连败绩，但震慑或推翻八大臣执政时却有雷霆万钧之力。

僧格林沁与奕䜣私交甚厚，且渊源很早。二人有共同的科尔沁蒙古血脉，且早在咸丰继位之初就开始交往了。咸丰初年，僧格林沁与载垣同为顾命大臣。因为载垣不以僧格林沁为重，僧格林沁心中芥蒂多年。胜保是肃顺的反对派。按肃顺意，胜保不仅不能被重用，且应被贬斥。其实，胜保在满族权贵中，是为数不多的有内阁学士身份的军事统帅，还算得上是文武兼备的人才。

在政变的关键时刻，京畿地区唯有的两军主帅态度鲜明地否定赞襄政务八大臣，倡导皇太后执政、奕䜣参与辅政，无疑是震动朝野的信号，传递出咸丰遗诏面临流产的结局，促使尚在犹豫、观望的大臣们尽快做出明智的选择。正因为这种趋炎附势的选择，就在九月三十日朝会上，载垣、端华虽然极力抗争，在朝官员竟无一人应和或为之说情。两位亲王往日一呼百应的威风没有了，陷入孤立无援、百口莫辩、任人宰割的可悲境地。就是你八大臣还在避暑山庄踌躇满志的时候，胜保都在伺机举行兵谏，逼迫八大臣交权，何况现在败象已露，大势已去！在不是高度民主、文明的社会形态中，刀枪里面出政权才是真理。

第四，舆论宣传引导，是皇太后执政取得封建礼法支持或默认的有力准备。

皇太后干预朝政是封建礼法决不容许的事情。不论是汉代的吕雉，还是唐代的武则天，乃至明代万历初年两皇太后干预政务，史书上都颇有微词，认为是不正常的历史现象。牝鸡司晨，家国不幸。然而，为封建礼法所不容的事情，经过多人反复造势，且引经据典，便能堂而皇之地粉墨登场。这就是舆论对政治的巨大的引导作用。何况，历史上皇太后执政也不是绝对没有的现象！何况本朝还要在皇太后宝座前加上一层羽纱遮帘！何况是临时的执政，仍有皇帝在，且是以皇帝的名义颁布诏谕！于是，虽有一大批理学老臣和清流新贵，却人人闭目塞听，个个俯首恭奉。当然，不支持者也有很多，不过在高压政策下也只能保持缄默。

他们中有人心里想：我们是在听恭亲王调遣，皇太后只是名义上执政。奕䜣原本就是天潢贵胄，只是没被托付大位而已，听恭亲王的名正言顺。

他们中有人在想：皇太后不过是权理朝政，是不得已而为之的权宜之策，10 年后同治皇帝便可亲政了。

封建时代，人们习惯于在压力下立下美好愿景，以满足自己的不情愿心理。结果，太后执政让那些尚存正直良心的老臣、新贵们大失所望，辛酉政变后并非是他们想象的那样。

他们想听从恭亲王调遣，奕䜣还得听命于皇太后懿旨。恭亲王用人行政稍有“自专”（自己做主而定），便被训诫，“免其议政”；遇事请示皇太后，有时不得不据理说明解释，便被慈禧说成“召对失仪”，不仅受斥责，且被降郡王。奕䜣半生遭此降褫、开复竟达四次之多。众朝臣也逐渐看清楚一个事实：追随恭亲王奕䜣不过是水中望月，还不如仰面恭奉老佛爷。

他们以为皇太后执政是权宜之计，可是皇太后一坐上垂帘宝座便不再下来，冉冉 48 年。朝中大臣们像走马灯轮转更替，老迈休致、病死、战死、被处死等，小皇帝一个个夭折，她却天赐长寿。光绪七年（1881）三月，45 岁的慈安皇太后也撒手人寰，慈禧一个人垂帘执政更是随心所欲。原本小皇帝因该同治十年（1871）亲政，以恭亲王奕䜣为首的几个迂腐官员屡屡奏请皇帝亲政，而慈安又十分乐意，慈禧还是拖了两年多方才恋恋不舍地归政。皇帝虽然亲政，但常因没有向慈禧问政而被慈禧斥责。慈禧此行为给慈安和恭亲王带来很大麻烦与不快。

偏偏皇帝不争气，亲政不到两年，便于同治十三年（1874）十二月一命呜呼。皇太后专选小孩当皇帝，按理说也应该为同治选嗣子，却偏偏要为同治的父亲选嗣子，这样垂帘听政的差事就轮不到自己的儿子媳妇。于是，选中了五岁的光绪皇帝，自己再度垂帘执政。慈禧本人几乎一直伴随这个封建王朝走向灭亡。

第五，慈禧与奕䜣的弱者形象与麻痹对方的策略，赢得大多数朝臣的同情、支持和对手的松懈，为政变创造最佳政治环境。

咸丰皇帝去世以后，众妃嫔特别是两宫皇太后和小皇帝悲悲慽慽，是在所难免的现象。但是这种悲情并不能引起人们多少同情，为什么呢？试想，皇帝后宫妻妾无数，别说咸丰是少亡，就是老皇帝宾天，抛下的年轻嫔妃更多，历朝历代皆是如此，又有什么值得大惊小怪的呢！慈禧深知，人们有同情弱者的心理，要想发动政变并取得胜利，必须把弱者的角色演好，把孤儿寡母哀哀无助、受人欺凌表演得楚楚动人，唤起朝臣们对“国母”的同情，从而迁怒于“欺凌者”，达到煽动愤恨情绪的目的。

政变的最佳环境，是让对手毫无防备，而周围人众无限同情，形成一种政变有理的政治气氛。慈禧在避暑山庄与载垣、肃顺等人六次交锋，取得三败三胜战绩，特别是第三次交锋，吓得小皇帝尿裤子，已经引起朝臣不满，以为载垣等欺人太甚。时人的笔记作品大多有此记述，可见消息传播之广。

慈禧表演弱者形象和麻痹对手，不放弃任何机会。从避暑山庄回銮北京的时候，慈禧让众嫔妃先行登车，想想自己即将离开这个令她成为寡妇的伤心地，加上筹划政变承受的巨大心理负担，在与众嫔妃道别时不禁涕泪涟涟。

此番哭述，见于清代李慈铭《越缦堂日记补》辛集卷下的记载。八大臣哪能想到是慈禧在表演，看在眼里，有人竟生出一些怜悯不忍之心。心想：毕竟是弱女子，除听从我等摆布，还能有何计可施！[1]

回銮北京的时候，在朝的众官员齐集德胜门跪迎小皇帝和两宫皇太后，慈禧更是不放弃示弱机会，下车伊始便黑服涕泣而行，引得慈安、小皇帝、

[1] 吴庆坻：《蕉廊脞录》，第59页。

众嫔妃涕哭。众朝臣居然也哭，一时间德胜门内外竟是哭声一片。

慈禧的政治表演十分出色、老道，她把以慈安为首的众妃嫔及小皇帝当做道具，把“得道”弱者的形象表现得淋漓尽致，使载垣等八大臣在不知不觉中便成为众人眼中的不仁、不义、不臣的奸佞小人，当然麻痹敌人的目的也达到了。八大臣是阿谀咸丰皇帝之臣，在朝中原本孤立，这时便更遭众臣侧目。

第六，从两宫皇太后的合作到与以奕䜣为首的实力派联盟，给政变营造了巨大、全面的优势。

辛酉政变组合形成的优势是全方位的。慈禧原来不具备政治的优势。皇太后不能干预朝政是祖宗的家法，而八大臣有咸丰皇帝的临终遗诏，钦命赞襄一切政务。谁否定、撼动八大臣就是不遵大行皇帝的钦命，就是乱臣贼子，犯谋反叛逆大罪。

为改变不利地位，慈禧首先拉拢慈安皇太后。咸丰在世时，慈禧因生子一度得皇帝宠幸，但始终未能争得皇后地位，而是位居第三等级的贵妃品级。慈安虽然从未生育，却圣眷不衰，地位牢固，慈禧只得不与皇后争高下，低眉俯首，事事尊重皇后。现在咸丰一死，自己儿子虽然被立为嗣皇帝，但因自己平日对权力的兴趣，已引起载垣、肃顺等人的警觉。慈安老实厚道，与世无争，只有利用慈安才能遮掩自己的野心和已经外露的锋芒。要从八大臣手里抢权力，必须把慈安与自己捆绑在一起，形成皇太后的合力，维护嗣皇帝，抵制王大臣专权的姿态并与之较量周旋。[图 22-1]

政治斗争，欺诈是在所难免的。慈禧通过制造谎言、混淆视听，使顾命大臣身份的合法性遭到置疑，以瓦解八大臣的政治优势。八大臣有大行皇帝临终遗诏授命辅政，确实拥有政治优势。但一旦被人怀疑，甚至被说成是乘大行皇帝病危假传圣旨，矫诏揽权，就成了偷天换日的罪过。何况历史上也颇有此类先例，何况这种一对一的谎言当事人是难以澄清的，而局外人又是难以辨真伪的。因此，慈禧在九月十八日分别授意胜保和醇郡王奕譞起草奏折和代拟上谕，闪烁其词地说载垣、端华、肃顺有“从前蒙蔽之罪”，今“拟旨阳奉阴违，擅自改写”，“已见矫拟之嫌”，指出八大臣的多种表现“实为矫擅之迹”等，让廷臣对八大臣持怀疑态度，使八大臣的政治优势大打折扣。

辛酉政变是一场宫廷政变，限于中枢范围，不波及全国，却使国家最高

[图22-1] 慈禧皇太后叶赫那拉氏于光绪十七年拍摄照片，时年57岁。

权力发生更迭。宫廷政变的敌对双方靠潜在力量对比，以突然袭击或局部武装拘禁的方式决定胜负，往往不发生流血的战争。辛酉政变中敌对势力有三股:一是嗣皇帝的母亲两宫皇太后，二是实力派奕䜣，三是得到大行皇帝任命的赞襄政务八大臣。三个势力的共同点是，都不否定嗣皇帝，都企图在嗣皇帝 16 岁亲政以前这 10 年间以“权理朝政”、“辅政”或“赞襄一切政务”的名义掌控国家实际领导权。

三股势力中，真正的实力派是奕䜣集团。政变时，满朝只有十位亲王，其中七位亲王（包括载垣、端华在内），都是以宗室身份承袭亲王爵位，两位亲王是由郡王晋升，都没有多大影响。只有奕䜣是由道光皇帝钦封的和硕亲王。清代规制，亲王以和硕亲王为尊，公主以固伦公主为尊。和硕亲王顶戴三眼花翎，亮红宝石顶。奕䜣又是大行皇帝的同父异母弟，直系血亲。他的身份、才具、威望，不仅应是辅政大臣，而且应居首位。由于他被大行皇帝冷遇，更被大多数朝臣所同情。内阁、六部、九卿、翰、詹、科、道所谓正三品以上大员级别的堂官近百名，只有不足 20 人支持八大臣。但是八大臣中的兵部尚书穆荫、侍郎匡源、御前大臣额驸景寿、太仆寺卿焦祐瀛及吏部侍郎黄宗汉等，虽然颇得肃顺、载垣器重，却也并不反对奕䜣，只是反对慈禧觊觎政权。因此，恭亲王奕䜣的潜在政治能量十分巨大。特别是奕䜣深得两支统兵主帅的支持，其优势更为明显。

前面已经说过，奕䜣是慈禧出奇制胜唯一能依靠的对象。奕譞、奕誴等王爷虽然都是道光皇帝的亲儿子，但都代替不了奕䜣。没有奕䜣出手，慈禧的野心只能是空想。当然奕䜣也不甘寂寞，没有做成皇帝罢了，总可以凭自己的力量在大清朝有所建树吧，自然也需要借助皇太后的懿旨作为出师理由，否则以自己的辅政代替八大臣的辅政，必然有为自己谋权之嫌。慈禧为什么自信奕䜣会与自己联盟呢？除了深知肃顺极力贬斥奕䜣，把奕䜣称作“鬼子六”，且称“奕䜣借洋人以自重”，使奕䜣深恶痛绝而外，她还认为“此为家事成谋”，即全家的事，理应一致对外。把江山社稷看成是自家天下，所有封建统治者共同的价值取向。

总之，慈禧与奕䜣的联盟是辛酉政变成功的决定性因素。不过政变成功后奕䜣所获不多，慈禧才是真正获利者。不说奕䜣的政见没有得到真正的发挥，仅四次被罢黜就显得颜面尽失。辛酉政变刚一胜利，廷议中商量新的执政形式时，根据政变前夕放出的奏折、条陈和九月三十日上谕，恭亲王应是辅政性质的“摄政”。慈禧以顺治朝多尔衮“摄政”而反对，那么改为“辅政”总可以吧？慈禧又以康熙朝鳌拜“辅政”而反对。最后称“议政”，顾名思义，奕䜣后来在朝的作用只是议论政务而已，为慈禧决断国事提供参考意见。皇太后垂帘听政，你听听、议论不就完事了吗？真不知如果奕䜣反问慈禧，慈禧会作何感想。〔图 22-2〕

［图22-2］ **慈禧之宝印玺，黄羊木雕，交龙钮，阳文篆刻**[1]

[1] 执政者不能无印玺，礼部遂为之治印。然而皇太后执政谬于封建传统，违背祖宗家法，便避金、玉材质而雕治木玺。

后记

《避暑山庄与辛酉政变》是一个记述、议论清代宫廷史事的选题，沾上了宫闱秘闻的味道。撰写过程中，笔者不敢丝毫戏说，自然要恪守尊重历史的原则。但是，在清代的官书、正史中，对这一史事却没有具体记述，也难于找到相关历史人物纵横捭阖的记载，更不见那些波谲云诡的争斗事实。这其中的原因，大约与政变之后堵塞悠悠众口，杜绝有碍皇太后的流言，从而钳制社会舆论不无关系。因为这涉及封建时代一个传统规制和一项潜规则。

这个传统规制就是谏官制度。“谏官”，也称“言官”，即以言事警策皇帝，以弹劾贪渎官吏为职司的官员。为彰显皇帝虚怀若谷、从谏如流的君德，为时时整肃吏治，监督入仕者保持清廉的官品，从而树立君正臣良的风气，自秦以降，历代专门设置谏大夫（秦），光禄大夫（西汉），谏大夫（东汉），门下省谏议大夫（唐），左、右谏议大夫（宋、元），都察院，按察使司，御史，内阁学士（明、清），向皇帝提意见，监督、弹劾各级官吏。随着朝代的更替，名称虽然有所变化，职司却没有改变。明清两代还设有起居注官，对皇帝言行和国家大事随时作出记录。皇帝授权他们“奏事直言莫隐”，“记事秉笔直书”。当然皇帝的隐私生活和朝廷的许多秘闻趣事，讳于被天下人传讲，也担心被“直书”而流传后世。这不能不说是封建时代对皇权的约束。皇帝不能不有所顾忌。

还有一项潜规则也是封建时代不变的传统，那就是为尊者讳。封建社会的最大尊者是皇帝，那些有碍圣德、不便公开的事情自然要有所避讳，所谓隐其讳扬其善。有个别“骨鲠忠直之言官”或“与国休戚之大臣”,偶尔坚持向皇帝提意见，或“秉笔直书”，皇帝往往拒不“纳谏”，并责令近臣审阅、删除不便记录的内容，任何人也无可奈何。不过，倘有个别憨直者仍固执己见，甚至有以死相谏，也让皇帝十分难堪。例如晚清同治皇帝死后，御史吴可读在为同治、光绪皇帝立嗣上，对慈禧皇太后以便死相谏，只是慈禧为恣意垂帘执政，硬是厚脸皮装作不知而已。所以在清代的官修史书中，只记吴可读“以谏死”，不记细枝末节，也不直接记录因何而谏。类似内容不仅《起居注》、《实录》不记，就是后来1914年至1927年，以赵尔巽为总裁的清史馆，在编撰《清史稿》时仍遵循为尊者讳的传统意识，不作具体记载。在记载辛酉政变相关历史人物的“列传”中，也仅以简略的语言带过。这便给后世研究者探索辛酉政变的“遗闻秘事”时带来巧妇难为无米之炊的困窘。

源于此，本书撰写过程中更多地使用了清宫档案资料和时人笔记作品，当然也引用一点稗史、野史大观一类作品中的记述，不过后者的征引基本都没有作为本书立论的依据，仅作参考或被否定的内容出现，意在向读者适当介绍一些相关的野史遗闻。同时笔者诚以为，有关辛酉政变的研究，目前尚缺乏全面系统的出版物，为了让今天的读者对民国以来关于这一史事的研究过程有个较为全面的了解，书中对某些陈年旧话重新提起，算是本书兼顾一点通俗性。

本书使用的历史档案资料应该是可信的，是历史信息直接、真实的载体。然而清代人的笔记作品，特别是稗史一类内容，有的或是凭个人猜度而作记，有的或依政变后街谈巷议而追述，难免有以耳代目之嫌，甚至存在以讹传讹之弊。有鉴于此，笔者惴惴然，征引时皆做过辨伪求真的功课，试图使本书所揭示的内容能够比较接近150年前历史的本来面目，能够比较符合历史人物、境况和心理、性格特征。同时，以历史人物不同的地位、条件，梳理出他们各自的思维方式和价值取向，追索当年各自的行为本源，力求比较真实、全面地展示那场惊心动魄的权力之争。

为有利于全面认识辛酉政变，行文中穿插了相关历史人物的小传。并想通过相关人物的生平际遇，历史唯物主义地了解辛酉政变前后的中枢状况，并力求让咸丰的正统执政与慈禧的非正统执政形成的晚清一段历史，给读者留下一个粗浅的印象。本书有幸跻身北京故宫“紫禁书系”，付梓出版，诚与李文儒副院长之提掖，于庆祥先生、沈欣女士不吝赐教分不开，借此谨致诚挚谢忱。

笔者寸衷虽慎，怎奈学养憾缺，正所谓绠短而汲深。更兼内容纷杂，资料不足，综理确为有限，持论难免窳陋，抑或有未及者，敬恳读者校正。

刘玉文于承德富华山庄

2017 年 9 月 30 日

紫禁書系　第一辑

明清室内陈设·朱家溍　定价：七〇元

全书七万字，一九一幅图。

作者在数十年故宫博物院工作经历中，为使宫廷原状陈设的恢复合于情理，合于历史，查阅并摘录了大量官私档案，笔记小说，从中寻找可信可行的依据。选辑了与明清两朝室内陈设有关的内容。既有陈设品的名目，也有陈设的具体方位，还有关于审美意趣的品评。

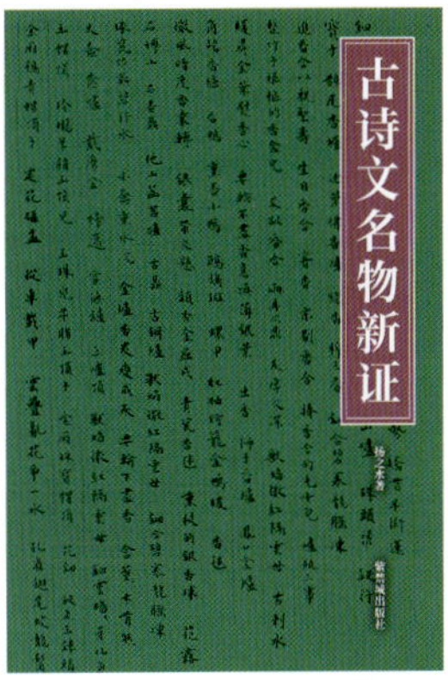

古诗文名物新证·扬之水

定价：一九八元（全二册）

收入书中的二十六题，均由名物研究入手，试图在文献、实物、图像三者的碰合处复原起历史场景中的若干细节。用来表现「物」的数百幅图，是贴近历史而与书中文字默契的另一种形式的叙述，旨在使复原的古典以可靠的历史遗存为依据，文字与图像的契合处或许可以使人捕捉到一点细节的真实和清晰。

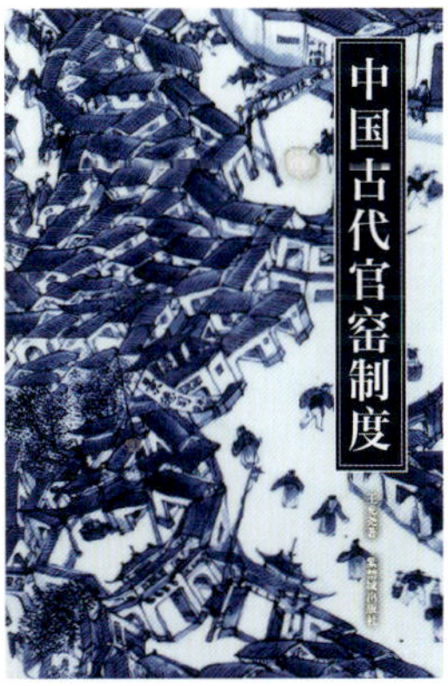

中国古代官窑制度·王光尧　定价：七五元

在从事故宫博物院文物保管陈列工作的同时，密切关注考古发掘中的最新信息，阐述对于中国古代官窑制度的看法。本书以史料实物相互印证的方法，立足官窑瓷器实物，追溯唐至清数百年间官窑制度的变化和由此而来不同时代的官窑瓷器特点。。

清代宫廷服饰·宗凤英　定价：七五元

全书十万字，一百幅图。

介绍清代宫廷服饰制度的起源、形成和演变。详细描述了清代皇帝、皇后以及皇室成员和文武大臣在各种场合穿着的服饰，主要有礼服、吉服、常服、行服、雨服、便服等等。内容翔实可靠，图片精美。读者面广，适合服装服饰研究设计、宫廷史研究及爱好服饰的广大一般读者阅读欣赏。

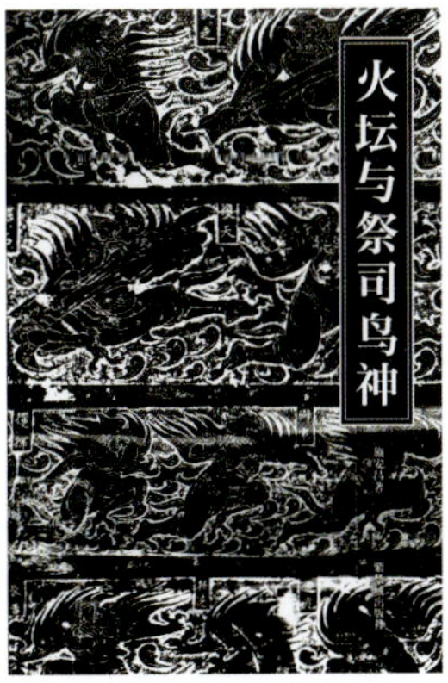

火坛与祭司鸟神·施安昌　定价：七五元

本书集结了作者十年来探索古代祆教遗迹和祆教美术的成果。内容涵盖地下墓葬和地上碑刻，涉及许多博物馆中保存已久的藏品和近期发掘的虞弘、安伽、史君三个萨宝墓的出土文物，对一千四百多年前的中国祆教遗存及其宗教图像系统作了别开生面的揭示与论证。

同时，也对人们所陌生的琐罗亚斯德教的教义、礼仪及其在中亚、中国的传播历史作了介绍。

紫禁書系　第二辑

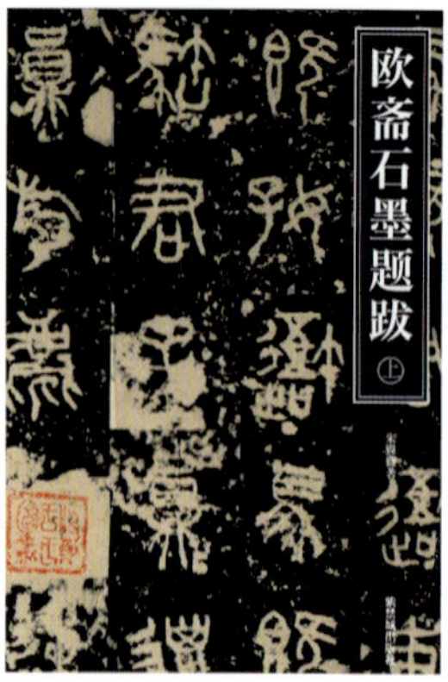

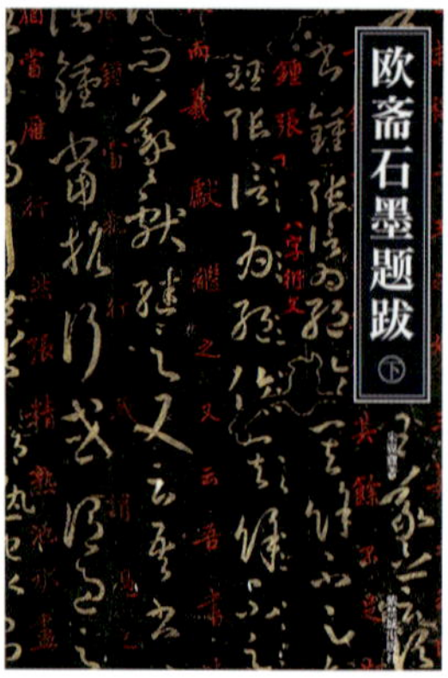

欧斋石墨题跋·朱翼盦　定价：一五〇元（上、下）

翼盦先生曾以重金购获《九成宫醴泉铭》北宋初拓未剜本，遂自号「欧斋」。翼庵先生鉴别精审，取舍谨严。以三十年之精力，搜集汉唐碑版七百余种，多罕见之品。每得铭心之品，于研索考订之余，辄作跋尾，以志心得。历考传世善本，详征前人著述，参订比较。《欧斋石墨题跋》即为翼庵先生鉴定石墨文字所撰跋语题识。并附所藏碑帖目录，以见收藏全貌。其有前人题跋者，亦并缀于每目之后，用供征考。

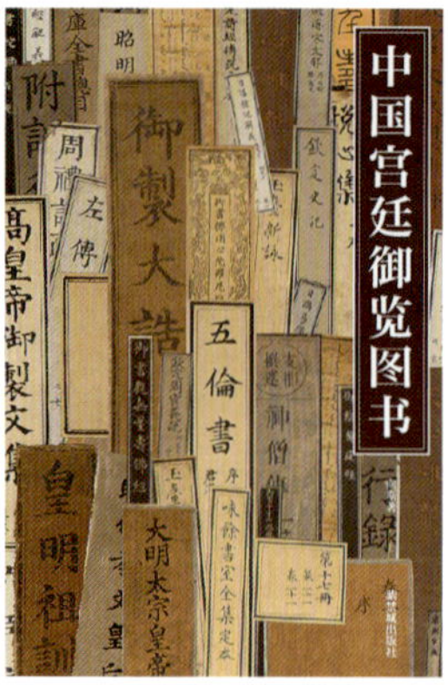

中国宫廷御览图书·向斯　定价：八八元

故宫博物院所藏的善本书籍，是历代宫廷流传下来的皇帝和皇室成员所撰写、阅读的藏书精品，从未昭示于海内外，许多系宫廷秘藏孤本。这些善本图书，版本精良，装帧考究，具有鲜明的皇宫特色，在中国文化史、书史、版本史上占有重要的地位。本书权威、系统、准确地展示了故宫善本图书的全貌和精华、历史与现状及其重要学术文化价值，是一部关于中国宫廷古书鉴定、鉴赏方面的重要著作。

龙袍与袈裟·罗文华　定价：一九八元（上、下）

本书从清宫藏传佛教神系发展的基本脉络、皇家佛堂内部神秘的众神世界及其象征主义结构、以乾隆时期为代表的藏传佛教绘画和造像的真实状况、艺术风格及其重要作品等方面，全面揭示了清宫藏传佛教的基本面貌和主要特点，是近年来清代宫廷史研究的一部力作。

曲阳白石造像研究·冯贺军　定价：九〇元

本书从绪论、发愿文内容、信仰与造像、思惟菩萨、基座的类型与题材等方面，论述了河北曲阳白石造像寺院归属、造像者身份、造像渊源与演变、题材与信仰等。书后所附《从七帝寺看定州佛教》，借助七帝寺相关史实，在大的历史背景下探究曲阳乃至定州佛教造像的整体风貌。发愿文总录则为研究者提供了翔实的资料。

紫禁書系 第三辑

明代玉器·张广文 定价：六八元

在现存古代玉器中，明代玉器占有重要地位，但其作品多为传世品，与唐至元代作品、清代作品混行于世，不易区别。本文据明代玉器的考古发掘、传世玉器的排比及明代工艺品的相互影响进行分析，对明代玉器的分期、用材及制造工艺、品种、类别、纹、仿古玉情况及特点得出明确认识，总结出规律，对了解明代玉器的源起、制造和使用、识别传世作品是非常有益的。

中华梳篦六千年·杨晶 定价：六八元

这是一本关于梳篦文化史的专著。书中运用考古学的层位学与类型学的研究方法，从不易被人们关注的小小梳篦入手，由梳篦的种类、造型、装饰、风格的演变及其与人、时、空的关系中，爬梳出长达六千年中国文化的谱系与社会结构的变迁，见微思著，从而成为一部以梳篦论史、透梳篦见人、代梳篦说活，将梳篦说活的专著。

中国古代雕塑述要·冯贺军 定价：六八元

本书分石窟寺与佛教造像、历代陶俑、陵墓雕刻三大部分十四章，基本涵盖了中国古代雕塑的主要门类。既有本民族传统神祇，也有受外来文化影响创造出的佛教造像，其题材庞杂，风格多样。作者用简洁的语言，勾勒出它的发展历程，希冀对热爱中国古代艺术的读者有所裨益。

紫禁城原状与原创·王子林 定价：一三六元（上、下）

本书以明清紫禁城最具有代表性的原状宫殿为研究对象，不仅阐释了原状宫殿的建筑形式、历史沿革、室内外陈设等方方面面，而且还紧扣历史脉搏，站在大历史的角度对紫禁城原状宫殿进行审视，并从帝王的个人喜好等方面加以深度的考察，使原状宫殿所反映出的信息更加广泛而具有深度。透过本书，可以窥见最真实状态下的明清时代帝王在紫禁城宫殿内外的生活场景及其所反映的传统文化思想。

王石谷绘画风格与真伪鉴定·谭述乐 定价：六八元

作者选择了中国绘画史与书画鉴定学上争议较大、最有代表性的摹古画家王石谷进行个案研究。立足于风格把握与真伪辨析相结合的原则，将王石谷绘画按早、中、晚不同年代分期，根据丘壑笔墨特点分类，对王石谷作品进行了系统的清理鉴定，其新的观察视角与研究方法对中国美术史与古代书画鉴定研究不无启示。

紫禁書系　第四辑

明清闺阁绘画研究·李湜　定价：六八元

明清闺阁画家在中国古代女性绘画史上书写着最为重要的一页，但他们的历史却始终未被系统梳理。本书作为全国艺术科学「十五」规划课题研究成果，以地方志、文人笔记、官方史书、画史、画论等为基本文献资料，以国内外各大博物馆、美术馆现存明清女性绘画作品为基本图像资料，借助文献来解读图像意义，借助图像来丰富文献记载，通过文献与图像的相互参照，尽可能清晰地勾画出明清女画家的艺术风貌。

清宫绘画与「西画东渐」·聂崇正　定价：六八元

本书为作者关于清代宫廷绘画的论文集，分为上下两编，上编为「清宫绘画述论」，下编为「清宫绘画中的『欧风』」。文章长短不一，角度各异，但都围绕清代宫廷绘画和宫廷中欧洲画风影响的诸多问题而写。长短文章，点面组合，图文并茂，有清一代宫廷绘画的状貌跃然纸上。

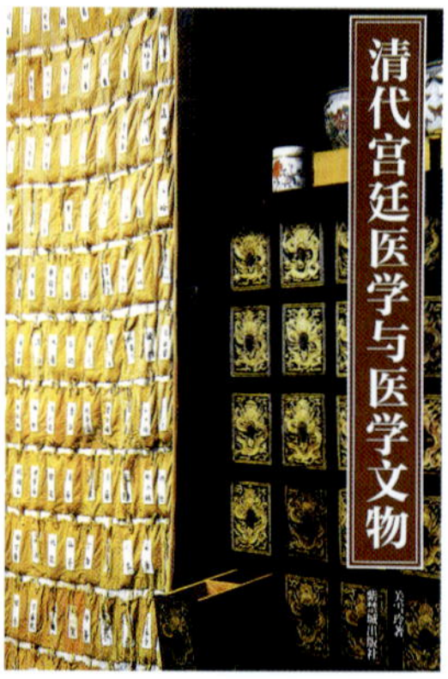

清代宫廷医学与医学文物·关雪玲　定价：六八元

清代宫廷医学史中国医学史的重要组成部分，在一定程度上代表着中国医学发展的最高水平。本书在全面占有第一手材料的基础上，利用清宫档案、各种官书、方志、私人笔记等文献资料，同时结合清宫医学文物，系统地论述清代宫廷医学诸问题，弥补当前研究的缺陷和不足，同时使清代宫廷医学的表征得以淋漓尽致地体现。

乾隆「四美」与「三友」·段勇　定价：六八元

乾隆皇帝收藏的「四美」与「三友」七幅画作，涵盖了人物画、山水画、花鸟画三科，时代跨度从晋代直至明代，可以说反映了中国传统绘画的基本特征，同时，其传承、流失和收藏现状也堪称清宫散佚文物的缩影。本书对此七幅画作的创作过程、历代题跋、流传经过以及当年乾隆皇帝用来收藏画作的「四美具」和「三友轩」进行研究，在文物、历史和宫廷文化领域都有重要的意义。

紫禁書系　第五辑

元代晋南寺观壁画群研究・孟嗣徽　定价：六八元

本书是对二十世纪初流出海外的一批元明两代晋南寺观壁画，和现存于晋南寺观中的壁画遗存所作的综合研究。通过对前辈学者的考察笔记和研究成果进行梳理和分析，结合相关的文献典籍，考释出壁画中人物的身份、壁画画家和成画年代。重构了兴化寺寺院的结构、壁画的配置和礼佛的图像程序，揭示出广胜寺壁画与元代平阳大地震后国家祭祀活动有关的史实。此外，通过对壁画中现存画工题记的分析，将晋南有关寺观壁画与永乐宫三清殿壁画进行比对，认为它们参照使用了同一套粉本，推断壁画作者应为元代晋南著名画师朱好古的画工班子，为中国美术史提供了修正的依据。

明清文人园林艺术・张淑娴　定价：六八元

明清文人园林秉承「天人合一」的理念，遵循「宛自天开」的艺术宗旨，以活泼而巧妙的布局，精湛而高超的技艺，呈现山明水秀的风景，诗情画意的境界。文人园林是古代文人思想的产物，文人于此间寄托其理想，表现其智慧，体现了文人阶层的文化、艺术特质。

通过中国传统文化的渗透与时代精神的影响，分析明清文人园林的哲学根源、文化内涵和艺术特征。本书以明清文人园林理论和相关文献为主要研究对象，考察现存的园林实物，借鉴学术界现有成果，采用动态的研究方法，从明清文人的视角诠释文人园林的美学构成。

中国古代琥珀艺术・许晓东　定价：六八元

本书是目前国内所知唯一一本关于中国古代琥珀的专著，作者通过对文献的梳理，利用近一个世纪的考古材料，在前人研究的基础上，对中国古代琥珀艺术，特别是契丹琥珀艺术作全面而系统地回顾和探讨，以揭示中西琥珀艺术的特征和异同，契丹琥珀艺术的成就及其内涵，以及中国古代琥珀原料来源本身所包含的古代中西文化交流。

中国古代治玉工艺・徐琳　定价：六八元

中国古代治玉工艺一直因文献记载极少，玉器制作工艺技术保守而令人感到神秘，少有人真正进行通盘研究。本书从古代治玉工具入手，将八千年的中国玉器制作分为五大阶段，系统的总结了古代玉器不同时期的工艺特点。本书以考古出土品及博物馆藏品为标准器，结合作者几年来从事古代治玉工艺研究课题的心得加以归纳总结。相信在赝品泛滥的当今社会，该书对古代玉器的鉴定亦起到一定的参考作用。

紫禁書系　第六辑

《大梅山馆诗意图》研究・林姝　定价：六八元

故宫收藏的《大梅山馆诗意图》是任熊的重要代表作，本书旨在以画为引子，以诗为线索，考据诗文的出处；采用绘画、诗歌与文献三者综合研究的方法，探讨诗句与绘画的关系，力求透过《大梅山馆诗意图》的画面揭示其背后所蕴藏的诸多历史信息。

明清画谭・聂崇正　定价：六八元

这册《明清画谭》是作者若干年中撰写的有关明、清两朝绘画史文章的结集。涉及明朝绘画史的文章，偏重于介绍明朝的宫廷绘画及明朝的人物肖像画；涉及清朝绘画史的文章，偏重于摸索清初的主流绘画「清初六家」和晚清的「海上画派」。所收入文章写作的时间跨度颇长，文章的长短也不一，但均言之有物，可供有兴趣者翻阅。

时间的历史映像・郭福祥　定价：八六元

故宫博物院的钟表收藏是世界钟表收藏中极为特殊和重要的一部分，越来越受到世界学术界和钟表收藏界的关注。十几年来，对中国钟表史和中国宫廷钟表收藏史的研习成为作者研究工作的主要兴趣点之一，其间在各种刊物上发表了十数篇相关论文和文章，本书就是在这些论文的基础上汇编而成。力图通过实物、档案、文献的整理、考证、辨析，以实实在在的历史事实勾勒出中国钟表历史和中国宫廷钟表收藏的真实图景，囊括了中国钟表史和钟表收藏史基本的和主要的方面。

北朝装饰纹样——五、六世纪石窟装饰纹样的考古研究・李姃恩　定价：八六元

本书主要论述了对北魏鲜卑皇室贵族开凿的石窟寺装饰纹样的考古学研究，系统论述了北朝石窟造像装饰纹样的发展演变，从汉代以来的传统装饰纹样，到吸纳佛教外来因素而一改面貌，形成以植物纹样为主的装饰面貌。同时，北魏拓跋鲜卑皇室贵族开凿的大石窟，反映出当时石刻艺术的最高技术水平，从石窟的分期和石窟装饰花纹的演变中，可以看出宗教文化艺术上的变化。由此，本书确立了一种纹样断代的方法，颇具参考价值。

紫禁書系 第七辑

秀骨清像·余 辉　定价：六八元

研究中国古代绘画应当从魏晋南北朝开始，此时开启了古代绘画进入自觉的大门，尤其是人物画科，是在这个时期从教化工具演化成一门独立的、可供欣赏的绘画艺术，此后才孕育出了山水画科和花鸟画科。本书从风格类型的角度试图厘清魏晋南北朝时期各个阶段、各个地域的人物画。文中就影响魏晋南北朝人物的哲学、文学等人文学科的演进进行分析，然后按三个时空范围逐一分析和研究包括三国在内的魏晋、南朝、北朝的人物画家在卷轴画方面的艺术贡献，其中特别强调的是顾恺之的艺术成就。墓室壁画部分将分为南方、北方和西北三地，新疆、甘肃等地的佛教壁画则另成龟兹风、汉风及融和系列，以求较为完整地揭示出魏晋南北朝时期人物画在各个领域里获得的开创性成就。

清代贡茶研究·万秀锋 刘宝建 王慧 付超　定价：六八元

在「国不可一日无君，君不可一日无茶」的观念下，清代帝王都非常重视贡茶，形成了一系列制度化的体系，一种文化的累积。贡茶不仅关乎宫廷生活，还对社会经济有重要的影响。历代地方官员为了迎合宫廷，费尽心思培育新的品种，改进制作工艺，逐步形成了国内一体化又各具地方特色的贡茶体系，推动着中国茶叶不断的向前进步，也在很大程度上推动着地方经济的发展，形成了延续至今的几大产茶区。在茶叶的管理与分配上，茶库和茶房及相应的管理制度都有一种层次化的体系。清代宫廷茶文化作为中国茶文化的一个重要组成部分，在各个方面都有推陈出新之处，对现代中国茶文化有着深远的影响。

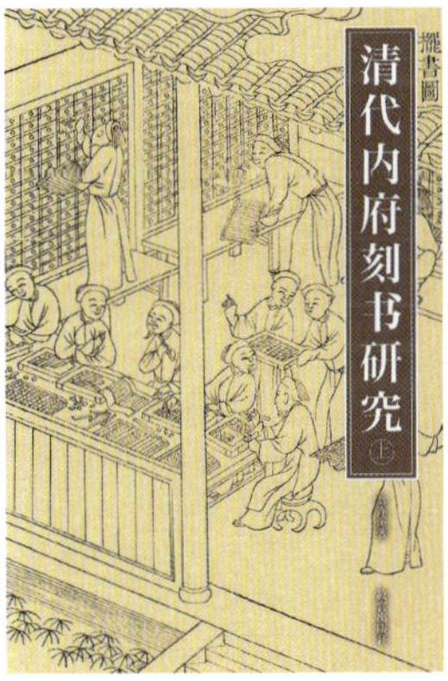

清代内府刻书研究·翁连溪　定价：六八元

有清一代内府刻书，不仅所刻之本及原刻书版大多流传于今世，且内府有关图书活动的档案俱在，事无巨细，一一可征，但前人或囿于史料多庋藏于大内深宫，索阅不易，故论及清内府刻书，虽不乏褒美之词，论及其源流递嬗却多草草，且迄今为止，尚未见一部论述清内府刻书的专著面世，不能不说是中国书史研究的一个缺失。本书依据大量原始资料，对清内府刻书条分缕析，务求详明有据，以再现清内府刻书的辉煌。清内府刻书，实为自印本书时代开始，中国古代内府刻书的大总结，是中国古代内府刻书的缩影，从这个角度讲，把清内府刻书搞清楚，其意义又不仅在有清一代了。

图书在版编目（ＣＩＰ）数据

避暑山庄与辛酉政变 / 刘玮，刘玉文著. —北京：故宫出版社，2017.8

（紫禁书系）

ISBN 978-7-5134-1024-3

Ⅰ.①避… Ⅱ.①刘… ②刘… Ⅲ.①宫廷－政变－史料－中国－清后期②太平天国革命－史料 Ⅳ.①K249.06②K254.906

中国版本图书馆CIP数据核字(2017)第204882号

避暑山庄与辛酉政变

著　　者：刘　玮　刘玉文

责任编辑：伍容萱　邓曼兰

装帧设计：李　猛　杜英敏

出版发行：故宫出版社

地址：北京市东城区景山前街4号　邮编：100009

电话：010-85007808　010-85007816　传真：010-65129479

网址：www.culturefc.cn　邮箱：ggcb@culturefc.cn

印　　刷：北京方嘉彩色印刷有限责任公司

开　　本：787×1092毫米　1/16

印　　张：16.5

字　　数：170千字

版　　次：2017年8月第1版

2017年8月第1次印刷

书　　号：ISBN 978-7-5134-1024-3

定　　价：96.00元